RONALD KESSLER

DIE GEHEIMNISSE DES FBI

PLASSEN
VERLAG

Die Originalausgabe erschien unter dem Titel
The secrets of the FBI
ISBN 978-0-307-71969-0

Übersetzung: Marion Reuter
Umschlaggestaltung und Herstellung: Johanna Wack, Börsenmedien AG
Gestaltung und Satz: Jürgen Hetz, denksportler Grafikmanufaktur
Lektorat: Hildegard Brendel
Druck: GGP Media GmbH

ISBN 978-3-864700-50-7

Bibliografische Information der Deutschen Nationalbibliothek:
Die Deutsche Nationalbibliothek verzeichnet diese Publikation in der
Deutschen Nationalbibliografie; detaillierte bibliografische Daten
sind im Internet über <http://dnb.d-nb.de> abrufbar.

BÖRSEN MEDIEN
AKTIENGESELLSCHAFT

Postfach 1449 • 95305 Kulmbach
Tel: +49 9221 9051-0 • Fax: +49 9221 9051-4444
E-Mail: buecher@boersenmedien.de
www.plassen.de

Für Pam, Rachel und Greg Kessler

INHALTSVERZEICHNIS

DANKSAGUNGEN

MEINE FRAU, PAMELA KESSLER, IST MEINE PARTNERIN sowohl beim Schreiben als auch im Leben. Als ehemalige Reporterin der *Washington Post* und Autorin des Buches *Undercover Washington* über die Spionageschauplätze der Hauptstadt unserer Nation hat Pam mich zu wesentlichen Interviews in der FBI-Zentrale, der FBI-Akademie, der Washingtoner Außenstelle sowie im FBI-Labor begleitet. Sie trug lebhafte Beschreibungen bei, die die am besten geschriebenen Passagen in diesem Buch sind. Dann hat sie das Manuskript vorlektoriert. Ich schätze mich glücklich, ihre Liebe, ihr kluges Urteilvermögen und ihre unerschütterliche Unterstützung zu haben.

Dankbar bin ich auch für die Liebe und Unterstützung meiner erwachsenen Kinder, Rachel und Greg Kessler. Mein Stiefsohn, Mike Whitehead, ist ein loyales und liebenswertes Mitglied dieses Teams.

Wie auch bei meinem früheren Buch *In the President's Secret Service: Behind the Scenes with Agents in the Line of Fire and the*

Presidents They Protect hat Mary Choteborsky, die Verlagsleiterin bei Crown, ausgezeichnete Vorschläge beigetragen und das fertige Manuskript hervorragend redigiert. Wenn es um die Veröffentlichung von Büchern geht, kann Mary und ihrem Team niemand das Wasser reichen.

Ich bin froh, dass ich meinen Agenten Robert Gottlieb, den Chairman von Trident Media, an meiner Seite habe. Seit 1991 hat Robert meine schriftstellerische Karriere mit seiner loyalen Unterstützung und seiner Weisheit begleitet.

Das FBI hat mir für dieses Buch Zugang in einem noch nie da gewesenen Umfang gewährt. Bedanken möchte ich mich bei dem FBI-Direktor Robert S. Mueller III, bei Michael Kortan, dem stellvertretenden FBI-Direktor für Öffentlichkeitsarbeit, sowie bei Susan McKee in der FBI-Abteilung für Öffentlichkeitsarbeit, die keine Mühen gescheut haben, um mir zu helfen.

Die Gesellschaft ehemaliger FBI-Agenten[1] hat mir ihre Sammlung von 135 Oral-History-Aufnahmen von Agenten zugänglich gemacht, die bis zum Rudolf-Abel-Fall zurückreicht. Ich danke Sean McWeeney und Craig Dotlo.

Hunderte von aktuell tätigen und ehemaligen FBI-Agenten haben zu diesem Buch ihre Erfahrungen beigetragen und ihre Erkenntnisse mit mir geteilt. Auch ihnen gilt mein Dank.

1) Society of Former FBI Agents

PROLOG

ES WAR WEIHNACHTEN, KURZ VOR MITTAG. DER TRUTHAHN war im Backofen und der Duft breitete sich gerade im Haus aus, als Arthur M. „Art" Cummings II einen Anruf auf seinem Blackberry erhielt.

Die FBI-Einsatzzentrale wies ihn an, auf seinem sicheren Telefon zurückzurufen. Als er dies tat, erfuhr er, dass ein Passagier auf Flug 253 der Northwest Airlines einen Sprengstoffanschlag versucht hatte, als der Airbus auf der letzten Flugstrecke von Amsterdam nach Detroit in den US-amerikanischen Luftraum eintrat.

Als stellvertretender geschäftsführender Direktor des FBI für die nationale Sicherheit war der 50-jährige Cummings sowohl für die Terrorismusabwehr als auch für die Spionageabwehr zuständig. Er war direkt dafür verantwortlich, terroristische Anschlagspläne sowie Spionage durch andere Länder aufzudecken und zu vereiteln. So viele Geheimnisse wie er kannten nur wenige in der US-Regierung.

Für Cummings war die Terroristenjagd ein geistiger Wettstreit. Er war der Jäger, die Terroristen waren seine Beute. War ein Terrorist ihm entkommen? Konnte er den Informationen, die er bekam, trauen? Hatte er einen Hinweis übersehen? Diese Fragen hielten ihn nachts wach, während er die Entwicklung des FBI dahingehend vorantrieb, dass die Behörde sich weniger auf strafrechtliche Verfolgung und mehr auf die Verhinderung von Anschlagsplänen im Vorfeld konzentrierte.

Um Terroristen auf die Schliche zu kommen, sprach Cummings täglich mit Tactical Operations (TacOps). Dabei handelt es sich um eine streng geheime Einheit von FBI-Einbruchskünstlern, die gerichtlich genehmigte Einbrüche in Privatimmobilien, Büros und Botschaften durchführen, um versteckte Mikrofone und Videokameras zu installieren und um Computer auszuspionieren. Als Zielpersonen kommen Mafia-Mitglieder, korrupte Kongressabgeordnete, Spione oder Geheimdienstoffiziere aus Russland oder China infrage.

Bei der Durchführung verdeckter Einbrüche kommt es vor, dass TacOps Wachhunde sediert. Mitunter täuscht TacOps auch Verkehrsunfälle, Verkehrskontrollen oder Störungen bei den öffentlichen Versorgungsbetrieben vor, um Bewohner und Wachpersonal abfangen zu können. Zur Tarnung von Agenten, wenn diese Schlösser knacken und Alarmsysteme ausschalten, baut TacOps falsche Häuserfronten und falsche Büsche als Versteck auf. Wenn TacOps-Agenten beim Einbrechen erwischt werden, laufen sie Gefahr, von Bewohnern erschossen zu werden, die sie für Einbrecher halten.

Neben seiner Jagd auf die Al Kaida musste Cummings mit bürokratischen Rivalitäten kämpfen. Die New Yorker Polizei brach ihr Versprechen gegenüber dem FBI und handelte voreilig im Fall von Najibullah Zazi, der geplant hatte, die New Yorker U-Bahn für Al Kaida in die Luft zu jagen. Das Ministerium für Innere Sicherheit[1] hatte seine Hausaufgaben im Hinblick auf die Einwanderung nicht gemacht, aber versuchte sich in eine Reihe von Entscheidungen bei der Terrorismusbekämpfung einzumischen, die in den Zuständigkeitsbereich des FBI fielen. Dann gab es da noch das Amt des Direktors Nationale Nachrichtendienste[2], eine Behörde, die dem FBI oft in die Quere kam und ihm nur wenig nützte.

Neben dem bürokratischen Gerangel hatte Cummings auch mit Anfragen zu tun, die der Unabhängigkeit des FBI hätten schaden können. Nachdem das Justizministerium sich entschieden hatte, Khalid Sheik Mohammed in New York City unter Anklage zu stellen, bat es Cummings darum, eine Einschätzung der Sicherheitsbedrohung vorzubereiten, die ein solcher Prozess dort mit sich gebracht hätte. Cummings weigerte sich. Er rechnete damit, dass eine solche Einschätzung des FBI sowohl von Demokraten als auch von Republikanern zu politischen Zwecken genutzt werden könnte. Auf jeden Fall dachte er, dass die Idee mit New York, die er für unverantwortlich hielt, nie umgesetzt werden würde.

Cummings ärgerte sich über die Bemühungen von Amtsträgern der Obama-Regierung, in Bezug auf den Terrorismus öffentlich Euphemismen wie „durch Menschen verursachte Katastrophen“ zu verwenden oder bei der Beschreibung des Feindes die Begriffe „Islamisten“ oder „Dschihadisten“ zu vermeiden. „Schrecklich, schrecklich“ beschreibt Cummings diese Ideen. „Natürlich wird der heutige Terrorismus von Islamisten beherrscht“, sagt er.

Andererseits hatte Cummings kein Problem damit, dass sowohl auf Wunsch der Obama- als auch auf Wunsch der Bush-Regierung Terroristen ihre Rechte verlesen werden sollten. Er glaubte, dass

1) Department of Homeland Security
2) Office of the Director of National Intelligence

das FBI in den meisten Fällen die nötigen Informationen zur Vereitelung zukünftiger Anschlagspläne gewinnen konnte, indem es im Rahmen des Rechtssystems blieb, wozu auch die Miranda-Warnung[3] gehörte. Der Trick bestand darin, die Verdächtigen zur Rede zu stellen, bevor sie in Gewahrsam genommen wurden, ihnen Anreize zum Reden zu geben und ein gutes Verhältnis herzustellen.

Cummings war ein Genie, wenn es darum ging, Kriminelle dazu zu bringen, sich selbst zu beschuldigen. Cummings beherrscht meisterhaft den Augenkontakt und er hat eine Stirnglatze, die die Intensität seines Blicks noch verstärkt. Seine blauen Augen mit ihrem unwiderstehlichen Blick lenken Energie zu seinem Zuhörer.

„Es geht darum, dem Gegner zu parieren", sagt Cummings. „Wie viele bruchstückhafte Hinweise hat er gegeben und wie viele kann ich aufnehmen? Wie komme ich an die Antwort, wie erfahre ich, was wirklich passiert ist? Es gibt so viele verschiedene Möglichkeiten, es zu tun, aber die bei Weitem beste Methode besteht darin, jemandem am Tisch gegenüberzusitzen. Das Beste ist, wenn man ihm seine Fangzähne in den Hals drückt und er dabei noch lächelt, weil man ihn davon überzeugt, dass er in seinem eigenen Interesse handelt – während dies ganz und gar nicht der Fall ist."

Nachdem er von dem Weihnachtsbomber erfahren hatte, griff Cummings nach einem Riegel Snickers und einer Cola. Das sollte im Jahr 2009 sein Weihnachtsessen sein. Seine Frau Ellen und die drei Teenager genossen den Truthahn mit Cranberrysoße allein.

Cummings war nun für den Fall von Umar Farouk Abdulmutallab zuständig, einen der umstrittensten und potenziell gefährlichsten Terrorismusfälle des FBI.

3) Aufklärung eines Festgenommenen durch die Polizei in Bezug auf sein Recht zur Aussageverweigerung und Hinzuziehung eines Anwalts.

Cummings sprang in sein FBI-Auto, einen Dodge Charger. Er schaltete die Sirenen sowie das Blau-Rot-Licht ein und raste zur FBI-Zentrale.

1

TACOPS

WENN TACOPS-AGENTEN IN PRIVATIMMOBILIEN ODER BÜROS einbrechen, versuchen sie, möglichst keine Hintertüren zu nutzen. Da Hintertüren nur selten genutzt werden, könnten dort Sprengladungen versteckt sein. Als TacOps-Agenten Abhörwanzen in einem Elektronikzubehörunternehmen in Philadelphia installieren mussten, hinter dem sich ein Treff für eine kriminelle Drogenbande verbarg, entschieden sie sich daher, durch die Vordertür zu gehen.

Die Agenten kamen zu dem Schluss, dass die beste Zeit für einen Einbruch zwischen Mitternacht und zwei Uhr morgens sei. Danach würden die Männer von der Müllabfuhr vorbeikommen, und diese könnten die Agenten beim Einbruch sehen. Das einzige Problem war, dass sich auf der gegenüberliegenden Straßenseite eine Bar mit Sitzplätzen im Freien befand. Die Gäste der Bar würden sehen, wie das FBI-Team an der Vordertür die Schlösser knackte und das Alarmsystem deaktivierte.

Die TacOps-Agenten liehen sich also einen Stadtbus und fuhren damit zu dem Elektronikzubehörunternehmen. Sie parkten den Bus vor der Vordertür und taten so, als hätte der Bus eine Panne. Als der FBI-Agent, der den Bus fuhr, die Motorhaube hob, stürzten die Agenten aus dem Bus, um die Schlösser zu bearbeiten und einzubrechen. Beobachter auf der anderen Straßenseite konnten sie hinter dem Bus nicht sehen.

Sobald die Agenten in dem Zielgebäude waren, fuhr der Bus weg. Als die Agenten mit dem Installieren der elektronischen Wanzen fertig waren, holte der Bus sie wieder ab. Doch der Bus rauschte an zwei betrunkenen Gästen aus der Bar vorbei, die an einer Bushaltestelle in der Nähe warteten. Als der Bus vor dem Geschäft hielt, rannten die beiden wütenden Gäste zum Bus und sprangen hinein. Da viele Agenten aus verschiedenen FBI-Außenstellen kamen, nahm jeder zunächst an, dass die beiden Männer zu dem Einsatz gehörten.

„Wir warten, bis wir ein paar Häuserblocks entfernt sind, und legen dann unsere Ausrüstung ab“, sagt FBI-Agent Louis E. Grever, der zwölf Jahre lang zum TacOps-Team gehörte. „Wir tragen alle Waffen und Funkgeräte und die beiden Kerle sitzen da und sagen: ‚Was ist denn hier los?‘ Sie fangen an, zu klingeln. *Ding, dong!* Sie wollen raus. *Ding, dong!* Nun war der Busfahrer, der aus der örtlichen Außenstelle kam, kein besonders guter Busfahrer. Ich glaube, er hat etwa 20 Minuten geübt, um den Bus zu fahren. Beim Abbiegen warf er Mülleimer um. Er ruft nach hinten: ‚Hey, hört auf, mit der Klingel rumzuspielen! Ich hab’ schon genug Mühe damit, den Bus zu fahren!‘ Andere Agenten im Bus begriffen allmählich, dass die beiden Männer, die läuteten, weil sie aussteigen wollten, überhaupt nicht zum FBI gehörten. Vor jedem Einsatz treffen sich alle Agenten und nun schien es klar, dass diese beiden unbeabsichtigterweise Hochstapler waren.

„Einer unserer Leute – er hatte zufällig gerade eine Schrotflinte an seinem Schulterriemen hängen – stand auf", sagt Grever. „Er geht also zu ihnen rüber und sagt: ‚Kennen wir euch?'"

Grever fährt fort: „Sie klingeln wirklich die ganze Zeit. *Ding dong, ding dong, ding dong!* Und wir begreifen, dass diese Leute nicht zu uns gehören. Also rufen wir: ‚Hey, Phil, halt an! Wir haben hier ein paar Fahrgäste!'"

Der Fahrer wandte sich um, warf einen Blick auf die Fahrgäste und erkannte, dass sie keine Agenten waren. Fluchend hielt er an und machte die Türen auf.

„Sie steigen aus und wir haben nie mehr etwas von ihnen gehört", sagt Grever. „Sie hatten keine Ahnung, was los war. Sie waren nur zufällig in den falschen Bus gestiegen."

Damals im Jahr 1992 hatte Grever, ein Mann mit blauen Augen und extrem kurz geschnittenem rötlichem Haar, von der Tactical Operations Section noch nie gehört. Aber sein Vorgesetzter in der Außenstelle in Jackson, Mississippi, Billups „Bill" Allen, fragte ihn, ob er dort anfangen wolle. Damals war Grever vier Jahre beim FBI gewesen. Er rechnete eigentlich damit, nach New York oder Los Angeles versetzt zu werden.

In Bezug auf die Tätigkeit von TacOps gab Allen sich zugeknöpft. Stattdessen machte er Grever mit Mike McDevitt bekannt, einem früheren Kollegen aus der Marine, der bereits Mitglied des Teams war.

„Wie ist Ihr Familienleben?", fragte McDevitt ihn.

Von der Antwort überrascht antwortete Grever: „Gut."

„Haben Sie Kinder?"

„Ja."

„Macht es Ihnen etwas aus, wenn Sie sie nicht sehen, weil Sie viel unterwegs sind?"

„Nein", sagte Grever, „ich gebe alles für den Einsatz."

„Gut, wir haben bereits den Bericht über Sie", sagte McDevitt. „Wenn Sie willig sind, den Anforderungen gerecht werden und Ihre Mitbewerber aus dem Feld schlagen, haben Sie hier bei TacOps vielleicht eine Zukunft."

Als Grever sich mit dem TacOps-Team auf dem Campus der FBI-Akademie in Quantico, Virginia, traf, erfuhr er, dass das Team streng geheime, gerichtlich genehmigte Einbrüche durchführt, um versteckte Mikrofone und Videokameras zu installieren und um in Computern und Schreibtischen in Häusern, Büros, Autos, Jachten, Flugzeugen und Botschaften zu spionieren. Jedes Jahr führt TacOPs 400 sogenannte verdeckte Einbrüche durch. Davon werden 80 Prozent in Fällen der nationalen Sicherheit mit Bezug zu Terrorismus und Spionageabwehr durchgeführt. Der Rest wird in Kriminalfällen durchgeführt, bei denen es um organisierte Kriminalität, Wirtschaftsverbrechen und Korruption in der Politik geht. Wie sich herausstellte, war Grever auch teilweise deshalb eingestellt worden, weil er während seiner College-Zeit für ein Technikunternehmen im Bereich Zugangskontrolle und elektronische Sicherheit gearbeitet hatte. Als Mitglied des SWAT [1]-Teams der Außenstelle war er einmal Polizist gewesen. Bevor er durch Allen eingestellt wurde, hatte TacOps ihn gründlich überprüft.

„Vor allem wollten sie herausfinden, ob ich in der Lage wäre, in einem Team zu arbeiten", sagt Grever. „Wenn man einen Großteil seines Lebens mit einer sehr eng verbundenen Truppe wie TacOps verbringt, dann wollen sie sicherstellen, dass man die Herausforderungen bestehen kann. Vielleicht wird man über längere Zeiträume mit ihnen eingeschlossen, zum Beispiel in einem Lagerbehälter oder oben auf einem Aufzug. Man führt ein Doppelleben und darf mit der Familie und den Freunden nicht über die Arbeit reden. Man macht etwas, was man vielleicht am besten als verrückt bezeichnen könnte."

Bei seiner Arbeit als „Einbrecher mit staatlicher Genehmigung", wie er es nennt, gehörte Grever zu einem von sieben Teams, von denen jedes aus etwa zehn Agenten bestand, die im Land herumreisen und gerichtlich genehmigte Einbrüche durchführen. Er leitete oder beaufsichtigte etwa 1.000 verdeckte Einbrüche.

Aufgrund seiner Vorkenntnisse wurde Grever zunächst ein Aufsichtsführender Agent[2], der sich auf die Deaktivierung von Alarmsystemen konzentrierte. Er stieg zum Chef von Tactical Operations auf, einer FBI-Abteilung mit einem bewusst unklaren Namen. In seiner Kurzbiografie auf der FBI-Website wird die Abteilung nur als „Einsatzteam, das für die technische Unterstützung von nationalen Schwerpunktprogrammen zuständig ist" beschrieben. Im Oktober 2008 wurde Grever vom FBI-Direktor Robert S. Mueller III zum geschäftsführenden stellvertretenden Direktor für die Abteilung Naturwissenschaft und Technologie ernannt.

Damit war er für das FBI-Labor, für Fingerabdrücke und Biometrik sowie für die Abteilung Operative Technologie verantwortlich. Zur Abteilung Operative Technologie mit ihren etwa 1.000 – teilweise auch freien – Mitarbeitern gehören sowohl TacOps als auch die Technische Forschungseinrichtung[3] in Quantico. Dort stellt das FBI auf den Einzelfall abgestimmte Abhörgeräte, Aufspürgeräte, Sensoren und Überwachungskameras her, um Kriminelle zu beobachten und ihre Aktivitäten aufzuzeichnen. Ebenso werden Methoden entwickelt, um in Computer einzudringen, Schlösser zu knacken und Überwachungskameras sowie Alarm- und Zugangskontrollsysteme auszuschalten.

Art Cummings traf sich täglich mit dem 50-jährigen Grever, um innovative Methoden zu besprechen, mit denen die Gespräche

1) Supervisory Agent.
2) Special Weapons and Tactics – taktische Spezialeinheit innerhalb einer Polizeibehörde.
3) Engineering Research Facility.

von schwierigen Zielpersonen abgehört werden konnten, und um seine Prioritäten in Fällen der nationalen Sicherheit darzulegen.

„Bevor er 100.000 Dollar für eine Lösung ausgibt, lasse ich ihn wissen, dass wir eine gerichtliche Anordnung haben, und ich helfe ihm, auf der Grundlage unserer Bedürfnisse Prioritäten zu setzen", sagt Cummings.

Cummings betrachtete TacOps als entscheidend bei der Terrorismusbekämpfung. „TacOps sammelt Informationen gegen Terroristen, solange sie sich noch im Planungsstadium befinden, solange sie sich noch nicht in Acht nehmen, sodass wir sehen können, was wirklich vor sich geht", sagt Cummings. „Zusammen mit anderen Informationsbeschaffungsmethoden, wie dem Aufbau von Informanten, der Prüfung anderer Berichte sowie der physischen Personenüberwachung, ist TacOps ein wesentlicher Bestandteil eines integrierten Informationsbeschaffungsplans, der ein tief greifendes, mehrdimensionales Verständnis der Bedrohung ermöglicht."

Wenn das FBI eine einfache Abhörschaltung für ein Festnetztelefon oder ein Handy braucht oder wenn es eine Abfangeinrichtung für E-Mails benötigt, dann verhandeln Grevers Techniker in der Abteilung Operative Technologie direkt mit dem Provider. Normalerweise kann die Telefongesellschaft in wenigen Minuten eine gerichtlich angeordnete Abhörschaltung einrichten, indem sie die Zieltelefonnummer in ihre Computer eingibt und das Gespräch über eine verschlüsselte Breitbandverbindung an eine beliebige FBI-Außenstelle weiterleitet. Wenn jedoch ein physischer Einbruch erfolgen soll, übernimmt TacOps.

In Interviews mit Grever und anderen Agenten, die aktuell bei TacOps beschäftigt sind oder früher dort beschäftigt waren, enthüllte das FBI zum ersten Mal in seiner Geschichte, wie es verdeckte Einbrüche durchführt, die geheimste und am besten gehütete

Methode der Behörde. Selbst für Kongressabgeordnete und Regierungsbeamte mit einer „Top Secret"-Sicherheits-Unbedenklichkeitsbescheinigung ist dieser Einsatz tabu. In einigen Fällen kann das FBI Gespräche belauschen, ohne einzubrechen, indem es Parabolmikrofone oder Laserstrahlen nutzt, um Schallwellen von Fenstern abzuhören. Um sich vor solchen Angriffen zu schützen, ist Grevers Büro im siebten Stock der FBI-Zentrale zu einem Innenhof hin gerichtet, sodass niemand von außen seine Gespräche abhören kann. Ein solcher Abhörversuch von außen wird als „Belagerungs"-Informationsbeschaffung bezeichnet. Sowohl diese Methode als auch verdeckte Einbrüche zur Installierung von Wanzen und zur Ausspionierung von Computern und schriftlichen Aufzeichnungen werden als „Direktangriffe" bezeichnet.

Das FBI kann auch einen Strohmann anheuern, der an einem Gespräch teilnimmt oder in einem Büro oder Haushalt arbeitet, um dort einen Trojaner einzuschleusen – zum Beispiel ein fast unsichtbares Abhörgerät, das in eine Lampe eingebaut ist, die anstelle der vorhandenen angebracht wird. Mithilfe von Fotos, die durch ein Fenster aufgenommen wurden oder von einem FBI-Agenten, der sich als Kammerjäger, Hygienekontrolleur oder Telefonservicetechniker ausgibt, fertigt TacOPs eine genaue Nachbildung der Lampe in dem ins Visier genommenen Büro oder Haushalt an.

In den meisten Fällen ist jedoch ein verdeckter Einbruch notwendig, der zu den besten Ergebnissen führt. Andererseits bringt dieser aber auch das höchste Risiko mit sich, erwischt zu werden und eventuell von einem Hauseigentümer, Wachmann, Polizisten oder Geheimdienstagenten eines anderen Landes, der den Agenten für einen Einbrecher hält, erschossen zu werden.

Bei der Auswahl der Agenten für TacOps-Teams sucht das FBI Männer und Frauen, die über entsprechende Erfahrungen verfügen und bereits verdeckt ermittelt haben, denn diese Agenten können besonders gut die Fassade aufrechterhalten. Zu den Teams gehören Agenten mit allen ethnischen Hintergründen, damit diese sich in ein bestimmtes Umfeld mischen können. Von den 13.807 Agenten des FBI sind 20 Prozent Frauen. Sie nehmen an der ganzen Palette von TacOps-Aktivitäten teil. Dazu gehören die Durchführung verdeckter Einbrüche, der Dienst in Umkreisüberwachungsteams und die Teilnahme an „schnellen Eingreifteams", die herbeieilen, um eine gefährliche Situation unter Kontrolle zu bringen.

Um Agenten eine glaubwürdige Tarnung zu geben, dürfen Männer und Frauen zusammen unterwegs sein und Händchen halten. Grever sagt jedoch: „Anders als in den James-Bond-Filmen dürfen unsere Agentinnen eine Zielperson jedoch nicht mit Sex manipulieren oder kontrollieren, und sie werden auch nicht dazu aufgefordert." „Ein Flirt und ein Lächeln zum richtigen Zeitpunkt sind absolut in Ordnung, aber nichts Körperliches."

Bei der Durchführung von Überwachungen dürfen Agenten jede Art von Auto benutzen – ein Feuerwehrfahrzeug, einen Rolls-Royce oder ein Postauto. Den Agenten werden ihre Einsätze auf Zufallsbasis zugewiesen. „Man kann ebenso gut dem Robert-Hanssen-Fall wie dem Aldrich-Ames-Fall, dem John-Gotti-Fall, dem Umar-Abdulmutallab-Fall oder dem Zacarias-Moussaoui-Fall zugewiesen werden", sagt Grever.

Im Lauf der Jahre hat das FBI erfolgreich verdeckte Einbrüche in der russischen und chinesischen Botschaft oder in anderen offiziellen diplomatischen Vertretungen dieser Länder sowie in den Privatimmobilien ihrer Diplomaten und Geheimdienstoffiziere durchgeführt. Da es sich offensichtlich um geheime Vorgänge handelt, wollen Grever und andere aktuell beim FBI tätige Agenten über diese Einsätze nicht sprechen. Beim Einbruch in eine Botschaft versucht das FBI vielleicht, einen Insider aufzubauen, der beim Einbruch hilft. Wenn ein Einbruch gelungen ist, sind Codebücher oder elektronische Verschlüsselungscodes die größte Beute.

Agenten in den TacOps-Teams haben sogenannte tiefe Decknamen. Das bedeutet, dass bei einer Kontrolle ihres Führerscheins oder ihrer Sozialversicherungsnummer die entsprechenden Behörden ihre fiktive Identität bestätigen werden.

„Wenn unsere Leute zu Hause bei ihren Familien sind, heißen sie einfach Spezialagent[4] John oder Jane Doe, aber sobald sie das Haus verlassen und insbesondere wenn sie im Einsatz sind, wird aus ihnen Jim Brown, Hector Garcia oder Andrea Simmons. Dazu gibt es dann auch alle entsprechenden Dokumente, einschließlich Führerschein, Pass und Kreditkarten, die auf den Decknamen ausgestellt sind, sowie die passenden Geschichten, einschließlich einer falschen Familie, eines falschen Berufs und einer falschen Biografie, wobei all dies voll legendiert wird“, sagt Grever.

Bei ihrer Rückkehr nach Hause stellen die verdeckt ermittelnden Agenten sicher, dass ihnen niemand gefolgt ist. Wenn sie wegen einer Geschwindigkeitsüberschreitung von der Polizei angehalten werden, geben sie sich nicht als Agenten zu erkennen.

Das nötige Zubehör für verdeckte Einsätze wird durch ein FBI-Programm zur Verfügung gestellt, das den Codenamen Stagehand trägt. Wenn bei verdeckten Ermittlungen zwei Millionen US-Dollar in bar als Vorauszahlung nötig sind, wird die Summe von Stagehand bereitgestellt. Wenn eine Jacht oder ein Flugzeug als Requisite gebraucht wird, kann Stagehand eines besorgen, das in einem Kriminalfall beschlagnahmt wurde. Stagehand gründet Unternehmen als Deckadressen, damit Agenten Visitenkarten aushändigen können, die zeigen, dass sie dort arbeiten. Die Unternehmen haben echte Büros mit Personal, das tatsächlich für das FBI arbeitet.

4) Special Agent.

Stagehand gründet auch Unternehmen als Deckadressen, damit Agenten Zugang zu einem Zielobjekt bekommen.

„An einem Tag sind wir Joe's Plumbing[5], komplett ausgestattet mit einem weißen Lkw, Firmenaufschrift, Arbeitskleidung und Telefonnummer", sagt Grever. „Wenn jemand anruft, meldet sich das FBI-Personal und sagt: ‚Joe's Plumbing, was kann ich für Sie tun?' An einem anderen Tag sind wir Joe's Survey and Excavations Services[6], wobei auf dem gleichen hohen Niveau eine Legendierung erfolgt."

Eine vollständige Garderobe mit etwa 50 verschiedenen Uniformen hängt auf Kleiderständern im TacOPs Support Center. Ein Grafikexperte entwirft maßgeschneiderte Uniformen, gefälschte Ausweise und Abzeichen sowie Folien mit gefälschten Nummernschildern für Lkws. Die Agenten geben sich als Aufzugkontrolleure, Feuerwehrleute oder Angestellte der Stadtwerke aus. Alternativ können sie sich auch als Touristen ausgeben, indem sie kurze Hosen tragen und Schnappschüsse machen. Sie könnten auch als Obdachlose auftreten und lumpige Kleidung tragen. Die Agenten ziehen bevorzugt Kleidung in Übergröße an, damit sie darin ihre Einbruchswerkzeuge verstecken können. Und sie gehen bei Einbrüchen mit gezogener Waffe in das Gebäude.

„Normalerweise üben wir Tarngeschichten im Voraus ein", sagt Grever. „Wenn einer von uns verhört wird und eine Tarngeschichte erzählt und ich im Anschluss daran verhört werde, könnte ich sonst vielleicht eine andere Geschichte erzählen."

Um ethische Probleme zu vermeiden, geben TacOps-Agenten sich nicht als Mitglieder des Klerus oder als Journalisten aus. Sie dürfen sich aber als Telefonservicetechniker oder als FedEx- oder UPS-Boten ausgeben. Allerdings versuchen sie, möglichst nicht als

5) Klempnerei.
6) Archäologischer Geländebegehungs- und Ausgrabungsdienst.

Angestellte eines echten Unternehmens aufzutreten, denn bei kritischer Nachfrage „kann unsere Tarngeschichte schnell zusammenbrechen, wenn jemand seine örtliche FedEx- oder UPS-Niederlassung anruft und fragt, ob wir wirklich dort arbeiten", sagt Grever. Wenn die Identität eines TacOps-Agenten aufgedeckt wird, weil er oder sie vor Gericht über einen Einbruch aussagen muss, dann kann dieser Agent nicht mehr in Teams arbeiten, die verdeckte Einbrüche durchführen.

Die Strategie- und Notfallpläne für jeden Einbruch werden in Einsatzbefehlen dargelegt. Die Agenten müssen die gerichtliche Anordnung, die den Einbruch genehmigt, lesen, damit sie genau wissen, was sie tun dürfen und was nicht.

Ein erfolgreicher Einsatz erfordert eine wochenlange Planung – zur Bestimmung der zeitlichen Abläufe und Gewohnheiten der Bewohner, zur Prüfung der Alarme und Überwachungssysteme, die ausgeschaltet werden müssen, sowie zur Planung von Fluchtstrategien.

Die Agenten von TacOps und von den örtlichen Außenstellen sind in vier Gruppen unterteilt: erstens eine Überwachungsgruppe, die den Ort gründlich ausspäht und prüft; zweitens eine Technikgruppe, die Schlösser und Safes knackt und Post öffnet; drittens eine Elektronikgruppe, die sich auf Computer und Blackberrys konzentriert; viertens eine „Flaps and Seals"-Gruppe, die sich auf spezielle Methoden konzentriert, die die Bewohner verwenden könnten, um Eindringlinge zu entdecken. Diese Gruppe ist auch für die Wiederherstellung des Zielobjekts zuständig, indem sie sicherstellt, dass das Team keine Spuren hinterlässt, die auf die Anwesenheit von Agenten hindeuten. An einem Einsatz können über 100 Agenten beteiligt sein.

„Wir schicken Agenten hin und sie beobachten tagelang das Zielobjekt sowie den Lebensrhythmus der Bewohner, bei Tag und

Nacht, an Wochenenden und Werktagen", sagt Grever. „Wir interessieren uns für die Schlafgewohnheiten der Leute und dafür, wann sie sich in der Tiefschlafphase befinden, sodass ein lautes Geräusch sie nicht unbedingt aufweckt. Wir verfolgen alles, weil – das ist jetzt nicht melodramatisch ausgedrückt – unser Leben davon abhängt."

Manchmal setzt das FBI fingierte Preise aus, um die Bewohner zum Verlassen des Zielobjektes zu bringen.

„Wir geben den Leuten die Gelegenheit, zu reisen und exotische Dinge zu tun", sagt Grever. „‚Sie haben im Lotto gewonnen! Sie haben eine Reise, ein Gratis-Abendessen gewonnen! Glückwunsch, wir haben Ihre Visitenkarte aus einem Behälter gezogen!' Natürlich war das kein Glück. Das waren wir mit unserem Versuch, eine Gelegenheit zu bieten."

Um Geräusche zu verdecken oder die Aufmerksamkeit von Beobachtern abzulenken, kann das FBI auch mit Müllautos durch die Straßen fahren und Krach mit den Mülleimern machen. Es kann auch einen Holzhäcksler anschalten oder mit einem Presslufthammer auf ein Stück Beton losgehen, das an den jeweiligen Ort geliefert und auf der Straße abgeladen wurde. Es kann Hochdruckwasserdüsen zur Reinigung der Bürgersteige verwenden und so die Passanten in die Flucht schlagen. Die Agenten können die örtliche Polizei hinzuziehen, die ihre Streifenwagen mit Blinklicht in der Nähe parken. Wenn die Passanten ein Polizeiauto sehen, werden sie annehmen, dass die Person, die eine Leiter erklimmt, um in eine Wohnung oder in ein Büro einzubrechen, kein Einbrecher sein kann.

Die Agenten können auch aus der Ferne das Bild auf Videoüberwachungsanlagen einfrieren, sodass Wachleute, die nach Eindringlingen Ausschau halten, diese nicht sehen. Während des Einsatzes tut mindestens einer der Agenten nichts anderes, als die

Fenster und Türen zu beobachten, um sicherzustellen, dass niemand kommt. Den Zeitraum, während dessen sie sich innerhalb einer Überwachungsanlage befinden oder Schlosssysteme knacken, bezeichnen die TacOps-Agenten als die „Expositionszeit".

Zwar sind Wachleute ein Problem, aber „am meisten fürchten wir uns offen gesagt vor unschuldigen Dritten wie einem Nachbarn mit einem Schlüssel zu dem Anwesen und einer Waffe", sagt Grever. Vielleicht ist ein Verdächtiger übers Wochenende verreist und lässt seinen Schlüssel bei einem Nachbarn.

„Der Nachbar ist vielleicht neugierig und sitzt untätig herum", sagt Grever. „Wenn er etwas Ungewöhnliches hört, versucht er, das Eigentum des Nachbarn mit einer Waffe zu verteidigen, anstatt dass er die Polizei ruft. Das ist dann der Moment, wenn die Tennisschuhe, mit denen man schnell weglaufen kann, sehr praktisch sind."

Wenn der Nachbar die Polizei ruft, ist das nicht unbedingt schlecht: Das FBI fragt die Entsendung von Polizisten ab und fordert normalerweise die Hilfe von örtlichen Polizisten an, die gemeinsamen Einsatzgruppen zugewiesen sind. Dann taucht nicht das entsendete Polizeiauto auf, sondern ein mit dem FBI verbundener Polizist erscheint auf der Bühne und gibt vor, eine Anzeige aufzunehmen. Zu diesem Zeitpunkt sind die Agenten längst fort.

Als Sicherheitsvorkehrung bringen die Agenten Geräte mit, mit denen man unter Türen hindurchsehen kann. Sie prüfen, ob irgendwo Sprengstoff ist und ob radioaktive oder biologische Gefahren bestehen. In einigen Fällen soll mithilfe des Einbruchs festgestellt werden, ob Verdächtige Bomben bauen oder Massenvernichtungswaffen entwickeln, wie es während der Ermittlungen im Fall der mit Milzbranderregern verseuchten Postsendungen der Fall war.

Drogendealer deponieren in ihren Gebäuden versteckte Sprengsätze, um Konkurrenten und Diebe abzuwehren. Sie manipulieren zum Beispiel eine Glühbirne, sodass diese beim Einschalten explodiert und Benzin oder Dynamit entzündet.

Anstatt bei Nacht in ein Bürogebäude oder eine staatliche Einrichtung einzubrechen, können die Agenten auch ein sogenanntes „Einsperren“ inszenieren. Sie verstecken sich im Inneren des Bürogebäudes, bis die Angestellten es am Abend verlassen haben, und brechen dann in das anvisierte Büro ein. Dabei verstecken sie sich vielleicht in einer Abstellkammer neben dem Telefonverteilerkasten oder oben auf einem Aufzug. In einem solchen Fall, bei dem es um Terrorismus ging, fuhren TacOps-Agenten stundenlang auf einem Aufzug auf und ab.

„Das Gebäude wurde schließlich für die Nacht abgeschlossen“, erinnert sich Grever. „Überwachungsteams im Freien und in benachbarten Hochhäusern, wo wir Räume angemietet hatten, konnten das Gebäude beobachten und die Bewegungen des Sicherheitspersonals melden. Als der richtige Zeitpunkt gekommen war, holten wir unseren Aufzug auf das Stockwerk, das genau unter unserem Ziel lag. Dabei verwendeten wir Regler, die wir aus der Ferne bedienen konnten, indem wir sie an die Steuerschaltungen des Aufzugs anschlossen. Wir verwendeten unsere eigenen Aufzugsteuertasten, öffneten die Türen von innen und machten uns unentdeckt in unseren anvisierten Büros an die Arbeit.“

Nach getaner Arbeit positionierten die Agenten sich wieder oben auf dem Aufzug und warteten darauf, dass das Gebäude am Morgen geöffnet wurde.

„Nachdem wir wieder unsere Businesskleidung angezogen hatten, gingen wir mit den anderen Leuten hinaus, die das Gebäude an diesem Morgen besuchten“, sagt Grever.

In einigen Fällen werden Agenten in einem verschlossenen Versandkarton zu einem Gelände befördert. Mitten in der Nacht kommen sie wie Soldaten aus einem trojanischen Pferd heraus und brechen in das Zielobjekt ein. So wird zum Zweck des Einbruchs in ein Haus zum Beispiel ein Agent in einem verschlossenen Kühlschrankkarton vor die Eingangstür befördert. Dort schützt der Karton ihn vor den Blicken der Passanten, während er an den Schlössern arbeitet. „Normalerweise bauen wir Transportbehälter, die nicht einmal die misstrauischsten Fracht- oder Hafenarbeiter ohne viel Mühe und hohen Zeitaufwand öffnen könnten", sagt Grever. „Selbst wenn sie versuchen würden, unseren Transportbehälter zu öffnen, würde unsere Eingreiftruppe – herbeieilende uniformierte FBI-Agenten – rechtzeitig da sein, um eine Konfrontation zu verhindern."

Um sicherzustellen, dass die Agenten nicht erwischt werden, sorgt TacOps dafür, dass Agenten von Außenstellen oder spezielle Überwachungsteams – man nennt sie „Keyholder" – den Bewohnern von Häusern oder Personen aus Büros folgen. Sie werden beobachtet, um zu sehen, ob sie nicht zurückkehren. Falls dies der Fall ist, teilen die Agenten, die ihnen folgen, per Funk mit, dass sie zurückkommen, und schätzen, wie lange es dauert, bis sie vor Ort sind. Die Agenten, die in dem Anwesen tätig sind, kennen ihre eigene „Abbauzeit", das heißt, wie lange sie brauchen, um ihre Ausrüstung zusammenzupacken und spurlos zu verschwinden.

„Wenn die Abbauzeit fünfzehn Minuten beträgt und die Zielperson fünf Minuten entfernt ist, dann haben wir einen Plan, wie wir sie aufhalten können", sagt Grever. „Da wir uns in unserem eigenen Terrain befinden, können wir die Polizei, die Feuerwehr, Beamte mit Zuständigkeit für die öffentliche Gesundheit und Sicherheit, das Amt für Stadtreinigung oder die US-amerikanische Post einschalten."

Vielleicht gebe es einen „plötzlichen Verkehrsstau", sagt Grever. Oder es könnte einen „Unfall direkt vor ihnen geben, oder die Polizei könnte sie anhalten. Es könnte eine kleine örtliche

Naturkatastrophe geben – ein Feuerwehrhydrant wird angeschaltet und überflutet die Straße, und dann müssen sie den Rückzug antreten.“ Eine weitere Strategie besteht darin, die Luft aus Reifen herauszulassen.

Während eines Einbruchs hat ein Agent die Aufgabe sicherzustellen, dass anschließend wieder der Normalzustand hergestellt wird. Zu Beginn des Einsatzes fotografiert er die Räume, sodass alles wieder an seinen Platz zurückgestellt werden kann. Wenn ein Stuhl oder Sofa weggerückt werden soll, befestigen die Agenten zunächst Klebeband auf dem Boden, um die Position der Beine zu markieren.

„Ausgebildete Auslandsgeheimdienstoffiziere stellen Fallen, die sie vor einem Einbruch warnen, indem sie eine Tür in einem bestimmten Winkel offen stehen lassen oder Zeitungen auf eine bestimmte Weise anordnen“, bemerkt Grever. Manchmal wird eine bestimmte Schublade an einem Schreibtisch nie geöffnet, aber im Inneren wird ein Gegenstand aufgestellt, der beim Öffnen der Schublade durch einen Eindringling umfällt und so einen Hinweis auf den Einbruch gibt. Das FBI arbeitet mit der CIA zusammen und befragt Überläufer, um etwas über die speziellen Methoden zu lernen, die die Gegner zur Aufdeckung von FBI-Einbrüchen verwenden. Alle 14 Tage trifft Grever sich mit seinen Kollegen von der CIA, um Erfahrungen mit den neuesten Abhör- und Überwachungsgeräten auszutauschen.

Damit nichts zurückbleibt, wird jedes bei einem Einsatz verwendete Werkzeug nummeriert und markiert, um es dem jeweiligen Agenten zuzuordnen, der es verwendet. Bevor die Agenten gehen, machen sie eine Bestandsaufnahme, um sicherzustellen, dass sie alle ihre Werkzeuge haben. Die Agenten nehmen einen kleinen Rechen, um Spuren zu beseitigen, die ihre Schuhe auf Teppichen hinterlassen haben könnten.

„Wir verwenden eine Speziallampe, um zu sehen, ob Staubspuren verwischt wurden oder nicht", sagt Grever. „Wir haben auch einen Staubvorrat dabei. So können wir etwas zusätzlichen Staub streuen, wenn das nötig ist, um alles so aussehen zu lassen, wie es war."

2

OMERTÀ

FÜR TACOPS-AGENTEN, DIE IN PRIVATIMMOBILIEN, BÜROS UND Botschaften einbrechen, stellen Hunde die größte Gefahr dar. Dabei kann es sich entweder um Wachhunde oder Haustiere handeln. Beide bedeuten Ärger.

„Wenn ein Hund bellt, ist das ein ebenso großes Problem, wie wenn ein Alarm angeht", sagt Louis Grever. „Es gibt verschiedene Methoden, mit Tieren umzugehen, aber die wichtigste besteht darin, ihnen aus dem Weg zu gehen, soweit dies möglich ist."

Unter Umständen freunden die Agenten sich über den Zeitraum einiger Wochen mit den Hunden an, indem sie diese füttern. Während eines Einsatzes können sie die Hunde in schalldichte Käfige sperren, die mit Futter und Wasser ausgestattet sind. Oder sie sedieren die Hunde mit einem Sedierungspfeil aus einer Betäubungswaffe. Wenn der Einsatz beendet ist, geben sie ihnen eine Aufwachspritze. Die jeweilige Dosis wird im Voraus von einem Vertragstierarzt festgelegt.

„Wir stellen dem Tierarzt Bilder und eine Beschreibung des betreffenden Hundes zur Verfügung“, sagt Grever. „Unter Berücksichtigung von dessen Größe und Alter teilt der Arzt uns mit, welches Mittelchen wir für ihn mischen müssen. Wir haben einen Koffer mit allen Narkotika und Sedativa dabei. Es geht absolut nicht darum, den Hund zu töten, denn damit würden wir riskieren, entdeckt zu werden.“

Auf einen besonders aggressiven Hund können die Agenten auch einen Feuerlöscher richten. Der Strahl erschreckt ihn und vereist ihm die Nase. Wenn er ein paar Stöße abbekommen hat, reicht es schon, dem Hund den Feuerlöscher nur zu zeigen, damit er mit eingezogenem Schwanz wegrennt. Bei einem Einbruch in einen Mafia-Treff in New York ging die Füllung des Feuerlöschers aus. Ein geistesgegenwärtiger Agent machte ein zischendes Geräusch wie ein Feuerlöscher, und das reichte, um den Hund fernzuhalten.

Ein anderer wilder Hund wurde nach wiederholten Stößen aus einem Feuerlöscher sanftmütig. Später in der Nacht spielte er mit den Agenten, indem er ihnen Spielzeug und Stofftiere brachte, die sie ihm während der Arbeit zum Apportieren zuwarfen.

„Das einzige Problem war, dass er eines seiner kleinen Stofftiere zerriss und wir das alles mit dem Staubsauger beseitigen mussten, bevor wir gingen“, sagt Grever. „Wir haben einen ziemlich teuren, sehr leisen Staubsauger in einem Rucksack dabei, und wir machen sauber, während wir dort sind. Aber wir übertreiben es nicht, denn wir wollen, dass der Ort bewohnt aussieht.“

Als die Agenten in der Wohnung eines wichtigen Drogendealers Wanzen installieren mussten, stellten sie fest, dass diese ein französisches Fichet-Schloss hatte, zu dem ein zehn Zentimeter langer Schlüssel gehörte. Das Knacken des Schlosses hätte also eine Weile gedauert. In der Zwischenzeit hätten Mieter aus den

Nachbarwohnungen kommen und die Agenten sehen können. Also kletterten McDevitt und sein Partner Mike Uttaro im Schutz der Dunkelheit auf das Dach des vierstöckigen Hauses und seilten sich ab. Sie landeten auf dem Balkon des Drogendealers im Dachgeschoss.

Die beiden TacOps-Agenten – die als „die beiden Mikes" bezeichnet wurden – waren schmutzig, weil sie auf dem Dach gewesen waren, und in der Wohnung des Drogendealers lag ein weißer Teppich. Bevor sie die Wohnung betraten, zogen sie also ihre Sneakers aus. Dabei ließ Uttaro versehentlich einen seiner Sneakers fallen, und dieser fiel aus dem vierten Stock hinunter.

„Ein Hund spielte verrückt und ein Wachmann tauchte auf", sagt McDevitt, der über 2.000 verdeckte Einbrüche durchführte und später zum Chef von TacOps wurde. „Einer unserer Überwachungsagenten sah das, raschelte im Gebüsch und machte sich dann aus dem Staub. Der Wachmann nahm an, dass der Hund die Person im Gebüsch angebellt hätte."

In einem anderen Fall wollten die Agenten einen Hund im Haus eines wichtigen Mafia-Mitglieds fangen, aber als sie den Hund gefangen hatten, rannte eine Katze hinaus.

„Katze ist gerade zum Ausgang raus und rennt in Richtung Westen auf der Straße", funkte ein Agent. „Farbe grau, etwa sieben Kilo schwer."

„Roger, wir sind ihr auf der Spur", funkte ein anderer Agent zurück.

Die TacOps-Agenten waren mit Nachtsichtbrillen ausgerüstet und sie sahen immer wieder zu den Fenstern hinaus, ob andere Agenten die Katze gefunden hatten. Wäre die Katze nicht gefangen worden, dann hätte die Zielperson erkennen können, dass das FBI eingebrochen hatte, womit der ganze Fall gefährdet worden wäre. Nach einer Stunde funkte ein Agent: „Katze gefangen!"

Die Agenten brachten die Katze ins Haus. Doch der Hund fing an zu bellen, und die Katze fauchte. Die Agenten dachten, dass die beiden sich wegen des Einbruchs aufregen würden.

„Das Einbruchsteam geht zurück ins Hotel und legt sich schlafen", sagt Grever. „Wenn man die ganze Nacht gearbeitet hat, braucht man etwas Schlaf. Das Schlimmste, was einem dann passieren kann, ist, dass man dann einen Anruf bekommt und erfährt, dass es ein Problem gibt. Normalerweise geschieht dies am nächsten Tag, wenn das Morgen-Team kommt und die Mikrofone und die Kamera angeschaltet sind. Eine seiner ersten Aufgaben ist es, festzustellen, ob jemand eine Brieftasche im Haus gefunden hat oder denkt, dass ein Stuhl kaputt ist."

In diesem Fall wurde das Einbruchsteam herbeigerufen und man sagte ihm, dass es ein Problem gebe.

„Ihr habt alles perfekt gemacht", sagte ein Agent, der das Haus observierte, zu ihnen. „Mit einer Ausnahme: Das war die falsche Katze!"

„Diese Katze ist sofort ein paar Vorhänge raufgeklettert und hing oben in den Vorhängen, und unten lief der Hund herum und wartete darauf, dass die Katze irgendwann müde werden und herunterfallen würde, sodass er auf sie losgehen konnte", sagt Grever.

Als die Bewohner am nächsten Tag von einer Reise zurückkamen, entdeckten sie eine fremde Katze in ihrem Haus.

„Dass jemand in ihr Haus eingebrochen ist, die Katze rausgelassen hat, eine andere reingetan hat und dann wieder ging, ohne etwas mitzunehmen – das ist allerdings das Letzte, woran diese Leute denken würden", betont Grever. „Sie erklärten es sich also, indem sie sich sagten, dass die Katze wohl durch eine kleine Tür entwischt sein musste, durch die der Hund ins Freie konnte. Sie dachten, dass diese andere Katze auf die gleiche Weise ins Haus gekommen sein musste; und sie taten es als ziemlich normal ab."

In einem Fall in Tampa war die beste Zeit, um in das Haus der Zielperson einzubrechen, der Nachmittag zwischen 14.30 Uhr und 15.30 Uhr. Da die Agenten leicht zu sehen waren, fuhren sie einen Sattelschlepper vor das Haus, um es vor den Blicken der gegenüber wohnenden Nachbarn abzuschirmen. Doch als der Sattelschlepper in die Siedlung fuhr, blieb er oben in Telefonkabeln hängen. Der Agent, der den Sattelschlepper fuhr, funkte das diensthabende Überwachungsteam an. Diese Agenten liefen los und versuchten, den Sattelschlepper zu befreien. In diesem Moment tauchte plötzlich ein Schulbus voller Kinder auf.

Unterdessen versuchte ein Nachbar in derselben Straße, der mit der Zielperson befreundet war, aus der Siedlung hinauszufahren. Er sah fünf Agenten an einem Seiteneingang des Hauses der Zielperson, das zum Verkauf stand. Der Freund hielt an und fragte, was sie machten. Als der TacOps-Agent Mike Uttaro ihm sagte, dass sie am Kauf des Hauses interessiert seien, fragte er: „Braucht man etwa fünf Leute, um ein Haus zu besichtigen?"

„Dieses Haus ist in einem miserablen Zustand und wir haben Techniker und Immobiliengutachter dabei, um es zu untersuchen", sagte Uttaro. „Wir haben um drei einen Termin mit dem Makler."

Obwohl er immer noch misstrauisch war, fuhr der Mann weg. Die Agenten konnten also einbrechen und das Haus durchsuchen.

Bei ihren Einbrüchen in Häuser sind die Agenten schon auf Giftschlangen und wilde Tiere in Käfigen gestoßen. „Einmal betrat ich ein Haus mit gezogener Waffe, und da waren zwei Käfige mit Orang-Utans, und sie spielten verrückt", erzählt Uttaros Partner, Mike McDevitt. „Ich höre all den Lärm und habe eine Stiftlampe im Mund, und als ich meinen Kopf drehe, sehe ich nur diese orangefarbenen Augen, die mich anblicken. Es war ein Jaguar in einem Käfig." In einem anderen Fall fanden die Agenten einen Mann, der mit einer Pistole auf dem Bauch auf dem Sofa schlief.

Auf dem Boden vor ihm befanden sich ein Gewehr und eine Whiskyflasche.

„Er war bewusstlos", sagte McDevitt. „Ich erinnere mich daran, wie ich in dieser Nacht dalag, die Szene anstarrte und mir genau überlegte, was ich tun würde, falls er aufwachen sollte", sagt McDevitt. „Ich würde mich nicht ausweisen können. Da er betrunken war, hoffte ich, dass ich ihm einen Stoß versetzen könnte und er wieder umfallen würde."

Uttaro, der mehr als 4.000 verdeckte Einbrüche durchführte, installierte einmal Wanzen in Deckenplatten, wobei er auf 3,5 Meter hohen Stelzen herumlief. Er stolperte und stürzte fast durch ein Fenster im obersten Geschoss des Chrysler Building in New York. Ein anderes Mal schnitt McDevitt versehentlich in elektrische Kabel in der Bronx, sodass die Funken flogen.

In einem anderen New Yorker Fall brach McDevitt in die Wohnung eines Mafia-Mitglieds ein, das gerade einen Auftragsmord plante. Pistolen, Gewehre und Schrotflinten lagen auf einem Sofa. Als McDevitt und ein Technikagent von der Außenstelle ihre Arbeit taten, hörten sie ein Geräusch, das von der anderen Seite der Wohnungstür kam. Wie sich herausstellte, war die Person außerhalb der Wohnung der Auftragsmörder, und er betrat kurz darauf die Wohnung mit einem Schlüssel.

Es gab kein Versteck, also rannten McDevitt und der andere Agent ins Badezimmer und schlossen die Tür. Sie entschlossen sich, so zu tun, als würden sie dorthin gehören.

Um diesen Eindruck zu erwecken, zog der Technikagent sein Hemd aus und ließ das Wasser am Waschbecken laufen. McDevitt sprang in die Badewanne und zog den Duschvorhang zu. Durch eine Öffnung in dem Vorhang beobachtete der das Geschehen im Badezimmerspiegel, wobei er seine Waffe im Anschlag hatte.

Der Auftragsmörder hörte das Wasser laufen und klopfte an die Badezimmertür. Der andere Agent öffnete die Tür einen Spalt weit.

„Wer sind Sie?“, fragte der Mann.

„Und wer zum Teufel sind Sie?“, erwiderte der Agent von der Außenstelle.

„Ich habe die Hüllen für die Flinten gebracht“, sagte der Auftragsmörder.

„Der Kerl dreht sich um und fragt: ‚Können Sie abschließen, wenn Sie gehen?‘“, sagt McDevitt.

„Klar“, erwiderte der Technikagent. Der Auftragsmörder ging und die beiden Agenten setzten ihre Arbeit fort, indem sie die Überwachungskameras und die Wanzen installierten.

Anstatt Gegenstände mit eingebauten Wanzen in die Räume zu bringen, können die Agenten auch ein winziges Mikrofon oder eine Kamera in einer Wand installieren. Dabei lassen sie in der Wand ein kleines Loch für das Gerät und überstreichen die Stelle mit einer speziellen schnell trocknenden Farbe, die genau der Wandfarbe entspricht.

„Wir haben ein Farbvergleichsprogramm auf einem unserer Computer, sodass wir die Farbe direkt vor Ort anmischen können, um die Stelle zu überstreichen“, sagt Grever.

Durch die Installation von Mikrofonen oder Kameras kann das FBI Töne oder Bilder durch Lichtstrahlen in Glasfasersträngen übertragen, die so fein wie ein menschliches Haar sind. Daher können Entwanzungsexperten keine elektronischen Emissionen im Raum entdecken.

Aufzugschächte sind ein besonders beliebter Ort, um dort Wanzen zum Abhören von Gesprächen zu installieren. Die Herstellung der Abhörgeräte erfolgt entweder durch die Technische Forschungseinrichtung oder wird an andere Einrichtungen wie die Sandia National Laboratories ausgelagert, die neue Technologien zum Abhören von Gesprächen entwickeln.

Die Audio- und Videogeräte werden aus der Ferne über verschlüsselte kabellose Übertragungswege überwacht. Man kann mit Videogeräten nicht nur aufnehmen, wie Geld den Besitzer wechselt, sondern auch Tastenanschläge auf einer Computertastatur aufzeichnen.

TacOps-Agenten können auch versteckte Software auf dem Computer einer Zielperson installieren, um eine zukünftige Verschlüsselung zu deaktivieren. Normalerweise können Abhörgeräte aus der Ferne gesteuert werden. Manchmal hören Agenten, dass Entwanzungsexperten ein Büro oder eine Privatimmobilie durchforsten. Die Experten finden fast nie etwas.

„Wenn man weiß, dass ein Entwanzungskommando im Anmarsch ist, kann man ihm leicht ausweichen", sagt Grever. „Sie suchen nach den verräterischen Spuren von Elektronik – zum Beispiel Funkwellen. Entweder schaltet man das Gerät aus der Ferne aus oder man versteckt es so gut, dass sie bei der Suche fast einen Schaden anrichten müssen, um es zu finden."

Wenn ein Einsatz beendet ist, machen die Agenten eine Einsatzbesprechung mit den Kollegen im Support Center, und die Operation wird im Einzelnen analysiert.

In den Anfangstagen des Programms waren die finanziellen Ressourcen knapp. Selbst der Kauf von Dietrichkoffern stieß auf bürokratische Hindernisse.

Agent James Kallstrom kämpfte mit der Zentrale, um die notwendigen finanziellen Mittel zu bekommen, und zwar sowohl in New York als auch später, als er Chef der Technikabteilung in Washington war.

„Sag mir, was du brauchst, und wir beschaffen es", sagte Kallstrom laut McDevitt zu den Agenten.

In den frühen 1980er-Jahren musste die New Yorker Außenstelle schnell eine Wanze im Haus eines Mafia-Mitglieds installieren, aber es war kein Abhörgerät verfügbar. Die Agenten entschlossen sich also, eine Wanze wieder zu entfernen, die bereits im Hotelzimmer eines anderen Mafioso, eines Mitglieds des Bonanno-Clans, am Times Square installiert worden war.

Das Problem war folgendes: Die Mafia nutzte das Hotelzimmer als sicheren Rückzugsort. Es war also immer ein Gangster vor Ort. Der Aufsichtsführende Agent Joe Cantamessa erfand eine List. Er sagte zu Uttaro, der McDevitts Assistent als Chef von TacOps wurde, sich als Mafia-Mitglied auszugeben und an die Tür des Mafioso zu klopfen. Der Mann öffnete dann auch tatsächlich die Tür – ohne ein Hemd zu tragen.

Uttaro behauptete, dass er ihm Geld schulde. Da er aus einer sizilianischen Familie stammte, konnte er sogar einige sizilianische Wörter einstreuen, um Eindruck zu machen.

„Ich sagte zu ihm, dass ich da sei, um mein Geld zu holen, und nannte Namen von italienischen Nachbarn, mit denen ich aufgewachsen war", sagt Uttaro. „Er sagte, er wisse nicht, wovon ich redete, aber er fragte, ob ich mit Tony darüber gesprochen hätte. Er versuchte tatsächlich, hilfsbereit zu sein."

Nach ein paar Minuten ging Uttaro. Dann klopfte Agent Cantamessa an die Tür des Mannes. Er zeigte seinen FBI-Ausweis und sagte, er brauche den Mafioso zur Identifizierung des Mannes, der gerade an seine Tür geklopft habe.

Der Mafioso war einverstanden, und Cantamessa führte ihn auf die Straße hinaus, wo die Agenten eine Show abzogen, indem sie so taten, als würden sie Uttaro festnehmen. Dabei verprügelten sie ihn sogar ein wenig.

„Sie stießen mich gegen eine Mauer und traten mich in die Schienbeine", sagt Uttaro. „Ich beklagte mich lauthals schreiend über die Brutalität der Polizei und sagte, dass man sie alle ins Gefängnis stecken müsse."

Unterdessen schlichen andere Agenten in die Wohnung des Mannes und holten das benötigte Abhörgerät.

Als die TacOps-Agenten morgens um zwei das Haus von CIA-Offizier Aldrich Ames betraten, stellten sie fest, dass das Endstück eines Schlüsselrohlings in das Schloss der zum Untergeschoss führenden Tür gesteckt worden war, offenbar um einen Einbruch zu verhindern. Sie schafften es, ihn zu entfernen und Ames' Alarmsystem zu deaktivieren. Im Gegensatz zu Ames' Sicherheitsvorkehrungen hatte der FBI-Agent Robert Hanssen zwar ein Alarmsystem, aber als die TacOps-Agenten tagsüber einbrachen, stellten sie fest, dass er es vor dem Verlassen des Hauses nicht eingeschaltet hatte. Das einzige Problem bestand darin, den Überblick über das Kommen und Gehen seiner Kinder zu behalten.

Oft ist ein verdeckter Einbruch der Wendepunkt in einem Fall.

„Bei einigen Mafia-Figuren mussten wir jahrelang arbeiten, um einen hinreichenden Verdacht zu begründen, sodass wir die gerichtliche Genehmigung für einen Direktzugriff bekamen", sagt Grever.

„Wir installierten Mikrofone und normalerweise fühlen sie sich in ihren Gesprächen so sicher, dass sie alles sagen und sich verraten. Vor Gericht werden sie sich als gesetzestreue, freundliche Bürger darstellen. Wenn man sich aber diese Gespräche anhört oder sich die Treffen ansieht, dann weiß man schnell, was ihre Absichten sind."

Nachdem das FBI jahrelang gewartet hatte, um einen hinreichenden Verdacht glaubhaft zu machen, konnte es Mikrofone im Ravenite Social Club in Manhattan installieren, wo John Gotti, der Chef des sogenannten Gambino-Clans, herumlungerte.

„Was diesen Fall angeht, erinnere ich mich an die Nacht, als die

Anrufe reinkamen: ‚Das Zielobjekt wird aufgemacht'", sagt Grever. „Unsere Leute rannten auf ihre Positionen."

Die Agenten installierten Mikrofone an Wandlampen neben einem Tisch in einem Hinterzimmer des Treffpunkts, in einem Flur und in einer Wohnung im Obergeschoss. Das Schöne an der Umwandlung einer Steckdose oder einer Lampe in ein Abhörgerät ist, dass es über seine eigene Stromversorgung verfügt. Man muss also das Gebäude nicht noch einmal betreten, um die Batterien zu wechseln.

Man hörte auf den Bändern, wie Gotti sich gegenüber anderen Mafiosi mit seiner Macht brüstete und damit, wie viele Leute er „umgelegt" hatte. Als Erklärung dafür, warum er den Mord an Louis DiBono, einem Gambino-„Soldaten", angeordnet hatte, sagte Gotti auf den Bändern, dass das Mafia-Mitglied einen einfachen Fehler begangen habe: Er habe seinen Chef nicht respektiert. „Weißt du, warum er sterben muss?", fragte Gotti, der wegen seiner teuren Kleidung unter dem Namen „Dapper Don" [1] bekannt war, seinen Consigliere in einem auf Band aufgenommenen Gespräch, das dem Mord an DiBono im Jahr 1990 vorausging.

„Er wird sterben, weil er sich geweigert hat, zu kommen, als ich ihn rief", sagte Gotti. „Das war alles, was er falsch gemacht hat."

Kurz darauf wurde DiBono tot aufgefunden – mit drei Einschusslöchern in seinem Kopf.

„Innerhalb von 30 Tagen hatten wir genug Gespräche aufgenommen, um den Teflon-Don zu Fall zu bringen", sagt Grever. „Über das FBI lässt sich vor allem eines sagen: dass wir geduldig sein können."

Am 11. Dezember 1990 machten FBI-Agenten und Kripobeamte der New Yorker Polizei eine Razzia im Ravenite Social

1) Der elegant gekleidete Don

Club und nahmen Gotti fest. Er starb 2002 im Krankenhaus eines Bundesgefängnisses an Krebs.

Grever sagt: „Andererseits bekommen wir hin und wieder Hinweise darauf, dass jemand etwas Illegales tut, aber unsere Überwachung der Person zeigt, dass dieser Verdacht nicht auf begründeten, guten Informationen beruht. Wir können die Leute dann sehr schnell aus dem Radar nehmen und uns anderen Dingen zuwenden."

Einer der größten Erfolge des FBI war die Abhörung einer Mafia-Einführungszeremonie am 29. Oktober 1989, die in anschaulichen Einzelheiten zeigte, dass das organisierte Verbrechen tatsächlich existiert.

„An einem Samstagmorgen etwa um halb zehn bekam ich einen Anruf von einem Technikagenten aus der Bostoner Gegend", sagt McDevitt. „Er sagte: ‚Mike, kannst du irgendwie ein paar deiner Leute hierher schicken? Wir haben eine Informationsquelle, dass es heute Nacht eine Einführungszeremonie geben wird.'"

McDevitt und Uttaro nahmen ein Dienstflugzeug und flogen nach Boston. Die Zeremonie des Patriarca-Clans sollte in der folgenden Nacht im Keller eines Hauses in der Guild Street in Medford, Massachusetts, stattfinden.

Die Häuser standen an dieser Straße nahe beieinander, sodass es schwierig war, das Haus durch eine Seitentür zu betreten, ohne gesehen zu werden. Ein Agent behielt ein Nachbarehepaar im Auge, das die Seitentür von seinem Fenster aus deutlich sehen konnte.

Das Knacken eines Schlosses kann zeitaufwendig sein. Zudem bleibt ein aufgebrochenes Schloss entriegelt, bis es wieder aufgebrochen wird. Ein Wachmann, der die Tür prüft, würde es daher entriegelt vorfinden, was ihn möglicherweise warnt, dass ein Einbruch stattgefunden hat. Wenn ein Immobilieneigentümer, wie zum Beispiel eine Botschaft, später einen Einbruch vermutet, würde eine kriminaltechnische Prüfung des Schlosses zudem zeigen, dass es aufgebrochen wurde. Nach dem Einbruch müssen die Agenten es noch einmal aufbrechen, um wieder eine verriegelte Position herzustellen. Wegen dieses Problems haben die Agenten ein im Handel nicht erhältliches Gerät entwickelt, mit dem sich das Schloss entschlüsseln lässt. So können sie einen Abdruck des Schlosses machen und den nötigen Schlüssel anfertigen. Die Agenten lassen den von ihnen angefertigten Schlüssel in der örtlichen Außenstelle, sodass sie den Einsatzort wieder betreten können, um ein Problem in Ordnung zu bringen oder eine Batterie auszutauschen.

Nach der Installation von Wanzen in dem Haus, wo die Einführungszeremonie stattfinden sollte, sorgten McDevitt und Uttaro für die Tonübertragung durch bestehende Telefonkabel. Am Tag nach der Zeremonie erfuhren sie von örtlichen Agenten, dass durch den Einsatz die Einführung von vier Männern unter der Leitung von Raymond L. „Junior" Patriarca, des in Rhode Island ansässigen Mafia-Bosses, aufgenommen worden war.

Vier Mal nahm Biagio DiGiacomo den Eid ab: „Ich … will in diese Organisation eintreten, um meine Familie und alle meine Freunde zu schützen. Ich schwöre, dieses Geheimnis nicht zu verraten und mit Liebe und Omertà zu gehorchen."

Omertà ist das Schweigegelübde, zu dem ein „gemachter Mann" sich verpflichtet hat. Dessen Verletzung wird mit dem Tod bestraft.

„Wir treten dieser Organisation bei, und wir verlassen sie nur als Tote wieder, ganz egal was geschieht", sagte DiGiacomo auf dem FBI-Tape. „Es gibt keine Hoffnung, kein Jesus und keine Madonna, niemand kann uns helfen, wenn wir dieses Geheimnis jemals preisgeben."

Nachdem Blut vom Zeigefinger jedes neuen Mitglieds gezogen worden war, wurde ein Heiligenbildchen mit dem Schutzpatron des Patriarca-Clans verbrannt. Die Bänder führten zu Gefängnisstrafen für alle 17 Teilnehmer der Einführungszeremonie.

Während seiner Einsätze bei TacOps war Grever 170 Tage im Jahr auf Reisen. Oft musste er an Thanksgiving, Weihnachten, Silvester oder Ostern arbeiten, denn diese Feiertage sind – ebenso wie der Ramadan – die besten Zeiten, um Privathäuser oder Büros zu betreten, ohne erwischt zu werden. Andererseits hatte er flexible Arbeitszeiten und konnte sich zwischen den Einsätzen freinehmen. Er bekam Prämien dafür, dass er besonders heikle Einsätze durchgezogen hatte. Die Agenten verabscheuen den Papierkram, der oft mit ihrer Arbeit verbunden ist. Bei der Durchführung verdeckter Einbrüche gibt es allerdings nur wenig davon.

„Ich war in jedem Bundesstaat, abgesehen von zweien, und man kann die besten Urlaubsorte im Voraus in Augenschein nehmen, denn dort findet auch häufig die Arbeit statt", sagt Grever. „Man mag es, wenn zu Hause das Telefon klingelt und man dann seine Tasche nehmen und zur Familie sagen kann: ‚Ich muss gehen! Sie brauchen mich! Das Land braucht mich!'"

Die Agenten reisen oft mit Flugzeugen des FBI oder des Verteidigungsministeriums.

„Man landet und dann gibt es da Leute, die auf einen warten und sagen: ‚Gott sei Dank, dass Sie hier sind!'", sagt Grever. „Man fühlt sich wie der große Held und denkt: ‚Jetzt geht's los!' Man ist wie James Bond, der in geheimer Mission in das Büro dieses Gangsters einbrechen und dort herumschnüffeln kann."

Der Nachteil ist, dass ein Agent, der in eine Privatimmobilie oder in ein Büro einbricht, erschossen werden kann. Bis jetzt ist das nie passiert. Aber aus diesem Grund nehmen nur bewaffnete Agenten an Einbrüchen teil.

„Bis jetzt wurden wir noch bei keinem Einsatz entdeckt und es wurde noch nicht auf uns geschossen, toi, toi, toi!", sagt Grever.

„Wir waren zwar schon auf Überwachungsbändern, aber wenn nichts verrückt und in Unordnung gebracht wurde, gibt es keinen Grund zur Besorgnis. Normalerweise schauen die Eigentümer sich nie im Leben ihre Videobänder an."

„Wenn wir entdeckt werden, besteht unsere erste Option in der Flucht", sagt Grever. „Die zweite Option ist, sie zum Schweigen zu bringen, indem wir ihnen erklären, wer wir sind." Es ist allerdings unwahrscheinlich, dass einem Einbrecher geglaubt wird, wenn er behauptet, ein FBI-Agent zu sein. Die Agenten bringen also für den Fall, dass sie entdeckt werden, Elektroschockwaffen mit.

Zwar steht es den Agenten frei, Schutzkleidung zu tragen, aber „die meisten TacOps-Leute denken, dass die Umrisse einer Schutzweste bei einem Beobachter Verdacht wecken könnten oder dass diese ihre Bewegungsfreiheit einschränken könnte oder beides", sagt Grever. „Die meisten von uns begreifen, dass es darum geht, nicht erwischt zu werden, und sie vermeiden daher eine bewaffnete Auseinandersetzung."

Wenn es jedoch hart auf hart kommt, sind die TacOps-Agenten berechtigt, tödliche Gewalt anzuwenden.

„Wir haben eine gerichtliche Anordnung, die dem Staat das Recht gibt, sich in diesem Anwesen aufzuhalten", sagt Grever. „Wenn ein Agent mit tödlicher Gewalt bedroht wird, kann er tödliche Gewalt gegen jemanden anwenden, der meint, sein Eigentum zu schützen. Auch wenn die US-Regierung vielleicht in hohem Maße haftbar gemacht werden kann, trifft dies nicht auf den einzelnen Agenten zu, solange er in gutem Glauben handelt. Aber das ist absolut die letzte Option."

3

DAS ROTE KLEID

IN DER ANFANGSZEIT, ALS J. EDGAR HOOVER FBI-DIREKTOR WAR, betrachtete das FBI Einbrüche in Botschaften als so heikel, dass niemand es wagte, den Direktor um Erlaubnis dafür zu bitten. Wenn etwas schiefgegangen wäre, dann wäre den Agenten und ihren Vorgesetzten die Schuld dafür zugeschrieben worden. Die Agenten brachen also in die Botschaften ein, installierten Wanzen oder stahlen Codebücher und schrieben dann eine Kurzmitteilung an Hoover, mit der sie ihn um seine Genehmigung baten. Am Ende der Kurzmitteilung schrieben sie: „Garantierte Sicherheit." Für die FBI-Beamten bedeutete dies, dass der Einsatz bereits ohne Probleme erfolgreich beendet war. Sie konnten die Kurzmitteilung dann unterschreiben und an Hoover weiterleiten, ohne Angst haben zu müssen, dass es eine Panne geben würde.

Diese Farce war typisch für die Art und Weise, wie Hoover das FBI leitete. Einerseits war er ein Perfektionist. In seinem Zuhause am Seward Square im Südosten Washingtons bekam er als Kind zum Frühstück ein pochiertes Ei auf Toast von seinem Kindermädchen serviert. Wenn das Ei zerbrochen war, aß er es nicht, und es musste ein neues gemacht werden. Hoover gab das fehlerhafte Ei seinem Airedale-Terrier Spee Dee Bozo.

Hoovers Perfektionismus führte ihn dazu, die Verwendung neuester Technologien bei der Lösung von Kriminalfällen im Labor zu propagieren. Bevor es Computer gab, schuf er ein Archivierungs- und Erschließungssystem, mit dem man in effektiver Weise den Überblick über riesige Informationsmengen bewahren konnte. Er führte auch ein Fingerabdruckregister ein. Im Wesentlichen war das FBI das Werk Hoovers.

Doch Hoovers Schwächen und Marotten waren legendär. Wenn ein Agent sich schlecht benahm, hatte Hoover das Gefühl, dass dies auf ihn persönlich zurückfiel. Er fasste seine Philosophie in folgender Wendung zusammen: „Blamiert das FBI nicht!" Damit meinte er auch: „Blamiert mich nicht!" Was Hoover anging, so war er selbst das FBI. Seine Agenten waren seine Familie.

Hoover schüchterte die Agenten dermaßen ein, dass die Beamten in der Zentrale, als er eines Tages auf eine Kurzmitteilung „Achtet auf die Grenzen!" schrieb, versuchten, herauszufinden, ob es ein Problem an der mexikanischen oder an der kanadischen Grenze gebe.

„Jemand sagte: ‚Warum fragt ihr nicht einfach Hoover, ob er etwas weiß, was wir nicht wissen?'", erinnert sich Hoovers engster Berater Cartha D. „Deke" DeLoach. „Aber niemand wollte seine Unkenntnis zugeben."

Die FBI-Agenten, sagt er, hätten sich also beim Zoll erkundigt, der nichts von irgendwelchen Entwicklungen an den Grenzen gewusst habe. Einige Tage später prüfte ein Vorgesetzter die Kurzmitteilung und stellte dabei fest, dass sie mit extrem knappen Seitenrändern getippt war. Hoover, der immer pingelig war, hatte seinen

Stift genommen und auf die Kurzmitteilung gekritzelt: „Achtet auf die Grenzen!“

Zu Hoovers Marotten gehörte auch das Verbot, bei der Arbeit Kaffee zu trinken und bunte Hemden zu tragen. Kaffeetrinken passte nicht zu dem Image hart arbeitender Helden, die nie eine Pause machten. Hoovers Machtspruch führte dazu, dass die Agenten das Büro verließen, um nach einem Café zu suchen, anstatt ihren Kaffee am Schreibtisch zu trinken.

Noch wesentlicher war die Tatsache, dass Hoover ein Auge zudrückte, wenn es um die Mafia ging. Wegen der Prohibition übernahm die Mafia die Kontrolle über den Handel mit Alkohol, wobei sie die Polizei fürs Wegschauen bezahlte. Indem die Mafia Furcht durch Bandenmorde verbreitete, übernahm sie Gewerkschaften wie die Teamsters und wichtige Wirtschaftszweige in den meisten Großstädten, von der Bauindustrie und der Müllabfuhr bis zur Bekleidungsartikelherstellung und zum Speditionswesen. Als die Macht des organisierten Verbrechens zunahm, durchdrang es auch die Politik. Die Mafia konnte die Ernennung von Richtern und Polizeichefs bestimmen. Wegen dieser Verbindungen wurde das organisierte Verbrechen als unangreifbar betrachtet. Als die Mafia das Land immer fester im Griff hatte, leugnete Hoover jedoch konsequent, was jeder wusste: dass das organisierte Verbrechen die größte kriminelle Einzelbedrohung für die Vereinigten Staaten darstellte. Er bestand auf der Sichtweise, dass die Mafiagrößen nur örtliche Ganoven seien, die nicht zu einem nationalen Verband gehörten.

Am 14. November 1957 fand die New York State Police jedoch heraus, dass 63 Mafia-Anführer aus mehreren Staaten sich in dem abgelegenen Anwesen von Joseph Barbara Sr. in den Bergen um das Dorf Apalachin, New York, trafen. Da er nicht mehr länger behaupten konnte, das organisierte Verbrechen sei nur ein lokales

Problem, fing Hoover zögerlich an, es zu bekämpfen. Doch in Hoovers FBI wurde der Erfolg anhand von Statistiken gemessen, nicht anhand der Qualität der Fälle.

„Damals gab es im FBI diese unsinnige Annahme, dass alle Fälle gleich seien", sagt Dan Reilly, ein Agent, der für das organisierte Verbrechen in New York zuständig war. „Wenn man zwei Radkappendiebe fing, dann war das besser, als Bernie Madoff zu fangen.

Beim FBI waren auch viele raue, knallharte Leute, die früher beim Militär gedient hatten. Ihre Theorie war, dass jemand, der andere mit einer Unterschrift beraubte, irgendwie ein Weichei sei. Sie mochten Räuber mit Panzerwagen, Bankräuber, Entführer. Selbst in der New Yorker FBI-Außenstelle galt es in den späten 1960er-Jahren als Schrottarbeit, wenn man die Mafia verfolgte."

Damals hatte die New Yorker Außenstelle zwei Dezernate für das organisierte Verbrechen – das eine konzentrierte sich auf illegale Lotterien und das andere auf Pferdewetten. In den späten 1970er-Jahren wurden fünf Dezernate mit jeweils 15 bis 20 Agenten gebildet, die die fünf New Yorker Mafia-Clans verfolgen sollten. Die Agenten gingen so vor, dass sie den persönlichen Hintergrund der Mafia-Mitglieder erforschten – wann sie geboren waren, ob sie illegale Einwanderer aus Sizilien waren, ob sie vorbestraft waren, wer ihre Verwandten waren.

„Durch Kontakte mit kooperierenden hervorragenden Kriminalbeamten des New York City Police Department fand das FBI langsam heraus, wer die Schlüsselfiguren waren, und fing an, sich auf diese zu konzentrieren", sagt Reilly. „Und als sie diese Leute verhörten, hatte das FBI eine sehr hohe Glaubwürdigkeit. Schon allein das Wissen, das das FBI über diese Personen hatte, war furchterregend für Leute in einer geheimen kriminellen Vereinigung."

Bei der Polizei grassierte die Korruption.

„Spitzenleute aus der Polizeidienststelle sagten mir ins Gesicht und prahlten offen damit, dass sie nur saubere Bestechungsgelder aus illegalem Glücksspiel annähmen und nie das schlechte Geld aus dem Drogenhandel anrühren würden", sagt Reilly. „Ich war total entsetzt und hätte gute Lust gehabt, ihnen eine runterzuhauen und ihnen zu sagen, dass es dieselben Leute sind, die sowohl Drogenhandel als auch Glücksspiel betreiben."

Der Boss des Colombo-Clans parkte täglich seinen weißen Rolls-Royce an einer Bushaltestelle vor dem Feuerwehrhaus in Brooklyn.

„Das war sein Parkplatz", sagt Reilly. „Niemand sonst durfte dort sein Auto parken. Die örtliche Polizeiwache wurde durch FBI-Agenten persönlich über diese Vorkommnisse informiert, aber ich habe nie ein Knöllchen oder ein Abschleppseil an diesem Wagen gesehen."

Die Korruption reichte weit in Politikerkreise hinein. Ein Mitglied des Colombo-Clans erzählte Reilly, dass er während der Prohibition beim Alkoholschmuggel gegen die Konkurrenz von Joseph P. Kennedy, dem Vater des Präsidenten John F. Kennedy, gekämpft habe. Der Gründer der Kennedy-Dynastie besaß eine ganze Schiffsflotte zum illegalen Import von Alkohol.

In einem Schritt, der später Standardpraxis werden sollte, entschied das FBI 1972, sein eigenes Müllabfuhrunternehmen in der Bronx zu gründen, um Mafia-Mitglieder bei der Schutzgelderpressung zu erwischen. Unterdessen baute das FBI Mafia-Informanten auf, darunter auch ein Mitglied des Colombo-Clans namens Gregory Scarpa.

„Scarpa war als Informant eine wahre Enzyklopädie", sagt Reilly. „Man konnte jede erdenkliche Frage in Bezug auf das organisierte Verbrechen über den Agenten, der an einem bestimmten Tag für Scarpa zuständig war, stellen lassen, und man hatte die Antwort innerhalb von Minuten auf dem Schreibtisch oder man bekam einen Telefonanruf, und die Information war immer völlig korrekt." Ein anderer Informant erzählte dem FBI, dass der Genovese-Clan plane, einen FBI-Agenten zu ermorden. Reilly ging zu dem Boss des Genovese-Clans und übermittelte ihm vor seinem Haus eine Botschaft. Indem er seinen Spitznamen verwendete, sagte er zu ihm: „Funzi, wir hören immer wieder diese verrückten Gerüchte, dass ihr plant, einen FBI-Agenten zu ermorden. Momentan arbeitet das FBI nur halbtags. Die Agenten aus Arkansas und Oregon verbringen die andere Hälfte des Tages damit, darüber nachzudenken, wie sie nach Arkansas oder Oregon zurückgehen könnten. Wenn ihr einen FBI-Agenten tötet, werden wir nicht nur Vollzeit arbeiten, sondern auch noch Überstunden machen. Ihr werdet in den nächsten Monaten so viele Festnahmen und Verurteilungen erleben, dass ihr es nicht glauben werdet."

Erst als Hoover 1972 gestorben war, fing das FBI an, langfristige Strategien zu entwickeln, um die ganze Führung der Mafia-Clans auszuschalten. Zu dieser Zeit war die Mafia jedoch bereits so mächtig, dass es schwierig war, sie auszumerzen.

Es wurden schon viele Theorien aufgestellt, um Hoovers mangelnde Bereitschaft zur Bekämpfung des organisierten Verbrechens zu erklären. In seinem Buch *Official and Confidential: The Secret Life of J. Edgar Hoover* behauptete Anthony Summers, dass Hoover das organisierte Verbrechen deshalb nicht verfolgt habe, weil die Mafia angeblich über Material verfügte, das ihn erpressbar machte. Summers zitierte Susan L. Rosenstiel, eine Ex-Frau von Lewis S. Rosenstiel, dem Unternehmenschef von Schenley Industries Inc., mit ihrer Aussage, dass sie 1958 bei einer Party im Plaza Hotel gewesen sei, wo Hoover vor den Augen ihres damaligen Ehemanns und Roy Cohns, des ehemaligen Beraters von Senator Joe McCarthy, als Transvestit aufgetaucht sei.

„Er [Hoover] trug ein leichtes, ja ein sehr leichtes schwarzes Kleid mit Rüschen, und dazu Spitzenstrümpfe und hohe Absätze und eine schwarze Lockenperücke“, zitiert Summers die Aussage von Susan. „Er trug Make-up und falsche Wimpern.“

Susan behauptete, sie habe Hoover ein Jahr später wieder im Plaza gesehen. Dieses Mal trug der FBI-Direktor angeblich ein rotes Kleid und eine schwarze Federboa um den Hals. Er soll eine Bibel in der Hand gehalten haben und einen der blonden Jungen darum gebeten haben, eine Textpassage daraus zu lesen, während ein anderer Junge ihn befummelte.

Als ehemaliger Schmuggler war Lewis Rosenstiel gut mit Mafia-Mitgliedern bekannt. Doch Susan, die 2009 starb, war nicht gerade eine glaubwürdige Zeugin. Tatsächlich saß sie eine Strafe in Rikers Island ab, da sie in einem Gerichtsprozess im Jahr 1971 einen Meineid abgelegt hatte.

„Susie Rosenstiel hatte mit Hoover absolut ein Hühnchen zu rupfen“, sagt William G. Hundley, der die strafrechtliche Verfolgung des organisierten Verbrechens im Justizministerium leitete. „Jemand, der für mich arbeitete, sprach mit mir. Es [die Transvestitengeschichte] war völlig an den Haaren herbeigezogen. Sie hasste Hoover wegen irgendeines Unrechts, das er angeblich begangen hatte. Zudem war die Geschichte total unglaubwürdig.“

Zwar gab es immer Spekulationen über Hoovers Beziehung zu seinem Stellvertreter Clyde Tolson, aber es gab weder innerhalb noch außerhalb des FBI jemals Gerüchte dahingehend, dass Hoover ein Transvestit sei. Wenn die Mafia etwas gegen Hoover in der Hand gehabt hätte, wäre es laut Oliver „Buck“ Revell, einem ehemaligen stellvertretenden FBI-Direktor, auf Abhörgeräten, die nach dem Apalachin-Meeting gegen das organisierte Verbrechen installiert wurden, aufgenommen worden. Es habe nie einen Hinweis auf eine solche Behauptung gegeben, sagt Revell.

Hoover war den Amerikanern bekannter als die meisten Präsidenten. Der FBI-Direktor hätte ganz einfach solchen Aktivitäten im Plaza nicht in Anwesenheit mehrerer Zeugen nachgehen können, ohne dass es aufgeflogen wäre.

Andererseits waren Hoover und Tolson, beide Junggesellen, unzertrennlich. Jeden Mittag aßen sie zusammen und ebenso fast jeden Abend. Sie fuhren zusammen in Urlaub, nahmen sich nebeneinanderliegende Hotelzimmer und fotografierten sich gegenseitig hingebungsvoll.

Seit den 1950er-Jahren beauftragte das FBI erstmals Agenten von der Washingtoner Außenstelle, Hoover und Tolson als Sicherheitsvorkehrung diskret zu folgen. R. Jean Gray, einer der Agenten, der mit dem sogenannten HOOWATCH beauftragt war, sagt, die Überwachung habe darin bestanden, dass Agenten in zwei Dienstwagen Hoover und Tolson beschatteten, nachdem sie abends das Justizministerium verlassen hatten. Die beiden wussten zwar, dass sie von Agenten beobachtet wurden, aber normalerweise sahen sie diese nie.

„Wir folgten ihnen zu Harvey's oder zur Mayflower, wo sie zu Abend aßen", sagt Gray. „Dann begleiteten wir sie zu Tolsons Wohnung in der Cathedral Avenue, wo Tolson ausstieg. Anschließend fuhren wir zu Hoovers Haus. Wir blieben dort über Nacht. Am nächsten Morgen folgten die Agenten Hoover, als er Tolson abholte und über den Rock Creek Park und die Constitution Avenue zum Justizministerium fuhr", sagt Gray.

„Wir spekulierten über Edgar und Clyde", sagt Gray. „Aber wenn sich in Bezug auf den Direktor etwas Skandalöses ereignet hätte, wäre es innerhalb des FBI in einer halben Stunde landesweit bekannt geworden."

Die Tatsache, dass Hoover seine Freizeit mit einem Mann verbrachte und sie sich hingebungsvoll gegenseitig fotografierten, ist dennoch ein Hinweis darauf, dass Hoover homosexuell war. Er lebte im Elternhaus mit seiner Mutter zusammen, bis diese starb, als er 43 Jahre alt war. Er vermachte Tolson seinen Nachlass. Es ist zwar möglich, dass er seine sexuelle Orientierung verleugnete oder sie bewusst unterdrückte, aber ebenso ist es denkbar, dass er mit Tolson sexuelle Beziehungen unterhielt, wenn die beiden im Zuhause des jeweils anderen zusammen allein waren, wie es oft der Fall war. Angesichts ihrer emotionalen Bindung kann man jedenfalls sagen, dass Hoover und Tolson eine eheähnliche Beziehung hatten, denn der Begriff ist weit gefasst.

4

GEHEIMAKTEN

HOOVER WAR EIN SO KOMPLIZIERTER MANN, DASS ER NICHTS dem Zufall überließ. Der Direktor erkannte scharfsinnigerweise, dass er nicht unbedingt im Amt bleiben würde, nur weil er das FBI zur größten Strafverfolgungsbehörde der Welt gemacht hatte. Deshalb führte er seit seinem Amtsantritt als Direktor eine spezielle „Offiziell und Vertraulich“-Akte in seinem Büro. Die „Geheimakten“, wie sie allgemein genannt wurden, sollten sicherstellen, dass Hoover Direktor bleiben konnte, solange er wollte.

Die Verteidiger Hoovers – eine schwindende Zahl älterer ehemaliger Agenten, die ihn immer noch als „Mr. Hoover“ bezeichnen – haben behauptet, dass seine „Offiziell und Vertraulich“-Akten nicht dazu verwendet worden seien, um Kongressabgeordnete oder Präsidenten zu erpressen. Sie sagen, Hoover habe die Akten mit geheimen Informationen über politische Führungspersönlichkeiten in seiner Zimmerflucht aufbewahrt, sodass junge Registratoren sie nicht missbrauchen und Gerüchte verbreiten konnten.

Die Akten seien nicht geheimer gewesen als alle anderen FBI-Akten, sagen die Hoover-Anhänger.

Zwar kann es durchaus sein, dass die Akten in Hoovers Büro aufbewahrt wurden, um sie vor neugierigen Angestellten zu schützen, aber es ist auch Tatsache, dass viel heiklere Akten, die streng geheime Informationen über laufende Spionagefälle enthielten, in der zentralen Registratur aufbewahrt wurden. Wäre Hoover wirklich dahingehend besorgt gewesen, dass Informationen nach außen dringen könnten, dann hätte er besorgter wegen der höchst geheimen Informationen in diesen Akten sein müssen.

Zudem waren die „Offiziell und Vertraulich"-Akten in dem Sinne geheim, dass Hoover sie im Unterschied zu den anderen FBI-Akten nie öffentlich erwähnte. Er unterschied sie von anderen FBI-Akten, indem er sie „vertraulich" nannte und damit auf Geheimhaltung hinwies. Es war jedoch irrelevant, ob sie geheim gehalten wurden oder nicht und wo sie aufbewahrt wurden. Das einzig Wichtige war, wie Hoover die Informationen aus diesen Akten und aus anderen FBI-Akten verwendete.

William Sullivan, der beim FBI unter Hoover an dritter Stelle der Hierarchie stand, sagte: „In dem Moment, da [Hoover] etwas über einen Senator erfuhr, schickte er einen der Laufburschen zu ihm und ließ den Senator wissen, dass ‚wir in einer laufenden Ermittlung sind und zufällig Informationen über Ihre Tochter herausgefunden haben. Wir wollten aber, dass Sie das wissen. Uns ist klar, dass Sie das wissen wollen.' Nun ja, lieber Himmel, was kann der Senator daraus schließen? Von diesem Zeitpunkt hat er den Senator völlig in seiner Hand."

Lawrence J. Heim, der in der Abteilung Kriminalakten[1] war, bestätigte mir gegenüber, dass das FBI Agenten geschickt habe, um

1) Crime Records Division.

Kongressabgeordneten mitzuteilen, Hoover habe nachteilige Informationen über sie aufgeschnappt.

„Er [Hoover] schickte dann jemanden auf sehr vertraulicher Basis rüber", sagte Heim. Wenn die Metropolitan Police zum Beispiel einen Hinweis auf Homosexualität erhalten hatte, „ließ er [Hoover] ihn sagen: ‚Diese Aktivität ist dem Metropolitan Police Department und einigen unserer Informanten bekannt, es ist in Ihrem eigenen Interesse, dies zu wissen.' Es hat allerdings nie jemand behauptet, erpresst worden zu sein. Sie können daraus schließen, was Sie wollen."

Der Grund dafür, dass nie jemand öffentlich behauptet hat, erpresst worden zu sein, besteht darin, dass Erpressung per Definition beinhaltet, dass peinliche Informationen gesammelt werden, die die Leute nicht veröffentlicht sehen wollen. Aber nicht jeder ließ sich einschüchtern.

Roy L. Elson, der Sekretär von Senator Carl T. Hayden, wird nie eine Begegnung vergessen, die er mit DeLoach, dem Verbindungsmann des FBI mit dem Kongress, hatte. Zwanzig Jahre lang leitete Hayden das Senate Rules and Administration Committee sowie später das Senate Appropriations Committee, das für das FBI-Budget zuständig war. Er war einer der mächtigsten Kongressabgeordneten. Als Hayden, ein Demokrat aus Arizona, im Alter unter Hörverlust und beginnender Demenz litt, wurde Elson als der „101te" Senator bekannt, da er für den Senator viele Entscheidungen traf. In den frühen 1960er-Jahren wollte DeLoach zusätzliche Geldmittel für das neue Gebäude der FBI-Zentrale, was der Kongress im April 1962 bewilligte.

„Der Senator unterstützte den Bau", sagte Elson. „Er gab dem FBI immer mehr Geld, als es benötigte. Dies war eine Bitte um die Bewilligung zusätzlicher Geldmittel. Ich hatte diesbezüglich Bedenken, aber DeLoach bestand darauf."

DeLoach „deutete an“, dass er „Informationen hatte, die wenig schmeichelhaft und schädlich im Hinblick auf meine Ehe waren, und dass dies den Senator beunruhigen könnte“, sagte Elson, der damals mit seiner zweiten Frau verheiratet war. „Ich war in dieser Hinsicht sicher angreifbar“, sagte Elson. „Es gab mehr als ein junges Mädchen [mit dem er sich traf] … Es wurde angedeutet, dass es Informationen über mein Liebesleben gab. Ich wusste ganz genau, worüber er sprach.“

Elson sagte damals zu DeLoach: „Dann sprechen wir mal mit ihm [dem Senator] darüber. Ich glaube, er hat schon so ziemlich alles über mich gehört, was es zu hören gibt. Bringen Sie also die Fotos, wenn Sie welche haben.“ In dem Interview, das ich mit Elson führte, sagte dieser: „Da fing er an, einen Rückzieher zu machen … Er sagte: ‚Ich mache doch nur Spaß.‘“ „Blödsinn“, sagte Elson. „Ich habe es als versuchte Erpressung empfunden.“

Elsons Anschuldigung kommentiert DeLoach mit den Worten: „Das ist nie geschehen.“

Wenn man die „Offiziell und Vertraulich“-Akten liest, die übrig geblieben sind, wird klar, dass sie zu keinem anderen Zweck als der Erpressung angelegt worden sein können. So teilte der Leiter der Washingtoner Außenstelle zum Beispiel am 13. Juni 1958 Hoover mit, dass die Frau eines Kongressabgeordneten vor der Heirat mit diesem „eine Affäre mit einem Neger [und] auch einmal eine mit einem Angestellten der Kongresspoststelle hatte“.

In jüngster Zeit habe die Frau des Kongressabgeordneten dem Bericht zufolge „[einem] Indonesier Avancen gemacht, der jedoch ablehnte“.

Als Reaktion auf diese Pikanterie schrieb Hoover am 25. Juni zurück, dass es „sicher wohl überlegt von Ihnen war, mich über Angelegenheiten von aktuellem Interesse zu informieren, und ich bin froh, aus dieser Information Nutzen ziehen zu können“.

„Mit dieser Methode wurden Kongressabgeordnete davon in Kenntnis gesetzt, dass wir etwas gegen sie in der Hand hatten, und daher würden sie eher bereit sein, den Bedürfnissen des FBI Rechnung zu tragen und Hoover an der Macht zu halten", sagt John J. McDermott, der die Washingtoner Außenstelle leitete und schließlich stellvertretender FBI-Direktor wurde.

Hoover ließ Präsidenten wissen, dass er auch über ihre schmutzige Wäsche Bescheid wusste. Am 22. März 1962 aß er zum Beispiel mit Präsident Kennedy zu Mittag. Hoover erzählte ihm, das FBI habe durch Wanzen und Abhörgeräte erfahren, dass Jack eine Affäre mit Judith Campbell Exner, einer geschiedenen 25-Jährigen, hatte. Hoover informierte den Präsidenten, dass Exner auch eine Affäre mit dem Chicagoer Mafia-Boss Sam Giancana habe. Da Hoover um solche Pikanterien wusste, feuerte ihn kein Präsident.

Wie Präsident Lyndon B. Johnson sagte: „Mir ist es lieber, [Hoover] im Zelt zu haben, damit er nach draußen pissen kann, als dass er von draußen ins Zelt hineinpisst."

Nach Hoovers Tod wurden viele der vertraulichen Akten vernichtet. Dazu gehörte auch ein nie veröffentlichtes Fernschreiben, das William Simon, der Leiter der Außenstelle in Los Angeles, direkt nach Marilyn Monroes Tod am 5. August 1962 in ihrem Haus in Brentwood, Kalifornien, an die FBI-Zentrale geschickt hatte. Laut DeLoach, der das Fernschreiben sah, besagte es, dass der damalige Justizminister Robert Kennedy sich Simons Privatwagen ausgeliehen habe, um Monroe kurz vor ihrem Tod zu besuchen.

Simons Sohn Greg bestätigt dies, indem er sagt: „Mein Vater sagte, Robert Kennedy würde sein weißes Lincoln-Cabrio leihen. Deshalb hatten wir es an vielen Wochenenden nicht zur Verfügung." Auch Simons Tochter Stephanie Branon bestätigte, dass ihr Vater sein Auto an Kennedy ausgeliehen habe, und erinnerte sich, dass der Justizminister einmal seine Ray-Ban-Sonnenbrille im Handschuhfach vergessen hatte.

Als Justizminister hatte Kennedy Anspruch darauf, von einem FBI-Security-Team gefahren zu werden. Die Tatsache, dass er lieber Simons Privatwagen nutzte, stimmt mit William Simons Bericht an die Zentrale überein, dass er Kennedy sein Auto für geheime Treffen mit Monroe geliehen habe. Die Frage, ob Kennedys letztes Treffen mit ihr, bei dem er möglicherweise mit ihr Schluss gemacht hat, ihren Selbstmord mit ausgelöst hat, stellt durchaus eine legitime Spekulation dar.

Auch wenn es mehr als genug Hinweise darauf gibt, dass Hoover die Informationen in seinen Akten zur Erpressung nutzte, war dies in der Regel nicht nötig. Das bloße Wissen, dass er über solche Informationen verfügte, genügte, um die Politiker auf Linie zu halten.

Letztendlich war es ein und derselbe Grund, warum Hoover das organisierte Verbrechen erst dann verfolgte, als er sich dazu gezwungen sah, und warum er Akten über Kongressabgeordnete anlegte: Hoover wollte vor allem seinen Job behalten. Viele Kongressabgeordnete – ganz zu schweigen von mächtigen örtlichen Politikern – hatten Verbindungen zum organisierten Verbrechen und hätten vielleicht versucht, ihn zu stürzen, wenn er die Mafia verfolgt hätte. Die Mafia war so mächtig wie der Präsident. Zudem wollte Hoover als Perfektionist nicht das Risiko eingehen, einen Prozess gegen eine mächtige Person zu verlieren.

Aus denselben Gründen ermittelte Hoover im Rahmen der Strafverfolgung nicht gegen korrupte Politiker. Als FBI-Direktor war Hoover verpflichtet, sowohl Mafia-Mitglieder als auch korrupte Politiker zu verfolgen. Doch solange er sich nicht zu Ermittlungen gegen das organisierte Verbrechen gezwungen sah, waren diese beiden Sorten von Zielpersonen tabu.

Am 1. Mai 1972 überreichte Hoovers Privatsekretärin, Helen Gandy, ihm die erste einer Reihe von Enthüllungsstorys, die Jack Anderson verfasst hatte. Dessen Kolumne erschien in der *Washington Post.* Schon zuvor hatte Anderson Hoover erzürnt, indem er einen Reporter beauftragt hatte, in dessen Hausmüll herumzuwühlen. Die Kolumne, die daraus entstand, enthüllte, dass Hoover an Sonntagen ein herzhaftes Frühstück mit pochierten Eiern und Pfannkuchen aß. Ebenso wurde enthüllt, dass er seine Zähne mit Ultra Brite putzte, sich mit Palmolive wusch und sich mit Noxzema-Rasierschaum rasierte. In seiner neuesten Kolumne enthüllte Anderson nun, dass das FBI das Liebesleben von Martin Luther King Jr. beobachte. King habe nicht nur an Sexorgien teilgenommen, sondern auch eine Affäre mit einer jungen Frau in seinem Büro gehabt, sagt ein Agent, der Abhörgeräte in Kings Büro- und Haustelefonen überwachte.

„Neben seinem Büro hatte King eine Wohnung", sagt der ehemalige Agent. „Dienstags ging er in die Wohnung – angeblich um zu meditieren und Predigten zu schreiben." Tatsächlich habe er sich dort mit seiner Freundin getroffen, um Sex zu haben.

Einen Mann, dessen lebenslanges Mantra gelautet hatte „Blamiert das FBI nicht!", musste die anhaltende Flut negativer Enthüllungen natürlich aufregen. Dennoch gab Hoover selten seine wahren persönlichen Empfindungen preis. Wie eine Sphinx trug er gegenüber seinen Freunden und seiner Familie dieselbe Maske wie in der Öffentlichkeit. Der einzige Unterschied bestand darin, dass er im persönlichen Umgang einen gewissen Humor zeigte.

Gelegentlich lächelte er oder spielte jemandem einen Streich. James H. Geer, der später Chef der Geheimdienstabteilung wurde, erinnerte sich daran, wie ein nervöser neuer Agent nach Beendigung seiner Schulung Hoover die Hand schüttelte und sich versehentlich als „Mr. Hoover" vorstellte.

„Freut mich sehr, Sie kennenzulernen, Mr. Hoover", erwiderte der Direktor lächelnd.

Am 1. Mai 1972 kurz vor sechs Uhr abends fuhr Tom Moton, Hoovers FBI-Chauffeur, ihn zu Tolsons Wohnung, wo die beiden zu Abend aßen. Moton fuhr Hoover um 22.15 Uhr nach Hause.

Um viertel nach acht am nächsten Morgen wurde Annie Fields, Hoovers Haushälterin, unruhig. Um diese Uhrzeit hätte sie eigentlich die Dusche hören müssen. Hoovers Toast, seine weich gekochten Eier und sein Kaffee wurden kalt. James Crawford, Hoovers früherer FBI-Chauffeur, war herübergekommen, um ein paar Rosen zu pflanzen. Als er nach Hoover sah, fand er seine Leiche auf dem Orientteppich vor seinem Bett ausgestreckt. Er berührte eine seiner Hände; sie war bereits kalt.

Nachdem der Gerichtsmediziner des District of Columbia, Dr. James L. Luke, Hoovers nackte Leiche untersucht und mit seinem Hausarzt gesprochen hatte, gab er als Todesursache „mit Bluthochdruck verbundene Herz-Kreislauf-Erkrankung" an. Zu den Spekulationen um Hoovers Liebesleben gehörte auch ein Gerücht, dass er ein unterentwickeltes Geschlechtsorgan habe. Dies sei jedoch nicht der Fall gewesen, erzählt mir Dr. Luke.

Bei Hoovers Testamentseröffnung stellte sich heraus, dass Tolson seinen Nachlass erhielt, der einschließlich seines Hauses einen geschätzten Wert von 560.000 US-Dollar hatte. Das entsprach einer heutigen Summe von 2,9 Millionen US-Dollar. Gandy bekam 5.000 US-Dollar, Annie Fields 3.000 US-Dollar und James Crawford 2.000 US-Dollar. Das Vermächtnis an Tolson war eine letzte Bestätigung ihrer engen Beziehung.

Hoover hatte immer gepredigt, dass der bloße Anschein von Unschicklichkeit vermieden werden müsse. Er maßregelte die Agenten, wenn sie ihre Handschellen verloren. Doch nach dem Tod des autoritären FBI-Direktors wurde bei einer gemeinsamen

Ermittlung des Justizministeriums und des FBI herausgefunden, dass Hoover jahrelang FBI-Angestelllte einen Portikus und eine rückwärtige Veranda an seinem Haus in 4936 30th Place, Northwest Washington, hatte bauen lassen. Sie errichteten einen Fischteich, der mit Wasserpumpe und Lampen ausgestattet war, und sie bauten Regale und andere Annehmlichkeiten für ihn. Sie strichen sein Haus, pflegten seinen Garten, erneuerten den Rasen, legten Fertig-rasen, pflanzten Sträucher und setzten sie um. Sie errichteten einen Gartenzaun aus Rotholz, legten aus Steinplatten einen Hof und Gehwege an.

FBI-Angestellte stellten auch Hoovers Uhren um, überstrichen Flecken an seinen Tapeten und bereiteten seine Steuererklärungen vor. Viele der Geschenke, die Hoover von FBI-Angestellten erhielt, wie Schränke und Theken, wurden von ihnen während der Arbeitszeit gebaut. Hoover beauftragte auch FBI-Angestellte, sein Buch *Masters of Deceit*[2] zu schreiben, das unter seinem Namen veröffentlicht wurde. Einen Teil der Tantiemen strich er selbst ein.

Als das FBI und das Justizministerium unter Leitung des FBI-Direktors Clarence M. Kelley schließlich die Missbräuche Mitte der 1970er-Jahre untersuchten, „waren einige dieser Agenten bereits in den Ruhestand gegangen und wir rannten im ganzen Land herum, um sie zu befragen", sagt Richard H. Ash, der die FBI-Einsatzgruppe leitete. „Der befragte Agent sagte: ‚Warten Sie eine Minute.' Und dann ging er zu seinen Akten und zog ein Tagebuch über all diese Dinge heraus, die sie getan hatten, denn es nagte an ihnen, dass sie auf diese Weise ausgenutzt worden waren."

„Hoover [und einige seiner Assistenten] würden nach den heutigen Regeln strafrechtlich verfolgt werden. Das steht außer Frage.

2) Der vollständige Titel der antikommunistischen Propagandaschrift lautete: *Masters of Deceit. The Story of Communism in America and How To Fight it.*

Und es hätte schon damals so sein sollen.", sagt Buck Revell, der frühere stellvertretende Direktor der Abteilung Ermittlungen. „Hoover hätte man dafür belangen müssen, dass er Geld aus den Verkäufen der Bücher einbehielt, die er angeblich geschrieben hatte, was jedoch nicht der Wahrheit entsprach. Für die Verwendung staatlicher Geldmittel und Ressourcen zum persönlichen Vorteil. Und ebenso für die Heranziehung von Staatsbediensteten zur Pflege seines Anwesens. Auch das ist Betrug gegenüber dem Staat. Auch dafür, dass er für die Kosten von Urlaubsreisen Belege zur Erstattung einreichte. Agenten wurden für so etwas durchaus schon belangt. Diese Dinge, die damals irgendwie als selbstverständlich galten, würden heute strafrechtlich verfolgt werden."

„Hoover hat viele Jahre einen guten Job gemacht", sagt John McDermott, der ehemalige leitende Spezialagent in der Washingtoner Außenstelle, der stellvertretender FBI-Direktor wurde. „Er ist unterwegs auf Abwege geraten. Er wurde ein Leuteschinder. In seinem Bemühen, das FBI vor Blamagen zu schützen, setzte er das FBI mit sich selbst gleich. Jeder erzählte ihm, wie gut er sei. Mit der Zeit glaubte er an das übertriebene Lob, das er erhielt. Jeder, der von einem Schmeichler hereingelegt werden kann, hat eine Charakterschwäche." Hoover hatte das FBI 48 Jahre lang geleitet. Nie wieder sollte ein Mann das FBI so sehr beherrschen.

In den Jahren 1975 und 1976 hielt der Sonderausschuss für die Untersuchung staatlicher Aktivitäten im Zusammenhang mit Geheimdienstaktivitäten [3] unter der Leitung des Senators Frank Church Anhörungen über Amtsmissbräuche beim FBI und bei der CIA ab. Dazu gehörten auch die Beschattung von Martin Luther King Jr., illegales Abhören und Öffnen von Post sowie verdeckte Einbrüche.

3) Select Committee to Study Governmental Operations with Respect to Intelligence Activities.

Davor hatten die Kongressabgeordneten die Haltung eingenommen, dass sie nicht wissen wollten, was das FBI und die CIA taten. Durch die Anhörungen des Church-Ausschusses wurden echte Missbräuche publik sowie eine mangelnde Fokussierung, die die Mission dieser Behörden untergrub. Infolge der Anhörungen wurden schließlich beide Behörden verbessert und es wurde ein effektiver Kontrollmechanismus eingerichtet.

Als das FBI am 29. Juni 1908 als eine namenlose Ermittlungsbehörde mit 34 Spezialagenten innerhalb des Justizministeriums gegründet wurde, war der Kongress im Hinblick auf die Schaffung einer nationalen Polizei misstrauisch gewesen. Aus diesem Grund durften die Agenten anfangs nicht einmal Schusswaffen tragen.

Obwohl die Macht des FBI beschränkt war, wurden im Hinblick auf das Ausmaß seiner Befugnisse und bezüglich seiner Methoden sehr schnell Fragen laut. Doch jedes Mal, wenn eine neue Bedrohung entstand, wurden diese Fragen verdrängt, und der Kongress stattete die Behörde mit zusätzlichen Befugnissen aus.

5

EINBRUCH IM WATERGATE

SECHS WOCHEN NACH HOOVERS TOD, AM 17. JUNI 1972, RIEF ein Vorgesetzter in der Washingtoner FBI-Außenstelle den FBI-Agenten Jerry Pangburn um sieben Uhr morgens zu Hause an.

Die Außenstelle sagte, dass das Metropolitan Police Department fünf Männer festgenommen habe, die während der Nacht in die Parteizentrale der Demokraten im Watergate-Gebäudekomplex eingebrochen seien. Die Polizei fand ein Gerät mit heraushängenden Kabeln, das eine Bombe sein könnte. Als Leiter des Bombenentschärfungsteams musste Pangburn dies überprüfen.

Pangburn rief zwei Agenten aus seinem Team an und gab ihnen den Auftrag, sich das Gerät anzusehen. Eine Stunde später rief einer der beiden Agenten vom Second-District-Polizeihauptquartier an, um zu sagen, dass er das Gerät in die Washingtoner Außenstelle bringen wolle, damit Pangburn es untersuchen könne.

Pangburn erinnerte ihn daran, dass die Regel Nummer eins im Schulungshandbuch lautete, keine Bombe ins Büro zu bringen.

„Machen Sie sich keine Sorgen, sie wird keinen Schaden anrichten", sagte der Agent. Pangburn musste nur einen Blick darauf werfen, um zu erkennen, dass es keine Bombe war. Es war ein Abhörgerät. Dieses war in der Plastikabdeckung einer elektrischen Türklingel versteckt, die an der Wand neben dem Schreibtisch des Sekretärs in der Parteizentrale angebracht war.

Pangburn rief Robert G. Kunkel, den leitenden Spezialagenten[1] der Außenstelle, an und sagte ihm, dass das Gerät eine elektronische Wanze sei. Kunkel bat einen Vorgesetzten, Angelo J. Lano in seinem Haus in Hyattsville, Maryland, anzurufen. Der Vorgesetzte, der von einem Einbruchdiebstahl ausging, sagte zu Lano, dass internationale Juwelendiebe in das Watergate eingebrochen seien.

Der 33-jährige Lano, ein Mann von mittlerer Größe mit schwarzem Haar und einem Oberlippenbart, war einer Einheit zugeteilt, die für die Aufklärung diverser Verbrechen zuständig war. Eine von Lanos Aufgaben war es, Diebstählen aus dem Watergate-Komplex nachzugehen, zu dem ein Hotel und Eigentumswohnungen gehörten, in denen einige der nobelsten Einwohner Washingtons lebten. Es war Lanos' freier Tag und er wollte gerade losfahren, um seinen Sohn zum Little-League-Training[2] zu bringen. In der Außenstelle hatte immer sowohl ein Kriminalagent als auch ein Spionageabwehragent Wochenenddienst.

„Ich gehe da nicht hin", sagte Lano zum dem Vorgesetzten. „Es arbeitet doch schon ein Kriminalagent dort. Ich muss zum Little-League-Training."

1) Special Agent in Charge.
2) Die Little League ist eine Non-Profit-Organisation in den Vereinigten Staaten, die Baseball- und Softball-Ligen für Kinder und Jugendliche veranstaltet.

Fast sofort rief Kunkel ihn an.

„Wo liegt das Problem?", fragte Kunkel.

„Es arbeitet schon ein Kriminalagent dort", sagte Lano. „Ich habe Little-League-Training."

„Sie sind der Einzige, der den Ort kennt", sagte Kunkel. „Es wird nicht lange dauern. Schauen Sie nach, was dort los ist, und kommen Sie gleich zurück."

In den nächsten drei Jahren sollte Lano ausschließlich an dem Watergate-Einbruch arbeiten. Als der für den Fall zuständige Agent trug er am meisten Verantwortung dafür, dass der Fall gelöst wurde und diejenigen vor den Richter geführt wurden, die versuchten, die Beteiligung des Weißen Hauses und des Ausschusses für die Wiederwahl des Präsidenten[3] zu verschleiern.

Lano rief Peter Paul an, einen anderen Agenten in seiner Einheit, um ihn zu fragen, ob er mit ihm zum Hauptquartier des Metropolitan Police Department im Second District fahren würde, das sich damals an der Kreuzung von Twenty-third Street und L Street, Northwest Washington befand. Die Polizei sagte, die Einbrecher seien im sechsten Stock in den Büros der Parteizentrale der Demokraten gefasst worden. Sie hatten zwei Minolta 35-Millimeter-Kameras, Rollen mit hochempfindlichen Filmen, Walkie-Talkies, Tränengas und Operationshandschuhe aus Gummi dabei.

Zwei der Verdächtigen hatten der Polizei denselben falschen Namen genannt. Die Polizei überprüfte ihre Identitäten anhand von Fingerabdrücken. Schließlich wurden die Einbrecher als Bernard L. Barker, Virgilio R. Gonzalez, Eugenio Martinez, Frank A. Sturgis und James W. McCord Jr. identifiziert. Alle hatten irgendeine Verbindung zur CIA. Zwei Jahre zuvor war McCord zum Beispiel aus dem Dienst des CIA-Sicherheitsbüros geschieden.

3) Committee for the Re-Election of the President.

In der Polizeiwache leerte Lano eine Reisetasche aus, die Gegenstände enthielt, welche die Polizei den Verdächtigen abgenommen hatte. Dabei fand er zusätzliche Abhörgeräte, die in Rollen von Toilettenpapier versteckt waren. Die Polizei hatte diese Geräte noch gar nicht entdeckt. Anstatt mit einem Juwelendiebstahl hatten die Agenten es mit einem Abhörfall zu tun.

Als die Polizei zwei Zimmer der Einbrecher im Watergate Hotel durchsuchte, tauchten vier Päckchen mit 100-Dollar-Scheinen und zwei Adressbücher auf. In einem davon war ein E. Howard Hunt aufgeführt, der im „WH" arbeitete. Informierte Washingtoner wussten, dass dies für das Weiße Haus stand. Später stellte sich heraus, dass Hunt auch an dem Einbruch beteiligt gewesen war.

Als Lano mehr Beweise zusammentrug, erkannte er, dass der Watergate-Einbruch anfangs zwar ein Versuch von Nixons „Klempnern" gewesen war, politische Spionage zu betreiben, mittlerweile aber ein massiver Verschleierungsversuch geworden war. Er forderte mehr Unterstützung. Innerhalb von zwei Tagen waren zwei Agenten aus seiner Einheit – die als C-2 für Criminal Squad Number Two bekannt war – damit beauftragt worden, den Fall zu bearbeiten.

Die Agenten konzentrierten sich schnell auf das Weiße Haus, aber sie kamen bald nicht mehr voran, denn in Hoovers FBI galt die Regel, dass niemand im Weißen Haus ohne Genehmigung der Zentrale befragt werden durfte. Es würde vier oder fünf Tage dauern, bis die Zentrale ihre Zustimmung erteilen würde. Lano sagte der Zentrale, dass er dringend Befragungen im Weißen Haus ohne deren Genehmigung führen müsse, und er erhielt die Erlaubnis dafür.

Fast jede FBI-Außenstelle beteiligte sich an der Prüfung von Hinweisen. Lano wollte, dass Agenten, die mit dem Fall vertraut waren, überall im Land die entscheidenden Befragungen durchführten. Wieder verlangte Hoovers FBI, dass die Agenten um die Genehmigung der Zentrale ersuchten, bevor sie in den Zuständigkeitsbereich einer anderen Außenstelle reisten. Lano erhielt die Genehmigung für die Agenten in seiner Einheit, überall Schlüsselfiguren zu befragen, ohne dass diese vorher grünes Licht von der Zentrale bekommen hatten.

Zwei Wochen nach dem Einbruch befragte Paul P. Magallanes eine Sekretärin McCords im Ausschuss für die Wiederwahl des Präsidenten. Das Weiße Haus hatte einem Rechtsanwalt den Auftrag erteilt, allen Befragungen beizuwohnen. In diesem Fall war die junge Frau nicht mitteilsam.

„Am nächsten Morgen bekomme ich einen Anruf aus dem Büro und mir wurde gesagt, dass die junge Dame, die wir am Tag zuvor befragt hatten, am Telefon sei und mit mir sprechen wolle", sagt Magallanes. „Sie stellten ihren Anruf zu meinem Apparat nach Hause durch, und sie sagte: ‚Hören Sie, ich bin das Mädchen, das Sie befragt haben. Ich habe wirklich viel zu sagen. Vor dem Rechtsanwalt des Weißen Hauses konnte ich nichts sagen. Ich möchte mit Ihnen sprechen.'"

Die Frau nannte zwei Bedingungen: Sie wollte, dass Magallanes sie mit seinem Privatwagen abholte, nicht mit einem FBI-Auto. Und sie wollte, dass er einen anderen Partner mitbrachte. Aus irgendeinem Grund hatte sie sich mit dem Agenten, der an ihrer Befragung teilgenommen hatte, nicht wohlgefühlt.

Magallanes bat den Agenten John W. Mindermann, ihn zu begleiten. Sie holten sie mit Magallanes Privatwagen ab und sprachen mit ihr, während sie im Zentrum Washingtons umherfuhren.

„Sie lieferte uns alle möglichen Informationen dahingehend, was nach der Entdeckung des Einbruchs geschehen war", sagt Magallanes. „Sie sagte, dass McCord und G. Gordon Liddy – McCord war zu diesem Zeitpunkt auf Kaution frei gelassen worden –

ins Büro zurückgekommen seien und begonnen hätten, Dokumente und alle möglichen Dinge zu vernichten."

Es war ein heißer Samstag in Washington, und der Wagen fing an, sich zu überhitzen. Magallanes rief Kunkel an.

„Na, dann geht mal in ein Hotelzimmer und befragt sie so viel und so lange wie nötig", lautete die Anweisung des leitenden Spezialagenten.

Sie nahmen sich ein Zimmer im Mayflower Hotel, das am nächsten gelegen war. Nach mehreren Stunden brachten die Agenten die Befragung zum Abschluss, und die junge Frau sagte: „Wissen Sie, Sie denken, ich hätte viele Informationen. Meine Freundin hat sogar noch mehr Informationen."

„Wer ist Ihre Freundin?", fragte Magallanes.

„Nun ja, sie ist Buchhalterin beim Ausschuss für die Wiederwahl des Präsidenten, und sie ist wirklich frustriert im Hinblick auf das, was hier vor sich geht, und sie hat all die Informationen, die euch interessieren würden", sagte die Frau.

Als Magallanes die Frau fragte, ob sie für die Agenten ein Gespräch mit ihrer Freundin arrangieren könne, antwortete sie, sie werde sie fragen und Magallanes am Montag anrufen.

„Es wurde Montag. Kein Anruf", sagt Magallanes. „Ich konnte sie nicht anrufen, sie arbeitete immer noch im Wiederwahlausschuss. Damals hatten wir keine Handys oder so etwas. Es wurde Dienstag. Wieder kein Anruf. Mittwoch, immer noch kein Anruf." Schließlich rief die Frau am Donnerstag an.

„Hören Sie, meine Freundin hat gesagt, dass sie bereit ist, Sie und Ihren Partner zu treffen, aber sie möchte Sie zuerst allein kennen lernen", sagte sie. „Sie möchte wissen, ob sie Ihnen vertrauen kann."

Die Buchhalterin wollte die Agenten im Key Bridge Marriott in Rosslyn, Virginia, treffen. Sie schlug vor, mit ihnen zu Abend zu essen.

Am nächsten Abend trafen die Agenten sich mit den beiden Frauen in der Lounge im Marriott. Nach etwas Smalltalk über ihre Familien sagte die Buchhalterin: „Ich vertraue euch. Wissen Sie, ich spreche mit Ihnen über Watergate. Ich werde Ihnen alles erzählen, was Sie wissen wollen."

Die Buchhalterin – die sich später öffentlich als Judy Hoback zu erkennen gab – schlug vor, zu ihrem Haus in Bethesda, Maryland, zu fahren.

„Wir vier fuhren alle da hinaus, und da erfuhren wir erstmals in den Ermittlungen, dass die CIA nicht beteiligt war, aber dafür das Weiße Haus mit vielen Schwindeleien, vielen illegalen Aktivitäten", sagt Magallanes. „Sie sagte, dass der Wiederwahlausschuss etwa drei Millionen in bar im Safe hatte, die durch Berater des Präsidenten eingesammelt worden waren."

Hoback sagte, das Geld werde für illegale Aktivitäten wie den Watergate-Einbruch verwendet.

Die Befragung dauerte bis vier Uhr morgens.

„Sie legte alles in ihrem Haus dar", sagt Mindermann. „Wir trafen sie im Key Bridge Mariott in der Lounge, tranken sogar etwas mit ihr, was gegen die FBI-Regeln verstieß. Auf ihren Wunsch hin folgten wir ihr zu ihrem Haus in einem Vorstadtgebiet in Maryland. Und der Grund, warum ich so viel Respekt für sie habe, ist der, dass sie eine junge Frau Anfang dreißig war. Sie war verwitwet, ihr Mann war mit einem Herzinfarkt tot umgefallen. Sie war eine alleinerziehende Mutter mit einem Kind in einem winzigkleinen Haus in einem Vorstadtgebiet in Maryland. Und sie brauchte diesen Buchhalterjob ganz dringend. Trotzdem hatte sie den Mut, alles darzulegen."

6

DEEP THROAT

DAS FBI WAR NIE ZUVOR GEGEN EINEN PRÄSIDENTEN VORGEGANGEN. Eigentlich hatte es selten in irgendeinem Regierungsamt ermittelt. In Hoovers FBI waren örtliche Sheriffs und Kongressabgeordnete tabu, ganz zu schweigen von amtierenden Präsidenten, Kabinettsmitgliedern und Regierungsberatern.

Doch Hoover war nun weg, und die FBI-Zentrale versuchte nur einmal, die Agenten zu bremsen, als sie den Watergate-Einbruch und dessen Verschleierung untersuchten.

Das war, als L. Patrick Gray als stellvertretender FBI-Direktor dem Wunsch des Weißen Hauses unter Nixon nachkam, sich nicht eingehend mit dem Geld zu befassen, das für den Einbruch via Mexiko geschleust wurde. Nixon behauptete, er versuche, CIA-Aktivitäten in Mexiko zu schützen. Tatsächlich hatte er den Vorwand erfunden, um die Beteiligung seines eigenen Wiederwahlausschusses zu verschleiern. Die Verzögerung dauerte jedoch nur eine Woche.

„Sie versuchten nicht, mich bei meiner Tätigkeit zu behindern", sagt Daniel C. Mahan, ein anderer Agent im Watergate-Fall. „Es war eine der Sternstunden des FBI."

Als Einzelheiten bezüglich der FBI-Ermittlungen im Watergate-Fall über Berichte von Bob Woodward und Carl Bernstein in der *Washington Post* und über andere Blätter an die Öffentlichkeit durchsickerten, berief Gray am 24. Juni 1973 26 Agenten aus Angie Lanos Einheit ein und beschuldigte sie, „an Schwatzhaftigkeit zu leiden".

„Etwas dringt an die Presse nach außen", sagte Gray. „Und ich will, dass der Agent oder die Agenten, die für das Durchsickern verantwortlich sind, sich jetzt melden. Ich will, dass sie ihren FBI-Ausweis auf den Tisch legen, und ich will, dass sie kündigen. Sonst werde ich sie feuern."

Es herrschte Totenstille.

Gray tadelte die Agenten weiter. Mit hochrotem Kopf stand er da und schrie aus vollem Halse: „Ich werde dieser Sache auf den Grund gehen. Ich bin ein ehemaliger Marinekapitän. Ich habe ein Atom-U-Boot befehligt. Ich bin Absolvent der Georgetown University Law School. Ich habe viele Ermittlungen bei der Marine geleitet, und ich weiß, wie man Ermittlungen leitet."

Dann wandte Gray sich abrupt um und verließ das Besprechungszimmer.

„Ich konnte nicht glauben, was ich da hörte", sagt Magallanes. „Niemand konnte glauben, was er hörte."

Wie sich herausstellte, hatte Gray selbst in ordnungswidriger Weise das FBI-Formular FD-302 mit Berichten über Befragungen im Zusammenhang mit den Watergate-Ermittlungen an John Dean, den Rechtsberater des Weißen Hauses, übergeben. Am 21. Juni 1972 trafen sich die Präsidentenberater John Dean und John Ehrlichman mit Gray und wiesen ihn an, Akten über politische

Sabotage aus Hunts Safe im Executive Office Building zu zerstören. Wie Gray später preisgab, sagten sie zu ihm, dass das Material aus „Dokumenten zur nationalen Sicherheit" bestehe, die nichts mit Watergate zu tun hätten. Sechs Monate später verbrannte Gray einige der Dokumente in seiner häuslichen Müllverbrennungsanlage.

Nachdem Gray von Ehrlichman erfahren hatte, dass Dean mit dem Bundesstaatsanwalt kooperierte und publik machen würde, was am 21. Juni geschehen war, teilte er dies seinem Unterstützer im Kongress, Senator Lowell Weicker, mit, sodass Weicker auf diese Enthüllung vorbereitet wäre. Weicker ließ das Detail über die Zerstörung von Dokumenten an die Presse durchsickern.

Am 23. April 1973 bildete Leonard M. „Bucky" Walters, ein stellvertretender FBI-Direktor, bei der Fahrt zur Arbeit eine Fahrgemeinschaft mit William Soyars, einem anderen stellvertretenden Direktor. Walters erzählte Soyars von seinem Plan, an diesem Tag wegen Grays Vernichtung von Beweismaterial zu kündigen. Soyars versprach, ebenfalls zu kündigen. Um neun Uhr morgens traf Walters sich mit W. Mark Felt, dem ranghöchsten FBI-Beamten unter Gray.

„Ich sagte zu Felt, dass ich nicht für einen Direktor arbeiten würde, der in einem Fall, in dem das FBI ermittelte, Beweismaterial vernichtet hat", sagt Walters. „Ich sagte zu ihm, ich würde am Ende des Arbeitstages kündigen. Ich sagte auch zu ihm, dass ich die anderen stellvertretenden Direktoren darum bitten würde, dasselbe zu tun."

In der nächsten halben Stunde rief Walters alle anderen stellvertretenden Direktoren an. Bis auf den letzten Mann waren sie alle damit einverstanden zu kündigen. Walters übermittelte die Nachricht an Felt, der sagte, er werde es Gray mitteilen. Eine Stunde später, um 10.30 Uhr morgens, berief Gray ein Meeting der

Geschäftsleitung zusammen und verkündete, dass er an diesem Tag gehen werde.

Als Gray später zur Vernehmung vor dem Großen Geschworenengericht, das im Watergate-Fall ermittelte, vorgeladen wurde, stellte Agent Lano – einer derjenigen, denen Gray vorgeworfen hatte, Informationen an Woodward und Bernstein weitergetragen zu haben, sicher, dass er Gray die Vorladung persönlich überbrachte.

Neben sieben Watergate-Einbrechern und Komplizen wurden schließlich 40 Regierungsbeamten folgende Anklagepunkte zur Last gelegt: Verschwörung zur Begehung von Straftaten, Justizbehinderung und Meineid. Unter den Verurteilten waren schließlich der Justizminister John N. Mitchell, der Präsidentenberater Dean, der Personalchef des Weißen Hauses, H. R. Haldeman sowie der Innenpolitikberater John Ehrlichman. Nixon selbst wurde als nicht angeklagter Mitverschwörer genannt und aus dem Amt getrieben.

Die Tatsache, dass Bob Woodward und Carl Bernstein von der *Washington Post* Berichte über die Ermittlungen herausbrachten, in denen sie eine koordinierte Kampagne und Verschleierung politischer Spionage durch Top-Berater Nixons schilderten, sorgte dafür, dass die FBI-Ermittlungen nicht behindert wurden. Aber es geht Lano und einigen anderen Agenten immer noch auf die Nerven, dass die beiden Reporter durchgesickerte Infos vom FBI bekamen und dass die Öffentlichkeit denkt, sie hätten den Watergate-Fall gelöst.

Andererseits sagt Mindermann: „Ihre Berichte haben uns in der Tat wirklich sehr geholfen, da dadurch die Ermittlungen am Laufen gehalten wurden. Es war entscheidend, diese stille öffentliche Unterstützung da draußen zu haben. Man kann Ermittlungen wie diese nur am Laufen halten, wenn man eine solche öffentliche

Aufmerksamkeit hat, wie die *Washington Post* sie durch Woodward und Bernstein schuf. Wenn dies fehlt, wird man auf die eine oder andere Weise ausgeschaltet."

„Die Medien dienten einem wichtigen Zweck", sagt Edward R. Leary, ein anderer Agent, der bei dem Fall mitwirkte. „Einerseits gingen sie uns auf die Nerven, denn die Veröffentlichungen in den Blättern hinkten dem Stand unserer Ermittlungen in der Regel einen Tag bis zwei Monate hinterher. Wir mussten die höheren Hierarchieebenen der Presse mit Informationen versorgen, um zu erklären oder zu kritisieren, was man sich auf der Straße erzählte. Schließlich hatten wir keine Lust, Hinz und Kunz darüber Auskunft zu geben, ob ein Zeitungsartikel zutreffend war.

Andererseits wurde durch die Medienbeteiligung ganz klar das öffentliche Interesse auf den Vorfall gerichtet, und dadurch dass die Sache so in den Fokus der öffentlichen Aufmerksamkeit rückte, öffneten sich ein paar Türen für uns, die sonst geschlossen geblieben wären." Jeder Agent in der Einheit hatte verschiedene Theorien über die Identität von Deep Throat. Als Woodward die Berichte mit seinen Herausgebern diskutierte, nannte er einen seiner Informanten, der sachkundig, aber nicht immer besonders mitteilsam war, „mein Freund". Howard Simons, der damalige Redaktionsleiter der *Washington Post*, der einen etwas schrägen Humor hatte, taufte den Informanten „Deep Throat" nach einem Pornofilm, der damals in den Nachrichten erwähnt wurde. Wegen der Anrüchtigkeit des Namens bekam dieser Watergate-Informant einen Status, der weit über den anderer Informanten hinausreichte, die auch wichtig waren und bis zum heutigen Tage anonym geblieben sind.

Einige FBI-Agenten dachten, Deep Throat sei eine Zusammensetzung, mit der die Identitäten von Woodwards und Bernsteins verschiedenen Informanten verwischt werden sollten. Diese Annahme beruhte auf einem Missverständnis der Entstehung des Namens. Als Reporter der *Washington Post* während der Watergate-Affäre saß ich neben Bernstein. Jeden Abend stand Woodward neben Bernstein, der besser schreiben konnte, und Bernstein tippte ihre Berichte ins Reine, während sie über ihre Informationen und Informanten sprachen.

Aus diesen Gesprächen ging klar hervor, dass sie eine Reihe glaubwürdiger Informanten hatten. Sie hatten Personalverzeichnisse des Weißen Hauses und des Wiederwahlausschusses und arbeiteten die Liste ab, wobei sie mitten in der Nacht an Türen klopften. In einigen Fällen dachte das FBI, sie hätten Berichte über FBI-Befragungen erhalten, während die Journalisten in Wahrheit – wie im Fall der Buchhalterin Judy Hoback – ihre eigenen Interviews mit denselben Personen durchgeführt hatten. Es gab keinen Grund die Identitäten von Informanten zusammenzufassen.

Ironischerweise sollte sich herausstellen, dass Gray ausgerechnet W. Mark Felt, der Deep Throat war, damit beauftragt hatte, die undichten Stellen zu untersuchen. Felt und Edward Miller wurden später angeklagt, weil sie illegale Einbrüche genehmigt hatten, von denen Miller sagt, dass Gray sie abgesegnet habe. Bei der Vorbereitung auf diesen Prozess forderte das FBI im Jahr 1979 den Agenten Paul V. Daly auf, die Watergate-Ermittlungen dahingehend zu prüfen, ob irgendetwas Peinliches zutage treten könnte. Daly sprach mit Dick Long, der in der FBI-Zentrale die Abteilung zur Bekämpfung der Wirtschaftskriminalität leitete und die Aufsicht über die Watergate-Ermittlungen führte.

Daly sagt: „Wir versuchten gerade, genau herauszufinden, was zutage treten könnte, und Long sagte zu mir: ‚Nun ja, wissen Sie, Mark [Felt] war Deep Throat.‘“

Long, der mittlerweile gestorben ist, sagte nie, wie er zu der Behauptung kam, die Identität von Deep Throat zu kennen.

„Er sprach nie darüber, woher er es wusste", sagt Daly. „Er sagte nur: ‚Wir haben Felt informiert, und er hat Informationen an die Presse durchsickern lassen.'"

Für mein Buch *The Bureau: The Secret History of the FBI* interviewte ich Felt im August 2001 zu Hause in Santa Rosa, Kalifornien, wo er mit seiner Tochter Joan lebte. Joan erzählte mir, dass ein Jahr zuvor Woodward unerwartet bei ihnen zu Hause aufgetaucht sei und Felt zum Mittagessen ausgeführt habe. Joan sagte, ihr Vater habe Woodward wie einen alten Freund begrüßt, und ihr geheimnisvolles Treffen habe mehr den Charakter einer Feier als eines Interviews gehabt.

„Woodward tauchte einfach an der Tür auf und sagte, er sei gerade in der Gegend", sagte Joan Felt. „Er kam in einer weißen Limousine, die etwa zehn Häuserblocks entfernt auf einem Schulhof parkte. Er ging zum Haus. Er fragte, ob es o.k. sei, mit meinem Vater einen Martini zum Mittagessen zu trinken, und ich sagte, das ginge in Ordnung."

Nachdem Woodward das Haus verlassen hatte, um zu seiner Limousine zu gehen, die etwa einen Kilometer entfernt bei der Comstock Junior High School geparkt war, ging Joan Felt noch einmal hinaus und folgte ihm, um ihm, wie sie mir sagte, weitere Informationen zu geben, was ihr Vater zu Mittag essen durfte. Sie gingen zusammen zu der Limo, und Joan Felt fuhr mit Woodward zum Haus zurück, um ihren Vater abzuholen.

Da Felt an den Folgen eines Schlaganfalls litt, konnte er keine glaubwürdigen Informationen liefern. Als ich ihn interviewte, konnte er sich nicht daran erinnern, mit Woodward zu Mittag gegessen zu haben, und verwechselte Woodward mit einem Staatsanwalt.

Doch Felt war immerhin insoweit zurechnungsfähig, als er mir klipp und klar sagte: „Ich war definitiv nicht Deep Throat."

Woodward hätte sich nie solche Umstände gemacht, seinen Besuch bei Felt zu verbergen, wenn Felt nicht Deep Throat gewesen wäre. In der 2002 erschienenen Auflage meines Buches schrieb ich, die Umstände würden die These unterstützen, dass Felt tatsächlich Deep Throat gewesen sei. Dieser hat sich schließlich 2005 zu erkennen gegeben.

„Möglicherweise wären wir nicht so weit gekommen, wie wir letztendlich gekommen sind, hätte Felt diese Reporter – die die Stimmung in der Öffentlichkeit anheizten und Forderungen aus der Politik und der Öffentlichkeit anstießen, die Ermittlungen weiterzuführen – nicht mit Informationen versorgt, sie bestätigt und geführt", sagt Mindermann. „Mark Felt ist ein wirklicher, echter amerikanischer Held."

7

PROFILING

CLARENCE M. KELLEY, DER AM 9. JULI 1973 FBI-DIREKTOR wurde, war sich der Schwächen des FBI, die noch aus der Hoover-Zeit nachwirkten, durchaus bewusst. Kelley, ein ehemaliger FBI-Agent und Polizeichef, beendete schnell die Fixierung auf Statistiken und legte bei der Bearbeitung der Fälle den Schwerpunkt auf die Qualität anstatt auf die Quantität. Der korpulente Kelley mit seinem kantigen Kinn forderte, dass nur dann Ermittlungen eröffnet wurden, wenn es Grund zu der Annahme gab, dass ein Gesetzesverstoß stattgefunden hatte. Er setzte sich dafür ein, dass Korruption im öffentlichen Sektor verfolgt wurde. Er forcierte eine stärkere Rekrutierung von Frauen und Minderheiten. Und er war aufgeschlossen gegenüber einer Modernisierung des FBI.

Zwar hat das FBI in Hoovers Anfangszeit Pionierarbeit bei der Anwendung wissenschaftlicher Verfahren zur Lösung von Kriminalfällen geleistet, später wurden Innovationen von Hoover jedoch oft abgelehnt. Als der Agent Howard D. Teten anfing, Polizisten, die die ausschließlich Polizisten vorbehaltene FBI National Academy besuchten, die Grundlagen dessen zu lehren, was in den frühen 1970er-Jahren als Profiling bekannt wurde, sagten er und seine Vorgesetzten dem Direktor deshalb nie, was sie taten.

Als Begründer des Profiling fing Teten an, einen Zusammenhang zwischen dem Tatort und der Person, die das Verbrechen begangen hatte, zu sehen. Sowohl Kriminelle als auch Nicht-Kriminelle agieren bei allem, was sie tun, auf eine bestimmte Art und Weise. Einige Schriftsteller verwenden zum Beispiel einen Computer, andere einen Stift und Papier. Einige schreiben morgens, andere nachts. Jeder Schriftsteller hat einen einzigartigen Stil, mit bestimmten Unterschieden in der Grammatik, im Satzbau und im Stil.

Genauso begehen Kriminelle ihre Verbrechen auf eine klar unterscheidbare persönliche Art und Weise. Weniger das, was sie sagen, als vielmehr das, was sie tun, verrät, wer sie sind. Indem die Profiler diesen Hinweisen nachgehen, können sie oft anhand des Tatorts bestimmen, welche Art von Person das Verbrechen begangen hat und welche Fantasien ihn oder sie getrieben haben – sie finden also tatsächlich typische Erkennungszeichen des Täters. Profiling kann zwar bei der Lösung jedes Kriminalfalls helfen, es ist aber besonders nützlich bei der Lösung der brutalsten und emotional herausfordendsten Verbrechen – Mord und Vergewaltigung.

Profiler sehen sich jeden Aspekt im Zusammenhang mit dem Verbrechen an, darunter auch Befragungen, Fotografien, Ermittlungsberichte, Autopsieberichte und Laborberichte. Der Unterschied zwischen Profiling und guter Polizeiarbeit besteht in Folgendem: Die Schlussfolgerungen basieren auf Mustern, die sich beim Abgleich der Merkmale von Tausenden von Tatorten, die in ähnlichen Fällen festgestellt wurden, mit den Merkmalen der tatsächlichen Täter, die später festgenommen werden, ergeben.

Profiler schauen nicht nur auf die Ergebnisse der Spurensicherung und Informationen, die sie von Zeugen und aus anderen Befragungen erhalten, sondern auch auf das Motiv.

„Warum war dieses spezielle Opfer die Zielperson dieses Verbrechens zu dieser bestimmten Zeit?", sagt Mark A. Hilts. Er leitet die FBI-Einheit, die Profile zur Aufklärung von Verbrechen gegen Erwachsene entwickelt. „Irgendwie versuchen wir, uns in den Täter hineinzuversetzen. Und zwar nicht in irgendeiner hellseherischen Art und Weise, sondern einfach, indem wir versuchen, die Verbrecher zu verstehen beziehungsweise zu verstehen, warum sie ihre Verbrechen begehen. Wie gewinnt der Verbrecher Kontrolle über sein Opfer? Wie manipuliert er sein Opfer? Wie behält er die Kontrolle? Wie wählt er sein Opfer überhaupt aus?"

Mit einem Profil können die Ermittler eine Suche einschränken und anfangen, sich auf ein oder zwei Personen zu konzentrieren. Zuweilen sind Profile auf so unheimliche Weise zutreffend, dass es hellseherisch erscheint. Als die Polizei die verstümmelten Rümpfe von zwei Teenagern fand, die in einem Fluss trieben, identifizierte sie diese als einen vermissten Jungen und ein vermisstes Mädchen. Das FBI erstellte das Profil des Täters als eines Mannes zwischen 40 und 50 Jahren, der die Kinder kannte. Er hatte wahrscheinlich einen Macho-Lebensstil, trug Westernstiefel, jagte und angelte oft und fuhr einen Geländewagen. Er war selbstständig, mehrere Male geschieden und hatte kleinere Vorstrafen.

Mit dem Profil konzentrierte die Polizei sich auf den Stiefvater der Kinder, auf den die Beschreibung perfekt passte, der jedoch vorher kein Verdächtiger gewesen war. Sie konnte genug Zusatzinformationen von Zeugen sammeln, um ihn im Jahr darauf des Mordes zu überführen.

Das FBI hatte herausgefunden, dass ein Mörder, der so vorsichtig ist, dass er eine Leiche in einem Fluss beseitigt, im Allgemeinen raffinierter und oft älter ist. Wenn die Leiche in einer abgelegenen Gegend beseitigt wird, dann ist der Mörder wahrscheinlich jemand, der sich viel in der freien Natur aufhält und die Gegend kennt. Wenn die Schnittwunden an der Leiche des Opfers brutal und auf die Genitalien gerichtet sind, dann kennt der Angreifer oft die Person.

Wenn es keine Hinweise auf einen gewaltsamen Einbruch gibt und der Angreifer in der Nähe des Tatorts blieb, um nach dem Töten des Opfers einen Imbiss zu sich zu nehmen, dann lebte er wahrscheinlich in der Nachbarschaft und kannte das Opfer. Hingegen verlassen Mörder, die sich in einer Wohnung nicht wohl fühlen, den Tatort sofort.

Auf der Grundlage einiger wesentlicher Fakten kann das FBI also ein Profil des Mörders erstellen: das Profil eines älteren Mannes, der sich gerne in der freien Natur aufhält, die Gegend, wo die Leiche gelassen wurde, kennt, das Opfer kennt sowie in der Nachbarschaft lebte.

Unter Verwendung solcher Analysemethoden hat das FBI im Lauf der Jahre bei der Lösung von Tausenden von Kriminalfällen mitgewirkt, sodass Serienmörder und Serienvergewaltiger nicht noch einmal zuschlagen konnten.

In den ersten Jahren des Programms befragten die FBI-Profiler zur Ergänzung ihres Wissens auch Straftäter im Gefängnis. Sie begannen mit Mördern – Sirhan Sirhan, Sara Jane Moore und Lynette „Squeaky" Fromme.

Robert K. Ressler befragte einmal Edmund E. Kemper III, der seine Mutter, seine Großeltern und sechs weitere Personen umgebracht hatte. Kemper verbüßte mehrfache lebenslange Freiheitsstrafen in Kalifornien. Die Figur des Serienmörders Hannibal Lector aus dem Film *Das Schweigen der Lämmer* wurde tatsächlich aus verschiedenen Serienmördern wie den folgenden zusammengesetzt: Kemper, der die Köpfe seiner Opfer abtrennte und sie als Trophäen aufbewahrte, Edward Gein, der sein Haus mit Menschenhaut dekorierte, und Richard T. Chase, der die Organe seiner Opfer aß.

Als Ressler das Gespräch mit Kemper in seiner Zelle gleich neben dem Todestrakt beendet hatte, betätigte er den Summer, um einen Wachmann herbeizurufen, der ihn hinauslassen sollte. Als der Wachmann nicht kam, sagte der 130 Kilo schwere Gefangene zu Ressler, er solle sich „entspannen". Er sagte, die Wachleute würden gerade die Schicht wechseln und Mahlzeiten austeilen.

„Wenn ich hier drin fuchsteufelswild werden würde, dann hättest du ein ziemliches Problem, oder?", sagte Kemper drohend. „Ich könnte dir den Kopf abschrauben und ihn zur Begrüßung des Wachmanns auf den Tisch stellen."

Ressler konnte Kemper beruhigen, indem er so tat, als hätte er vielleicht eine versteckte Waffe. Nach diesem Vorfall nahmen Agenten, die Gefangene befragten, immer einen Partner mit. Und im Gegensatz zu dem Eindruck, der durch Jodie Fosters Rolle in *Das Schweigen der Lämmer* erweckt wurde, ließ das FBI Gefangene nie durch einen Trainee befragen.

Anhand der Befragungen wurde ein klares Muster deutlich. Die meisten Täter führten ein Fantasieleben, zu dem auch die Ausführung der von ihnen begangenen Verbrechen gehörte. Das Verbrechen ermöglichte es ihnen, ihre Fantasien in die Tat umzusetzen. Nun, da die Agenten wussten, wie es in den Köpfen der Verbrecher aussah, konnten sie das am Tatort Gesehene besser den Methoden zuordnen, mit denen Verdächtige ihre Verbrechen begingen. Wie inspizierten Verdächtige eine Gegend, bevor sie das Opfer auswählten? Was suchten sie in einem Vergewaltigungsopfer? Hätte ein Opfer irgendetwas sagen können, das sie von einer Vergewaltigung abgehalten hätte? Sammelten sie Trophäen zur Erinnerung an ihre Opfer? Und wenn, welche? Erzählten sie irgendjemandem etwas von ihren Verbrechen oder nahmen sie nach dem Verbrechen mit dem Opfer Kontakt auf?

Roger Depue, der 1973 anfing, mit Teten zu arbeiten, und später die Profiling-Einheit an der FBI-Akademie leitete, machte das Profiling zu einem Teil der FBI-Aktivitäten. Dabei beauftragte er einzelne Agenten damit, ausschließlich an der Entwicklung von Profilen zu arbeiten, um sowohl der Polizei als auch dem FBI bei der Lösung von Kriminalfällen zu helfen.

Die Profiler unterschieden Mörder in zwei grobe Kategorien: planvoll und planlos vorgehende. Jeder Mördertyp hat eine andere Art von Fantasie. Jeder hinterlässt seine speziellen Merkmale am Tatort. Und jeder hat eine Reihe von Persönlichkeitsmerkmalen, die bei seiner Identifizierung helfen können.

„Der planlos vorgehende Mörder ist der am wenigsten raffinierte", sagt Depue. „Am Tatort sehen die Agenten Hinweise auf Wut und schlechte Planung, da er das Verbrechen spontan begeht. Er sagt nichts oder nur sehr wenig zu dem Opfer. Plötzlich wird er gewalttätig. Welche Waffe er verwendet, ergibt sich zufällig. Zum Beispiel kann der Mörder einen Stein verwenden, um das Opfer zu erschlagen. Er wird die Waffe am Tatort zurücklassen. Am Tatort gibt es viele Spuren, darunter Blut, Fasern und Haare. Die Leiche wird dort gefunden, wo der Mord stattgefunden hat. Es wird keine Anstrengung unternommen, sie zu verstecken."

Der planlos vorgehende Mörder ist im Allgemeinen unterdurchschnittlich intelligent und sozial schlecht integriert. „Er bevorzugt unqualifizierte Tätigkeiten und ist in sexueller Hinsicht unerfahren", sagt Depue. „Oft ist er ein jüngeres von mehreren Geschwistern. Sein Vater stand in keinem festen Arbeitsverhältnis, und als Kind wurde er oft streng bestraft. Er lebt allein. Vor dem Verbrechen wirkt er nervös. Normalerweise trinkt er vor dem Verbrechen keinen Alkohol. An Nachrichten über das Verbrechen hat er nur wenig Interesse. Nach dem Verbrechen ändert sich sein Verhalten deutlich. Es kann sein, dass er sich Alkohol- oder Drogenexzessen hingibt oder extrem religiös wird."

Der planvoll vorgehende Mörder ist der typische Serienmörder. Er ist durchschnittlich bis überdurchschnittlich intelligent. Er bevorzugt qualifizierte Tätigkeiten und ist sexuell erfahren. Sein Vater hatte eine feste Arbeit, aber die Erziehung in seiner Kindheit war inkonsequent. Im Allgemeinen ist er ein älteres Geschwister. Edmund E. Kemper III, John Wayne Gacy Jr., David „Son of Sam" Berkowitz, Ted Bundy und Henry Lee Lucas waren Beispiele für planvoll vorgehende Serienmörder.

„Der planvoll vorgehende Mörder genießt den raubtierhaften Aspekt des Tötens – jagen, manipulieren und Kontrolle über das Opfer gewinnen", sagt Depue. „Er wird vielleicht eine bestimmte Art Waffe auswählen und er lernt aus der Erfahrung. Oft trinkt er, bevor er das Verbrechen begeht, und er verfügt über soziale Kompetenz. Normalerweise lebt er mit jemandem zusammen. Sein Auto ist in einem guten Zustand. Er verfolgt die Berichterstattung über das Verbrechen in den Medien. Nach dem Verbrechen sucht er sich möglicherweise eine neue Stelle, oder er verlässt die Stadt. Er interagiert mit den Opfern. Es ist schwierig, ihn zu fassen, weil er so geschickt ist. Und wenn er gefasst wird, sagt jeder: ‚Ich kann es nicht glauben, dass er es getan hat.'"

Ein planvoll vorgehender Mörder hat eine Fantasie, die ihn antreibt. „Zum Beispiel erzählte Edmund Kemper uns, dass er bestimmte Erfahrungen mit Menschen brauchte. Dazu musste er sie ‚aus ihren Körpern ausquartieren'. Anders gesagt, er musste sie töten", sagt Depue.

Viele Serienmörder suchen den Tatort wieder auf, nur um ihre Fantasie anzuregen. Als Berkowitz es als zu riskant betrachtete, eine bestimmte Frau zu töten, kehrte er zum Tatort eines früheren Verbrechens zurück und spielte den Mord nach, wobei er mit seiner Waffe genauso zielte wie bei der Ermordung seines Opfers. Jeffrey L. Dahmer bewahrte Fotografien seiner verstümmelten Opfer auf.

Die meisten Täter legen ein ritualisiertes Verhalten an den Tag, das sich nie ändert. Möglicherweise tritt zum Beispiel ein Vergewaltiger nach dem Betreten eines Hauses seinem Opfer auf eine bestimmte Weise gegenüber, während die Frau schläft. Es kann sein, dass er sich neben sie stellt und ihr beim Schlafen zusieht, wobei er das Gefühl genießt, Kontrolle über sie zu haben. Es macht ihm Vergnügen, die Hilflosigkeit des Opfers zu sehen, wenn die Frau aufwacht und ihn – vielleicht nackt – dort stehen sieht. Wenn er auch seine Methoden verbessert und planvoller vorgeht, wird sein Ritual doch immer gleich bleiben, denn er begeht das Verbrechen, um das Ritual zu genießen.

Die FBI-Profiler arbeiten nicht nur an FBI-Fällen, sondern auch an Fällen, die von der örtlichen Polizei an sie herangetragen werden. Manchmal hat die Polizei es schon bereut, wenn sie die Ratschläge der Profiler nicht beachtet hat. Als Profiler der Polizei in einer Stadt in Illinois den Hinweis gaben, dass ein unbekannter Mörder am Jahrestag des Verbrechens vielleicht den Friedhof seines Opfers besuchen würde, überwachten sie den Friedhof den ganzen Tag in der Hoffnung, dass der Täter auftauchen würde. Da das Wetter schlecht war, gaben sie schließlich auf. Sie ließen ihre Videokameras vor Ort, die sich bei einer Bewegung automatisch einschalten würden. Natürlich tauchte der Mörder auf. Doch die Polizei war nicht da, um ihn zu identifizieren. Sie hat nun das Video eines Mannes, aber keine Ahnung, wer er ist.

Als ich 1984 im Untergeschoss der FBI-Akademie in Quantico, Virginia, Profiler interviewte, gab es nur vier davon – Roger

Depue, John Douglas, Roy Hazelwood und Robert Ressler. Mittlerweile hat das FBI 28 solche Agenten, die in einem unscheinbaren Bürogebäude in der Nähe von Quantico, in Stafford, Virginia, untergebracht sind.

Neben ihrer Profiling-Tätigkeit begannen die Agenten, an einer Reihe anderer Methoden zu arbeiten, die dem FBI bei der Aufklärung von Verbrechen helfen sollten, darunter Methoden zur optimalen Konfrontation von Verdächtigen bei Verhören und zur Bewertung ihrer Sprache. Basierend auf einer Bewertung des Verdächtigen sagen die Profiler den Agenten, ob sie einen Verdächtigen morgens oder abends verhören sollen, ob sie besser eine harte oder weiche Methode anwenden.

„Wenn jemand sagt: ‚Meine Frau und ich und unsere Kinder gingen zum Einkaufen, und die Kinder haben sich ein bisschen schlecht benommen' – anders gesagt, er hat von ‚unsere Kinder' zu ‚die Kinder' gewechselt –, dann distanziert ein Verdächtiger sich unbewusst von den Kindern", sagt Teten. „Man achtet darauf, wenn es keinen logischen Grund für die Distanzierung gab, denn es lässt möglicherweise darauf schließen, dass der Vater seine Kinder getötet hat."

Ähnliche Beobachtungen haben die Profiler zu folgender Schlussfolgerung geführt: Blickt ein Rechtshänder nach links, wenn man ihm eine Frage stellt, dann könnte dies bedeuten, dass er wirklich versucht, sich an die Antwort zu erinnern und die Wahrheit zu sagen. Wenn ein Rechtshänder nach rechts blickt, kann es sein, dass er versucht, Informationen zu erfinden, beziehungsweise dass er lügt. Im Gegenzug schauen Linkshänder beim Lügen normalerweise nach links.

„Wenn wir über die Erinnerung sprechen, dann sollte nichts erfunden werden", stellt Teten fest. Seit Teten mit dem Profiling begonnen hat, hat der Begriff eine unheilvolle Bedeutung bekommen in dem Sinne, dass Verdächtige nur aufgrund ihrer ethnischen Herkunft herausgegriffen werden. Diese plumpe kriminalistische Arbeit wird weder als gutes Profiling noch als gute Polizeiarbeit betrachtet.

8

FLOTTE DREIER

AM 23. MAI 1976, EINEM SONNTAGMORGEN, RIEF DIE Washingtoner Außenstelle den Agenten Joseph Judge zu Hause an. Die Kommandozentrale wollte, dass er ermittelte, ob bundesstaatliche Geldmittel zweckentfremdet worden waren, um die Assistentin eines Kongressabgeordneten zu bezahlen, die keine Arbeit leistete.

Elizabeth Ray, eine üppige, 33-jährige Blondine aus North Carolina, stellte in einer Titelstory der *Washington Post*, die an diesem Morgen erschien, selbst die Behauptung auf. Sie sagte, sie stünde auf der Gehaltsliste eines Kongressabgeordneten ausschließlich deshalb, weil sie Sex mit ihm habe. Der fragliche 65-jährige Kongressabgeordnete war nicht irgendein x-beliebiger Kongressabgeordneter. Es handelte sich um Wayne L. Hays, einen Demokraten aus Ohio, den Vorsitzenden des mächtigen Verwaltungsausschusses[1].

1) House Administration Committee.

Der Ausschuss kontrollierte Vergünstigungen, die den Kongressabgeordneten am Herzen liegen, vom Polizeischutz durch die Capitol Police bis zu Parkplätzen.

„Ich kann nicht tippen, ich kann keine Ablage machen, ich kann noch nicht mal ans Telefon gehen", wurde Ray in der Titelstory der *Washington Post* zitiert. Sie begann im April 1974 als Büroangestellte für Hays zu arbeiten. Seitdem war sie nicht angewiesen worden, irgendeine Arbeit im Zusammenhang mit dem Kongress zu tun. Stattdessen erschien sie ein- bis zweimal die Woche ein paar Stunden lang hinter einer versteckten Tür in ihrem Büro im Longworth House Office Building auf dem Capitol Hill.

„Angeblich bin ich im Aufsichtsausschuss. Aber ich nenne es eher den ‚Außer-Sicht-Ausschuss'", sagte sie.

Ray sagte, sie habe ein- bis zweimal pro Woche Sex mit Hays. Normalerweise führte Hays sie etwa um 19.00 Uhr zum Abendessen in eines der Restaurants im Key Bridge Marrriot in Virginia aus, dann ging es in ihre Wohnung in Arlington.

Hays leugnete alles ab und sagte: „Mein Gott! Ich bin sehr glücklich verheiratet." Tatsächlich hatte er sich gerade von seiner Frau, mit der er 38 Jahre verheiratet gewesen war, scheiden lassen und seine Privatsekretärin geheiratet. Dennoch erwartete er von Liz Ray, weiterhin seine Geliebte zu sein.

Hays leugnete ausdrücklich, jemals mit Ray zu Abend gegessen zu haben, aber Marion Clark und Rudy Maxa, die beiden Reporter der *Washington Post*, die die Story rausbrachten, waren bei verschiedenen Gelegenheiten zugegen, als Hays mit Ray im Hot Shoppes Restaurant und im Chapparral Restaurant im Key Bridge Marriott zu Abend aß. Sie hörten auch Telefongespräche zwischen Hays und Ray mit, die deren intime Beziehung bestätigten.

Laut der *Post*-Story befand Rays Wohnung sich in einem Hochhaus in Arlington mit farbigen Lichtfontänen zu beiden Seiten des

Eingangs. Der Agent Judge erkannte sofort, dass dies das Mehrfamilienhaus beschrieb, in dem er wohnte.

Nachdem er mit den Ermittlungen beauftragt worden war, zeigte Judge seinen FBI-Ausweis vor und ließ sich vom Hausverwalter bestätigen, dass Ray in dem Mehrfamilienhaus wohnte. Er bekam ihre Wohnungsnummer.

Um 10.30 Uhr morgens klopfte Judge an Rays Tür, aber sie war nicht zu Hause. Zwei Tage später vereinbarten Judge und sein Partner über ihren Anwalt, dass sie sie in ihrer Wohnung befragen konnten.

„Das war ein Zirkus, denn sämtliche Nachrichtenreporter standen draußen vor ihrer Wohnung, als wir hineingingen, um sie zu befragen, und sie war dort wie eine Gefangene", sagt Judge. „Tatsächlich brachten wir ein paar Lebensmittel mit – Fleisch zum Mittagessen, Brot und Milch – denn sie konnte ja nicht raus."

In mehreren Befragungen erzählte Ray den Agenten, dass sie unregelmäßig zur Arbeit ins Longworth House Office Building ging. Wenn sie sich entschied, dort aufzutauchen, kam sie um zehn Uhr morgens und ging wieder um zwei Uhr nachmittags.

„Sie war die Einzige, die ihren kleinen Hund mit zur Arbeit bringen durfte", erinnert sich Judge. „Und der kleine Hund hatte Spielzeug und eine Wasserschüssel in ihrem kleinen Büro. Sie ließ den Friseur und den Maniküre-Service zu sich kommen, und sie führte Telefongespräche. Gearbeitet hat sie nie."

Erst jetzt kam heraus, dass Ray flotte Dreier mit Hays arrangierte.

„Elizabeth musste andere Mädchen anwerben", sagt Judge. „Das gehörte zu ihrem Job. Ich denke, sie musste nie mehr als ein weiteres Mädchen organisieren. Dann setzte Hays sie auf die Gehaltsliste. Er verfügte praktisch über unbeschränkte Macht – daher konnte er ihnen überall auf dem Capitol Hill einen Job besorgen."

Judge stellte fest, dass solche Arrangements auf dem Capitol Hill nicht ungewöhnlich waren.

„Wir haben schließlich viele Frauen auf dem Capitol Hill darüber befragt, wie alles funktionierte", sagt er. „Man ließ diese jungen Mädchen kommen und stellte sie auf dem Capitol Hill an. Die Mädchen waren hübsch und hatten leuchtende Augen, und das sind ziemlich mächtige Männer. Macht ist das beste Aphrodisiakum der Welt, und diese Männer hatten es."

Ein ehemaliger Assistent eines Kongressabgeordneten erinnerte sich, wie er zu einer Zeit, als Aids noch kein Thema war, an monatlichem Gruppensex mit einer wohlproportionierten 25-jährigen Blondine teilnahm, die für den demokratischen Senator Alan Cranston aus Kalifornien arbeitete. „Das Dirksen Senate Office Building hat einen Dachboden", sagt der Assistent. „Es sprach sich herum, dass das Mädchen oben war, und die Kerle gingen hoch. Man ging also hoch, und stellte sich ans Ende der Schlange. Sie war sehr hübsch." Das Mädchen, das es manchmal mit zwei Angestellten gleichzeitig trieb, wurde unter dem Kosennamen „Dachboden-Mädchen" bekannt.

Schließlich wurde bei Liz Ray von einer Strafverfolgung abgesehen, und da die Gesetzeslage damals unklar war, „vereinbarten wir schließlich ein Plea Agreement[2], und er [Hays] erklärte sich bereit, vom Amt des Vorsitzenden zurückzutreten", sagt Judge.

Die Episode, die einen der großen Washingtoner Skandale darstellte, markierte das Ende von Hays' politischer Karriere. Er hatte gehofft, Gouverneur von Ohio oder Sprecher des Repräsentantenhauses zu werden. Stattdessen kandidierte er nicht für die Wiederwahl. Hays starb 1989 im Alter von 77 Jahren.

2) Im US-amerikanischen Rechtssystem: Verhandlung zwischen der Anklagevertretung und dem Verteidiger, um eine mildere Strafe zu erwirken, indem sich der Angeklagte für schuldig erklärt.

Das FBI war nun von Hoovers Beschränkungen befreit, was Ermittlungen bei Politikern anging, und begann 1976 eine Untersuchung von Bestechungsgeldern, die angeblich von dem südkoreanischen Lobbyisten Tongsun Park an Kongressabgeordnete bezahlt worden waren. In dem Fall, der als Koreagate bekannt wurde, wurden Park vonseiten des Justizministeriums verschiedene Anklagepunkte zur Last gelegt, darunter Geldwäsche, organisierte Kriminalität und eine Tätigkeit als nicht eingetragener Agent der Korean Central Intelligence Agency.

Park konnte nie in einem US-amerikanischen Gericht eines Vergehens überführt werden. Er flüchtete nach Südkorea, und die Anklagen wurden fallen gelassen, nachdem er sich bereit erklärt hatte, in die Vereinigten Staaten zurückzukehren und vor dem Kongress auszusagen. Park erzählte bei einer Anhörung, dass er im Austausch für Vergünstigungen Bargeld an 30 Kongressabgeordnete ausgeteilt habe. Nur zwei, Otto Passman, ein Demokrat aus Louisiana, und Richard Hanna, ein Demokrat aus Kalifornien, wurden angeklagt. Passman wurde freigesprochen, Hanna wurde verurteilt.

„Kongressabgeordnete erhielten von Park regelmäßig Umschläge mit zehn 1.000-Dollar-Scheinen darin", sagt Allan E. Meyer, der für den Fall zuständige FBI-Agent.

Schließlich stellte sich laut Aussagen des für den Fall zuständigen Anklägers des Justizministeriums, Paul R. Michel, heraus, dass Parks Behauptungen, Dutzende von Kongressabgeordneten bezahlt zu haben, „Hochstapelei" waren. Anhand seiner eigenen Buchhaltung ließ sich nachvollziehen, dass er in Wahrheit das Geld von der Korean Central Intelligence Agency in die eigene Tasche gesteckt hatte.

„Gegenüber Südkorea prahlte er damit, dass eine Reihe von Kongressabgeordneten Geld von ihm erhalte, tatsächlich strich er die Summen jedoch selbst ein, die angeblich an Kongressabgeordnete gezahlt wurden", sagt Michel.

Als Teil eines Plea Agreement, das von der südkoreanischen Regierung ausgehandelt wurde, „stimmte Park zu, sich praktisch endlosen Tests mit einem Lügendetektor zu unterziehen", sagt Michel. „Er erschien um acht Uhr morgens in Seoul und unterzog sich Lügendeketortests des FBI in Bezug auf die Zeugenaussagen, die er am Vortag uns gegenüber gemacht hatte. Dreieinhalb Wochen gingen wir sämtliche Aufzeichnungen mit ihm durch."

Da Park die Lügendetektortests in Bezug auf das, was er Michel erzählt hatte, bestand, sagt Michel: „Ich vertraute darauf, dass Parks Bericht letztendlich korrekt war."

9

EIN MAULWURF IN DER CIA

NACHDEM WILLIAM H. WEBSTER AM 23. FEBRUAR 1978 FBI-Direktor geworden war, stellte er Agenten ein, die ausgeklügelte Methoden zur Spionagebekämpfung entwickeln sollten. Unter Webster, einem ehemaligen Bundesrichter und Bundesstaatsanwalt, verlagerte sich der Schwerpunkt der Geheimdienstabteilung des FBI von der Jagd auf allerlei Kriegsgegner und frühere Kommunisten zur Jagd auf echte Spione aus anderen Staaten und auf die amerikanischen Verräter, die ihnen halfen.

Anstatt nur KGB-Offiziere zu observieren, die in die Vereinigten Staaten als Diplomaten entsandt worden waren, verfolgte das FBI einen Ansatz, den es gern proaktiv nennt. Das FBI arbeitete mit Doppelagenten, um den KGB-Offizieren die Zeit zu stehlen, um zu erfahren, wonach sie suchten, und um schließlich bei ihrer Ausweisung zu helfen.

Im Rahmen des Spionageabwehrprogramms beteiligte sich die Geheimdienstabteilung des FBI an einem geheimen und äußerst effektiven Tanz mit dem KGB und der GRU – dem sowjetischen Militärgeheimdienst –, indem sie beobachtete, Informationen sammelte und einschritt, soweit dies nötig war, um einen Spionageakt zu vereiteln.

Da die größten Kontingente an KGB-Agenten in Washington und New York waren, fanden in diesen beiden Städten die meisten Spionageabwehraktivitäten statt. Das FBI, das unter Beobachtung der Presse stand, hielt die Tatsache geheim, dass viele Verteilerkästen Videokameras enthielten, um KGB-Aktivitäten zu beobachten. Das FBI betrieb einige Geschäfte, in denen Stereoanlagen verkauft wurden, sodass verdeckt ermittelnde Agenten sich mit KGB-Offizieren anfreunden konnten. Nachbarn von KGB-Offizieren luden sie zu Partys ein, bei denen die anderen Gäste verdeckt ermittelnde FBI-Agenten waren. Ein unscheinbares Büro in Springfield, Virginia, war tatsächlich das Hauptquartier für ein äußerst effektives Gemeinschaftsprojekt des FBI und der CIA, das unter dem Namen Courtship bekannt war. Es führte zur Anwerbung von mindestens einem KGB-Offizier innerhalb der sowjetischen Botschaft in Washington.

Viele Autos, die von den KGB-Offizieren in Washington gefahren wurden, waren mit FBI-Abhörgeräten ausgestattet. Durch Sensoren, die in den Autos installiert waren, konnten die Agenten den Aufenthaltsort von KGB-Offizieren aufspüren. Ein auf künstlicher Intelligenz beruhendes Programm gab ein Signal, wenn ein KGB-Offizier von seiner täglichen Routine abwich.

Gefasste Spione wurden jedoch nicht unbedingt strafrechtlich verfolgt. Da es peinlich war, die Anwesenheit von Verrätern zuzugeben, hatten die CIA, das Verteidigungsministerium und andere nationale Sicherheitsbehörden im Lauf der Jahre das Justizministerium davon überzeugen können, auf die strafrechtliche Verfolgung von Spionagefällen zu verzichten. Stattdessen wurde Amerikanern, die für das Ausland spionierten, erlaubt, sich unauffällig aus Jobs zurückzuziehen, die ihnen Zugang zu geheimen Informationen ermöglichten.

Ein Jahr bevor Webster Direktor wurde, hatte der Justizminister Griffin Bell die Strategie geändert und begonnen, Spione strafrechtlich zu verfolgen, um sie von der Spionage abzuschrecken. John L. Martin, ein ehemaliger FBI-Agent, der 1973 die Spionageverfolgung übernahm und 1980 Leiter der Spionageabwehrabteilung des Justizministeriums wurde, war der Begründer der neuen Strategie. Bevor Martin das Amt übernahm, waren fast ein Jahrzehnt lang keine Spione in Bundesgerichten strafrechtlich belangt worden. Als er im August 1997 in den Ruhestand ging, hatte er die strafrechtliche Verfolgung von 76 Spionen beaufsichtigt. Nur eine Anklageerhebung führte zu einem Freispruch.

„Ich glaube fest daran, dass man ihnen ihre vollen verfassungsmäßigen Rechte gewähren und sie dann lebenslänglich ins Gefängnis stecken muss", sagte Martin, ein gut aussehender, immer braun gebrannter Mann.

Der Höhepunkt der Bemühungen des FBI, sein Spionageabwehrprogramm zu perfektionieren, kam im Jahr 1985. Es wurde als das Jahr des Spions bekannt, weil das FBI elf Spione festnahm. Dazu gehörten John A. Walker Jr., ein Marine-Offizier, Jonathan J. Pollard, ein Spion für Israel, Ronald Pelton, ein ehemaliger Angestellter der National Security Agency, und Larry Wu-Tai Chin, ein Spion für China. Alle bekannten sich schuldig oder wurden verurteilt.

Zwar war der Walker-Fall einer der größten Spionagefälle des FBI, aber kein Fall war bizarrer als der von Karl und Hana Koecher. 1962 begann der tschechische Geheimdienst, Karel Frantisek Köcher – das war sein ursprünglicher Name – als Maulwurf zu schulen. Der Begriff „Maulwurf“ gehört zwar nicht offiziell zur Geheimdiensttterminologie, wird aber allgemein zur Beschreibung eines Agenten oder Spions benutzt, der eine Stelle bei einem gegnerischen Geheimdienst annimmt, um Geheiminformationen auf kontinuierlicher Basis an seinen eigenen Geheimdienst zu liefern.

Koecher traf Hana Pardamcova, eine 19-jährige Übersetzerin, die auch Mitglied der kommunistischen Partei war, bei einer Party in Prag im Jahr 1963. Die 1,57 Meter große Hana sah umwerfend aus, war warmherzig und kontaktfreudig. Drei Monate später heirateten sie.

Als brillanter Universalgelehrter reiste Karl 1965 in die Vereinigten Staaten ein und schuf eine gut durchdachte Legende oder Tarngeschichte. Er gab sich als fanatischer Anti-Kommunist aus und behauptete, dass er wegen seiner bissigen Kommentare über das Leben unter der kommunistischen Herrschaft vom tschechoslowakischen Radio in Prag gefeuert worden sei. Karl erhielt ausgezeichnete Empfehlungen von Professoren der Columbia University und nutzte diese für seine Bewerbung bei der CIA.

Am 5. Februar 1973 wurde Koecher CIA-Übersetzer mit einer „Top Secret“-Sicherheits-Unbedenklichkeitsbescheinigung. Als erster bekannter Maulwurf in der Geschichte der CIA übersetzte Koecher schriftliche oder auf Band aufgenommene Berichte von CIA-Agenten. Wegen seiner guten Kenntnisse der naturwissenschaftlichen und technischen Terminologie übergab die CIA ihm einige ihrer Dokumente mit vertraulichsten Informationen zur Übersetzung aus dem Russischen oder Tschechischen.

Karl unterstand unmittelbar dem KGB. Für seine Leistungen erhielt Koecher eine Vielzahl von Auszeichnungen vom KGB und vom tschechischen Geheimdienst. Hana half, indem sie Kurierdienste übernahm oder sogenannte tote Briefkästen füllte, um Bargeld zu empfangen oder Informationen weiterzugeben.

Aufgrund seiner Übersetzertätigkeit konnte Karl die Identität von Alexander D. Ogorodnik zusammensetzen, eines CIA-Agenten von entscheidender Bedeutung. Ogorodnik – sein Deckname lautete Trigon – arbeitete für das sowjetische Außenministerium in Moskau. Er versorgte die CIA mit Mikrofilmen von Hunderten von sowjetischen Geheimdokumenten, darunter Berichte von sowjetischen Botschaftern. Die Informationen waren so wertvoll, dass sie im Weißen Haus in Umlauf gegeben wurden.

Der KGB verhaftete Ogorodnik im Jahr 1977. Er war zu einem Geständnis bereit und bat die Personen, die ihn verhörten, um einen Stift und Papier. „Übrigens, ich habe einige Jahre mit demselben Füller, einem Mont-Blanc-Füller, geschrieben", sagte er. „Ich glaube, er liegt auf meinem Schreibtisch. Wenn einer von euch in den nächsten Tagen zufällig in die Nähe meiner Wohnung kommt, hätte ich ihn gerne."

Der KGB brachte ihm den Füller, der eine von der CIA sorgfältig versteckte Giftpille enthielt. Ogorodnik öffnete den Füller und schluckte die Pille. Innerhalb von zehn Sekunden war er tot.

Neben seiner Übersetzertätigkeit hatte Koecher eine ungewöhnliche Methode, um an Geheiminformationen zu kommen: Er nahm an Sexpartys teil. Als rothaariger Mann mit zierlichem Körperbau und einem ergrauenden Schnurrbart führte Koecher seine Frau ins Swingen ein. Hana gefiel das so gut, dass sie als Swingerin eifriger war als er.

Karl und Hana nahmen regelmäßig an Sexpartys und Orgien in Washington und New York teil. Sie besuchten Plato's Retreat und das Hellfire, zwei Sexclubs in New York, die jedem offenstanden, der den Eintrittspreis zahlte. Sie vergnügten sich auch im Capitol Couples in der Exchange, einer Bar in Washington, sowie im Swinging Gate in Jessup, Maryland. Das Etablissement war unter dem Namen „the Gate" bekannt, und es handelte sich um ein Landhaus, dessen Zimmer mit Matratzen ausgestattet waren, die von einer Wand zur anderen reichten, sowie mit allerlei Zubehör, um sich akrobatisch in flotten Dreiern zu vergnügen.

Karl und Hana hatten einen großen Freundeskreis von Ehepaaren, mit denen sie die Partner tauschten. Zum Beispiel trafen sie ein Paar aus New Paltz, New York, bei einer Swingerparty. Mit seinem grauen Haar und seinem braun gebrannten Gesicht sieht der Mann wie Cary Grant aus. Seine Frau hat blondes, kurz geschnittenes Haar und eine Haut wie aus einer Ivory-Soap-Reklame. Als sie sich begegneten, saß Hana voll bekleidet auf einem Sofa. Er setzte sich neben sie. Nachdem sie sich einander vorgestellt hatten, gingen sie in ein Schlafzimmer und hatten Sex, wie er mir erzählte.

Wegen ihrer extremen sexuellen Vorlieben wurde Hanna schnell der Liebling auf dem Orgienparcours. Die sexy Blondine mit ihren riesigen blauen Augen begleitete Karl gerne ins Virginia's In Place, einen elitären Privatclub, der 1972 von einem provinziellen Immobilienhai aus Virginia gegründet worden war, weil dieser sich mit seiner Frau gelangweilt hatte.

Für den Club mietete er ein geräumiges Haus in Fairfax, Virginia, nur wenige Minuten entfernt von Koechers CIA-Büro in Rosslyn, Virginia, auf der anderen Seite des von Washington kommenden Potomac River. Das Haus hatte eine große, kreisförmige Zufahrt und war von vier hohen weißen Säulen eingerahmt. Es war ein Treffpunkt für Wochenend-Sexpartys.

Hana war eine der aktivsten Partygängerinnen. Sie, die von einem ihrer Partner als „auffallend schön“ und „unglaublich aufregend“ beschrieben wurde, hatte gerne Sex mit drei oder vier Männern in einem Doppelbett. Karl nahm zwar daran teil, zog sich aber oft ins Wohnzimmer zurück, um sich zu unterhalten.

Beide Spione machten nicht nur gerne Partnertausch, sondern sahen in den Orgien auch eine gute Methode, andere Personen zu treffen, die für die CIA oder andere Behörden arbeiteten, bei denen Geheimhaltung gefragt war. Da die Sicherheitsregeln bei Behörden wie der CIA solche Aktivitäten untersagten, brachten die Teilnehmer sich in mehr als einer Hinsicht in eine kompromittierende Lage. Die Koechers nutzten es voll aus und sammelten wertvolle Informationen von anderen Partygängern, die Beamte im Verteidigungsministerium, im Weißen Haus und in der CIA waren.

Anfang 1982 erfuhr das FBI durch einen Überläufer von den Koechers und begann, sie zu beobachten. Das FBI verhaftete beide Koechers. Nachdem Koecher sich in einem geheimen Gerichtsverfahren in New York schuldig bekannt hatte, konnten die Koechers im Februar 1986 – unter Aufsicht des Spionageanklägers John Martin – an einem Gefangenenaustausch teilnehmen, an dem auch Natan Scharanski , der sowjetische Dissident, teilnahm. Der Austausch fand an einem schneereichen Tag über die Glienicker Brücke statt, die die DDR und West-Berlin miteinander verband. Es war dieselbe Brücke, über die die Vereinigten Staaten vor über 20 Jahren den U-2-Piloten Gary Powers und den KGB-Offizier Rudolf Abel ausgetauscht hatten.

Der Vereinbarung lag die Bedingung zugrunde, dass die Koechers die Vereinigten Staaten nie mehr betreten durfte. Sie mussten ihre auf betrügerische Weise erworbene US-Staatsbürgerschaft aufgeben.

Während der fünf Tage andauernden Interviews, die ich am 29. April 1987 mit Karl Koecher in Prag zu führen begann, erzählte er mir, dass die Teilnahme an den Orgien nützlich gewesen sei. „Allein das Wissen, dass jemand solche Partys besucht – vielleicht ein GS-17 in der CIA – ist interessant“, sagte Koecher. „Oder man gibt es an jemanden weiter [einen anderen Geheimdienstoffizier], der übernimmt. So wird das gemacht.“

Der Gruppensex war „damals einfach angesagt", sagte Hana Koecher nüchtern zu mir. „All unsere Freunde gingen irgendwie in einen kleinen Club oder so ähnlich. Also gingen wir auch dorthin, um zu sehen, wie das ablief."

Ich fragte Koecher, was er im Hinblick auf Ogorodniks Tod empfände.

„Das tut mir sehr leid", sagte Koecher. „Aber die Leute, die ihn abgemurkst haben, waren die CIA und er selbst. Sie haben ihn auf eine so ungeschickte Weise angeworben."

10

MEHR ROASTBEEF

HOOVERS KONTROLLBEDÜRFNIS MACHTE IHN MISSTRAUISCH gegenüber verdeckten Einsätzen. Die Vorstellung, einen Agenten in ein Viertel einzuschleusen, wo Mafia-Mitglieder oder Terroristen lebten, und ihn einen Bart und Freizeitkleidung tragen zu lassen, entsetzte ihn. Agenten mussten sich täglich im Büro einfinden und Dienstwagen fahren Letztere waren leicht erkennbar, da es sich um große Ford-Limousinen mit Antennen für die 2-Wege-Funkgeräte handelte.

Im Gegensatz dazu gab William Webster grünes Licht für langfristige verdeckte Ermittlungen und Undercovereinsätze.

„Diese Entwicklung erfolgte nach der Hoover-Ära. Nun wurden langfristige verdeckte Ermittlungen ermöglicht, indem Agenten keine Fälle zugewiesen wurden, sondern sie nur die Aufgabe hatten, Mafia-Mitglieder als V-Leute aufzubauen“, sagt Sean McWeeney, der von 1979 bis 1986 in der FBI-Zentrale die Abteilung zur Bekämpfung des organisierten Verbrechens leitete.

Mitte der 1990er-Jahre gründete das FBI ein Undercover-Team mit dem Codenamen Shortstack, das ausschließlich für die Organisation der verdeckten Ermittlungen zuständig war.

„Wir statteten die Agenten mit allem aus, angefangen bei der falschen Sozialversicherungsnummer, über falsche Führerscheine und Pässe bis hin zu einer beruflichen Tarnung", sagt Michael Reith, der das Team neun Jahre lang bis 2003 leitete.

Mittlerweile geht das FBI so weit, verdeckt ermittelnden Agenten zu sagen, dass sie Drogen nehmen sollen, wenn sie in eine Situation geraten sollten, in der ein anderes Verhalten ihre Tarnung auffliegen lassen würde. Sobald sie einen Drogenkonsum berichten, werden sie monatelang getestet, um eine Sucht auszuschließen. Wenn Hoover dies wüsste, würde er sich im Grab rumdrehen.

Um Verdächtige zu verfolgen und Observierungen durchzuführen, schuf das FBI Mitte der 1970er-Jahre die Special Support Group (SSG). Die als Gs bekannten Mitglieder des Teams sind geringer entlohnte, unbewaffnete Angestellte, die in Antispionagefällen zur Observierung eingesetzt werden. Sie können sich als Jogger, Obdachlose, Inline-Skater, Priester, Eisverkäufer, Postboten oder Sekretärinnen ausgeben. Wenn sie oder Agenten den Verdächtigen auf einer Straße folgen, halten sie ständig Kontakt miteinander. Wenn sie fahren, können sie den Verdächtigen überholen oder ihm auf einer Parallelstraße folgen. Sie können auch die Autos tauschen, um einen Verdächtigen auszutricksen. Bei den Autos kann es sich um Corvettes, alte Klapperkisten, Bulldozer, Busse oder Eiscremelaster handeln.

Lange bevor die Anruferidentifizierung eingeführt wurde, war Reith maßgeblich daran beteiligt, die Telefongesellschaften dazu zu bringen, dass sie in dringenden Fällen Aufzeichnungen über eingehende Anrufe übermittelten. Solche Aufzeichnungen waren der Schlüssel bei der Lösung einer Reihe von Fällen, darunter die

Morde an Joseph und Beverly Gibson. Am 24. Dezember 1987 wurden die Gibsons erschossen in ihrem Campingwagen in Hazlettville, Delaware gefunden. Ihr erst vor neun Tagen geborener Sohn Matthew war verschwunden.

Kurz vor den Erschießungen erhielten Joseph Gibsons Eltern, die in der Nähe des Campingwagens wohnten, mindestens zwei Anrufe von einer Frau, die fragte, wie man zu dem Campingwagen käme. Die Anruferin sagte, sie habe das Paar in dem Krankenhaus getroffen, wo das Baby geboren worden sei, und sie wolle die beiden besuchen.

Reith fragte die Telefongesellschaft, ob sie Aufzeichnungen von Anrufen an die Großeltern übermitteln könne, die von jedem beliebigen Telefon innerhalb des Vorwahlbereichs 302 stammten.

„Sie sagten: ‚Solche Suchen führen wir nicht durch'", sagt Reith. „Ich sagte: ‚Ich weiß, dass die Informationen zu Ihren Abrechnungsaufzeichnungen gehören."

Nach einigem Drängen erklärte die Telefongesellschaft sich bereit, ein Computerprogramm zu schreiben, das die Information auswerfen würde. Anrufe an die Großeltern waren vom Haus von Richard W. Lynch und Joyce Lynch gekommen. Das FBI fand heraus, dass Joyce Lynch ihrer Familie gesagt hatte, dass sie schwanger sei, obwohl dies nicht der Wahrheit entsprach. Kurz vor Weihnachten erzählte Richard Lynch seinen Freunden und seiner Familie, dass seine Frau einen Sohn geboren habe. Die Lynchs hatten Matthew entführt, da sie einen kleinen Jungen wollten.

Zwei Wochen nach den Erschießungen wurden die Lynchs verhaftet und des Mordes angeklagt. Matthew wurde seinen dankbaren Großeltern übergeben.

Unter Webster hatte das FBI es in den späten 1970er und in den frühen 1980er Jahren sogar auf den Kongress abgesehen. In einem zweistöckigen Haus, das in Washington angemietet worden war, erzählten Undercover-Agenten, die den sogenannten Abscam-Fall bearbeiteten, Kongressabgeordneten, dass sie einen Ölscheich vertreten würden, der politische Gefälligkeiten suche. Die Agenten zeichneten dann auf Video auf, wie Kongressabgeordnete Bargeld im Austausch für das Versprechen gesetzgeberischer Vergünstigungen erhielten. Sieben Kongressmitglieder, darunter der Senator Harrison A. Williams Jr. aus New Jersey, wurden verurteilt. Anstatt Kongressabgeordneten zu drohen, wie es unter Hoover geschehen war, schickte das FBI sie ins Gefängnis.

Neben seiner Jagd auf Kongressabgeordnete ging das FBI auch auf mächtige Beamte in Las Vegas los, darunter Harry E. Claiborne, den vorsitzenden Richter des Bundesbezirksgerichts in Nevada. Im Dezember 1983 wurde er der Korruption, der Justizbehinderung sowie der Abgabe falscher Steuererklärungen beschuldigt.

Er wurde schließlich wegen Steuerhinterziehung verurteilt. Als die FBI-Ermittlungen in Bezug auf Claiborne voranschritten, bat Harry Reid, ein damaliger Kongressabgeordneter aus Nevada und späterer Mehrheitsführer im Senat, um ein Treffen mit Webster, um diesen zu fragen, warum das FBI Jagd auf Claiborne machte.

Der FBI-Agent Walter B. Stowe Jr., der für Kongress- und öffentliche Angelegenheiten zuständig war, bearbeitete die Anfrage und organisierte ein Treffen.

„Das tatsächliche Treffen war völlig enttäuschend. Reid stellte oberflächliche Fragen zu den Ermittlungen im Claiborne-Fall, und Webster erklärte, dass es unpassend sei, solche Einzelheiten zu diskutieren, selbst mit einem Kongressabgeordneten“, sagt Stowe. „Mein Eindruck von dem Treffen ist, dass Webster auf sehr subtile Weise Reid eine Lektion gab, wer die Macht hatte, und glasklar die Botschaft übermittelte, dass der Direktor des FBI keiner politischen Einflussnahme unterliegt.“

Als Webster jedoch später als Direktor der Central Intelligence (DCI) nominiert wurde, stimmte Reid als Einziger gegen seine Ernennung. Claiborne wurde 1984 wegen Steuerhinterziehung zu zwei Jahren Gefängnis verurteilt. Er war der erste amtierende Bundesrichter, der innerhalb der letzten 50 Jahre aus dem Amt entfernt worden war.

Webster hatte ein altersloses Gesicht, dünne Lippen und eine hohe Stirn. Er erwies sich als ein geschickter Verwalter. Er wählte außergewöhnlich talentierte Führungskräfte aus und überließ ihnen die Leitung des FBI, aber sie mussten sich immer seinen genauen Befragungen stellen. Webster machte klar, dass die Agenten Schwierigkeiten bekämen, wenn sie Probleme vor ihm versteckten. Wenn Webster dachte, dass ein Agent ihm nicht die ganze Wahrheit sagte oder seine Hausaufgaben nicht gemacht hatte, dann nahm seine Stimme einen strengen Ton an und sein Blick wurde eiskalt.

„Bei einer der ersten Besprechungen der Geschäftsleitung fingen sie an, Webster auf der Nase herumzutanzen", sagt William A. Gavin, der unter Webster stellvertretender Direktor wurde. „Er ließ sich nur 17 Sekunden von ihnen auf der Nase herumtanzen, bevor er auf sie losging. Er ließ es einen wissen, indem er ein knappes, prägnantes Statement mit seinen funkelnden blauen Augen machte. Ich würde nicht wollen, dass mir das mehr als einmal passiert. Es war, wie wenn dein Dad dich zur Rede stellte. Man wollte ihn dann nicht noch einmal verärgern. Er durchschaute den bürokratischen Pferdemist. Plötzlich begriffen es die Leute: ‚Wenn wir die Antwort nicht wissen, dann geben wir es am besten einfach zu.'"

Trotz der Fortschritte, die nun, da Hoover nicht mehr da war, unter Webster stattfanden, begann die Disziplin im FBI zusammenzubrechen. Laut einer FBI-Anekdote ging ein New Yorker

FBI-Agent einmal zum Mittagessen in eine Imbissbude gleich um die Ecke von der Außenstelle, die sich damals an der Kreuzung zwischen der Sixty-ninth Street und der Third Avenue befand. Der Agent dachte, dass die Imbissbude einen Rabatt oder größere Portionen für FBI-Agenten und Polizisten anböte. Er bestellte ein Roastbeef-Sandwich und sah zu, wie der Verkäufer hinter der Theke die Scheiben aufhäufte. Der Imbiss-Verkäufer schob dem Agenten den Teller hin. Zum Verdruss des Agenten sah das Sandwich nicht größer aus als jedes andere Roastbeef-Sandwich. Indem er dem Verkäufer seinen Ausweis zeigte, sagte der Agent: „FBI! Mehr Roastbeef!"

Die Story verbreitete sich bald im ganzen FBI. Keine andere Anekdote ist im FBI bekannter. Wenn Agenten unzufrieden sind, sagen sie: „Mehr Roastbeef!" Wenn sie ihren Chefs erzählen, dass sie ihren Ausweis gezeigt haben, sagen sie: „Ich habe ihn geroastbeefed."

Die Story – die grundsätzlich wahr ist – spricht die Agenten deshalb an, weil sie den Kern dessen trifft, was es bedeutet, ein Agent zu sein. FBI-Agenten haben eine beängstigende Macht. Sie sind berechtigt, Waffen zu tragen, und sie können schießen und töten. Sie können einen Verdächtigen seiner Freiheit berauben und dafür sorgen, dass er lebenslang ins Gefängnis kommt. Sie können private Telefongespräche abhören, auf Video aufzeichnen, was in Schlafzimmern vor sich geht, Zeugen vor ein Großes Geschworenengericht vorladen, Briefkästen öffnen und Post lesen, Aufzeichnungen über E-Mail-Verkehr und Telefonanrufe anfordern und Steuerklärungen prüfen.

Durch die Prüfung ihrer Akten können sie die abträglichsten persönlichen Informationen über jemanden herausfinden. Indem sie ihren Ausweis zeigen, können sie Sicherheitspersonal auf Flughäfen umgehen, ihre Waffen in Flugzeuge mitnehmen, Kinos betreten, ohne Eintrittsgeld zu zahlen, und im Parkverbot parken, ohne einen Strafzettel zu bekommen. Doch wenn ein Agent nicht im Auftrag des FBI unterwegs ist, keine Genehmigung und keine – in vielen Fällen nötige – gerichtliche Anordnung hat, dann hat er nicht mehr Macht als jeder andere Bürger. Seinen Ausweis zu zeigen, um eine größere Portion Essen bei der örtlichen Imbissbude zu bekommen, verletzt die wichtigste Grundüberzeugung des FBI.

Bei der Entscheidung, ob Agenten gefeuert werden sollten, war Webster tendenziell nachsichtig und neigte dazu, nach mildernden Umständen zu suchen. Wenn man bedenkt, wie viel Vertrauen die Öffentlichkeit in Agenten setzt, ist es erschreckend, dass während seiner Amtszeit das Verfälschen von Befragungsberichten, die Informationsbeschaffung aus FBI-Akten für Freunde und das Lügen bei behördlichen Ermittlungen nicht per se als Kündigungsgründe galten.

Wenn es um Integrität geht, sollten die Standards nicht gefährdet werden, sagt Buck Revell, der ehemalige stellvertretende Direktor unter Webster. „Es sollte eine gewisse Grenze geben, die man einfach nicht überschreitet. Man macht keine Falschaussagen. Man lügt nicht. Man legt kein falsches Zeugnis ab. Wenn man das tut, wird man nicht beschäftigt."

Im Lauf der Zeit hatte diese Neigung zur Nachsicht ihre Folgen. Am 16. April 1980 öffnete Earl Thornton, ein FBI-Hausmeister, um 17.30 Uhr die Tür zur Federal Credit Union im achten Stock der FBI-Zentrale. Das FBI-Gebäude hat nicht ganz die Form eines Quaders, sondern die eines schiefen Tetraeders. Um örtlichen Bauvorschriften zu entsprechen, ist das Gebäude entlang der Pennsylvania Avenue nur sieben Stockwerke, an der Rückseite jedoch elf Stockwerke hoch. Von der Seite betrachtet erweckt der groteske Überhang an der Rückseite den Eindruck, dass das Gebäude eine Neigung hat, mit der es jederzeit auf die Fußgänger stürzen könnte – zweifellos hat Hoover diesen Eindruck gewünscht, als er das Gebäude entwarf.

Sobald Thornton in der Kreditgenossenschaftsbank war, schaltete er das Licht an. Er wollte gerade anfangen zu staubsaugen, als er einen stämmigen Mann mit braunem Haar hinter der Theke vor einem offenen Safe sah. Nach einer Pause sprang der Mann hinter der Theke auf.

„FBI! Keine Bewegung!“, rief er.

Der Hausmeister erkannte den Eindringling schnell als H. Edward Tickel Jr., den besten Einbruchskünstler des FBI. Tickel konnte fast jedes Schloss knacken, jedes Haus und jede Botschaft betreten, ohne Verdacht zu wecken. Da dies sein Spezialbereich war, vertraute das FBI ihm einige seiner wertvollsten Geheimnisse an.

Tickel sagte zu Thornton, er sei zu der Kreditgenossenschaftsbank gerufen worden, die 260.0000 Dollar Bargeld im Safe habe, weil die Tür angeblich nicht verschlossen gewesen sei. Er nahm Thornton fest. Doch Tickels Story erwies sich als unwahr, als er nicht in der Lage war, den Namen der Person anzugeben, die ihn zu der Kreditgenossenschaftsbank gerufen hatte.

Bei Ermittlungen wurde festgestellt, dass Tickel neben seinen Aktivitäten in der Kreditgenossenschaftsbank auch gestohlene Ringe und Diamanten ohne Fassung verkauft hatte. Er war auch am Verkauf gestohlener Autos sowie am Diebstahl von 2-Wege-Funkgeräten des FBI für Freunde beteiligt.

Tickel wurde im Bundesgericht von Washington von der Anklage, in die Kreditgenossenschaftsbank eingebrochen zu haben, freigesprochen. Allerdings bekannte er sich schuldig, die 2-Wege-Funkgeräte gestohlen zu haben.

Nach einem neuntägigen Prozess wurde Tickel in Alexandria, Virginia, auch für schuldig befunden, Gesetzesverstöße im Zusammenhang mit Juwelendiebstahl begangen zu haben: staatenübergreifender Transport von Diebesgut, Falschaussagen, Justizbehinderung und Steuerhinterziehung.

Wenn der Tickel-Fall schon bizarr war, dann galt dies umso mehr für den Fall der FBI-Agenten Frank und Suzanne Monserrate. Das Ehepaar wurde mit vorgehaltener Waffe überfallen, als es am 4. Januar 1987 das Playhouse in Perrine, einem Vorort südlich von Miami, verließ. Die Monserrates hatten den Club kurz nach zwei Uhr morgens verlassen, als Chester Williams ihnen entgegentrat und ihr Geld verlangte. Williams, der ein umfangreiches Vorstrafenregister hatte, fing an, die Goldketten von Sue Monserrates Hals herunterzureißen. Agent Frank Monserrate hatte seine Waffe nicht bei sich, aber er wusste, dass seine Frau ihre Waffe in der Handtasche hatte. Als Williams Geld verlangte, griff Suzanne Monserrate in ihre Handtasche, um ihre Geldbörse herauszuholen. In diesem Moment griff ihr Ehemann nach ihrem .38-Kaliber-Revolver und schoss mehrmals auf Williams, wobei er ihn tödlich verwundete. Unterdessen hatte Williams auf Sue Monserrate geschossen und sie am Rücken getroffen.

Wie bei jeder Schießerei begannen die FBI-Kommissare mit ihren Ermittlungen. Zunächst log das Paar in Bezug auf seine Aktivitäten, aber ihre Geschichten widersprachen sich. Laut dem Bericht der FBI-Abteilung zur Untersuchung von Amtsmissbrauch [1] gab Frank schließlich zu, „dass er und seine Frau sich an den sexuellen Aktivitäten in [dem Club] tatsächlich voll beteiligt hatten, wozu auch Partnertausch gehörte". Der Partnertausch erfolgte sowohl mit einem anderen Paar, das in der Nacht zuvor von Kommissaren befragt worden war, sowie mit „mehreren anderen Paaren, deren Identität er nicht kennt und an deren Namen er sich jetzt nicht erinnern konnte".

1) Office of Professional Responsibility.

Nach mehreren Verhören gab Suzanne Monserrate, eine angesehene Agentin, die eine flotte Erscheinung im Westernstil war, erstmals zu, dass sie und Frank während der zweijährigen Mitgliedschaft in dem Club „Geschlechtsverkehr mit anderen Leuten hatten". Indem sie frühere Aussagen zurücknahm, sagte sie, sie habe auch „Oralsex ausgeübt und an sexuellen Aktivitäten mit anderen Frauen in dem Club teilgenommen".

Im Juli 1987 feuerte das FBI beide Monserrates. Es lief letztendlich darauf hinaus, dass FBI-Agenten einfach nicht in Sexclubs gehen. Vielleicht wären die Monserrates nur zeitweilig vom Dienst suspendiert worden, wenn sie im Hinblick auf ihre Aktivitäten nicht gelogen hätten. Zudem hatte Suzanne Monserrate eine Sünde begangen, die fast so schlimm ist, wie wenn man in einen Sexclub geht – sie hatte ihre Handfeuerwaffe und ihre FBI-Dienstmarke einem Clubangestellten überlassen. Zwar wäre es schwierig, Sex zu haben, während man eine Waffe und eine Dienstmarke trägt, aber von FBI-Agenten wird erwartet, dass sie diese beiden Dinge immer bei sich tragen.

Viele Agenten glauben, dass Hoover, der gegen die Anstellung von Agentinnen war, irgendwo im Keller der FBI-Zentrale lauert und auf eine Gelegenheit wartet, wieder an die Macht zu kommen. Wenn es jemals eine Notwendigkeit für seine Rückkehr gegeben hat, dann sicher im Monserrate-Fall.

11

WACO

WILLIAM WEBSTER BRACHTE ALS EHEMALIGER RICHTER einen Sinn für Integrität in das FBI. Als Präsident Reagan im Mai 1987 Webster zum Direktor der CIA ernannte, dachte er daher, es sei eine großartige Idee, wieder einen Richter zum FBI-Direktor zu ernennen.

Reagan wählte William S. Sessions aus, den vorsitzenden Richter des Bundesbezirksgerichts in San Antonio, der am 2. November 1987 FBI-Direktor wurde. Sessions hatte graues Haar, das sein Gesicht umrahmte, ein breites Lächeln und einen fesselnden Blick. Er trug eine Brille mit großen runden Gläsern. Er sah aus wie ein Junge vom Land, der auf einer Farm groß geworden ist, und er hatte das typisch texanische Näseln in der Stimme, das seine Geschichten, die er gern erzählte, echt klingen ließ.

Sessions liebte die Vergünstigungen, die sein Job mit sich brachte. Er trug bei jeder Gelegenheit seine Messing-FBI-Dienstmarke an seinem Hemd. Selbst wenn er mit Agenten im Ruhestand sprach, redete er von sich selbst in der dritten Person als „Ihr Direktor". Diese Eigentümlichkeiten ärgerten manche Agenten, die darauf hinwiesen, dass Agenten normalerweise ihre Dienstmarke in ihre Dienstausweishülle stecken, solange sie nicht jemanden verhaften. Sessions stand unter den Agenten schnell in dem Ruf, ein Cheerleader zu sein, der gerne „Sessions-Sprech" verwendete, wie sie es nannten.

„Er schwafelte nur" sagt Larry Lawler, ein leitender Spezialagent unter Sessions. „Bei den Besprechungen der leitenden Spezialagenten gab es das Schwafel-O-Meter. Sessions stand auf und das Schwafel-O-Meter fing an zu piepsen. Er hielt sich für einen hervorragenden Redner. Er redete und die Leute sahen einander an und sagten: ‚Was zum Teufel sagt er?'"

Agenten berichteten, dass sie versuchten, ihn in seinem Büro über wichtige Themen zu informieren, und feststellen mussten, dass er an ihnen vorbei auf seinen Fernseher schaute. Sein denkwürdigster Beitrag bestand darin, ihnen Kekse anzubieten. Auf Reisen unterbrach er einen Agenten, der ihn über einen Spionage- oder Mafia-Fall informierte, um nach den Sehenswürdigkeiten zu fragen. Sessions hielt sein Büro in Ordnung. Er war stolz auf die Tatsache, dass er seinen Posteingangskorb täglich leerte. Doch er leitete das FBI auf eine hektische Weise. Als Technikfan bombardierte er stellvertretende Direktoren mit Fragen per E-Mail und verlangte von ihnen, Nachforschungen anzustellen, die oft sinnlos waren, da Sessions sich später nicht daran erinnerte, die Fragen gestellt zu haben. Sessions stellte einmal Joe Stehr, dem Leiter von Sessions' Security-Team, eine Frage. Als Stehr mit der Antwort zurückkam, hörte Sessions nicht zu, sondern fing stattdessen an, „The Yellow Rose of Texas" zu pfeifen, während er wegging.

Im Dezember 1990 reiste Sessions nach Atlantic City, um zusammen mit dem damaligen Justizminister Dick Thornburgh öffentlich anzukündigen, dass das Justizministerium auf der Grundlage von FBI-Ermittlungen eine Zivilklage gegen die größte Gewerkschaft von Kasino-Mitarbeitern in der Stadt erhob. Auf dem Weg dorthin bat Sessions Agenten aus der Außenstelle in Newark, ihn über den Fall zu informieren. Mitten in dem Informationsgespräch fing er an, einen Werbesong zu singen: „Brylcreem, ein kleiner Klecks reicht aus. Brylcreem, und du siehst super aus."

Anders als Webster sah Sessions keinen Grund, die Einzelheiten über Ermittlungen zu erfahren, und er zeigte nur wenig Interesse an ihnen. Stattdessen konzentrierte er sich auf die personellen, technischen und systemischen Aspekte des FBI. Dabei versuchte er, Karrierechancen für Frauen und Minderheiten zu verbessern sowie das FBI zu einem Vorreiter bei DNA-Typisierungen zu machen. Zudem übertrug er Führungskräften der mittleren Ebene die Verantwortung für Ermittlungen.

Bei den Belagerungen in Waco und Ruby Ridge sollte sich dies als katastrophal erweisen. Beide Vorfälle begannen mit erfolglosen Festnahmeversuchen durch andere Polizeibehörden. Das Ruby-Ridge-Debakel wurde am 21. August 1992 in Gang gesetzt, als Bezirkspolizeichefs sich dem Anwesen von Randall „Randy" Weaver näherten. Weaver war ein selbst ernannter christlicher weißer Separatist, der mit seiner Familie in einer abgelegenen Berghütte nahe Ruby Ridge im Norden Idahos lebte. Nachdem er auf Kaution freigelassen worden war, war er nicht zu einer gerichtlichen Voruntersuchung betreffend die Anklage wegen des Verkaufs von unregistrierten Feuerwaffen erschienen – es ging um zwei abgesägte Schrotflinten, die er für 450 US-Dollar von einem Informanten der Sicherheitsbehörde für Alkohol, Tabak, Waffen und Sprengstoff (ATF[1]) gekauft hatte.

1) Bureau of Alcohol, Tobacco, Firearms and Explosives.

Als vier Polizeichefs Weavers Anwesen überprüften, fing sein Hund an zu bellen und verriet sie. Es folgte eine Schießerei, bei der der Polizeichef William F. Degan und Weavers 14-jähriger Sohn Sammy getötet wurden. Der Rest seiner Familie blieb in der Hütte.

Nachdem die Polizeichefs das FBI um Unterstützung gebeten hatten, kam am 22. August ein Geiselrettungsteam[2] unter Leitung von Richard M. Rogers in zwei C-130-Maschinen der Luftwaffe. Anstatt darauf zu warten, dass die Verdächtigen das Gelände verließen, um sie dann zu verhaften, ließ das Geiselrettungsteam Weavers Hütte durch elf FBI-Agenten umstellen. Da bereits ein Polizeichef getötet worden war und Weaver als extrem gefährlich galt, genehmigte Larry A. Potts, der stellvertretende Direktor, der unter Sessions die Abteilung Kriminalermittlungen[3] leitete, Sonderregeln für den Einsatz in diesem Fall. Er erklärte, dass die Agenten jeden bewaffneten Erwachsenen in Weavers Hütte erschießen „können und sollen".

Bei Schießübungen in Quantico wird jedem Agenten die FBI-Regel zur Anwendung von tödlicher Gewalt beigebracht: Ein Agent darf nur dann schießen, wenn er glaubt, dass er oder eine andere Person sich in unmittelbarer Gefahr befindet, von einem Verdächtigen getötet oder schwer verletzt zu werden. Aus irgendeinem anderen Grund das Feuer zu eröffnen liefe auf „Kriegsregeln hinaus, [die] für eine Polizeiaktion offenkundig nicht verfassungsgemäß sind", sagte ein Berufungsgericht.

Die andere Regel, die das FBI neuen Agenten einschärft, lautet, dass es manchmal das Beste ist, gar nichts zu tun. Im Lauf der Zeit werden Verdächtige müde oder hungrig oder sie langweilen

2) Hostage Rescue Team.
3) Criminal Investigative Division.

sich und ergeben sich schließlich friedlich. Die Agenten lernen in Quantico, dass sie im Sinne eines Krisenmanagements den Gegner „isolieren, in Schach halten und mit ihm verhandeln" sollen.

Beide Regeln wurden in Ruby Ridge verletzt. Tatsächlich kam Rogers mit einem Angriffsplan, der die Zerstörung der Hütte mit einem gepanzerten Mannschaftswagen vorsah, falls Weaver und seine Familie nicht innerhalb von zwei Tagen herauskommen würden.

Kurz nach 17.00 Uhr fingen Scharfschützen des Geiselrettungsteams damit an, ihre Positionen um die Hütte herum zu beziehen. Es hatte angefangen zu hageln. Eine Stunde später startete ein FBI-Hubschrauber zu einem Erkundungsflug über der Hütte. Als der Hubschrauber über ihnen ratterte, traten Weaver, seine 16-jährige Tochter Sara und sein Adoptivsohn Kevin Harris aus der Hütte, wobei sie Waffen trugen. FBI-Agent Lon Horiuchi dachte, dass einer der Männer aussähe, als würde er gleich auf den Hubschrauber schießen, und Horiuchi schoss auf ihn. Da Horiuchi glaubte, dass der Mann einen Schuss vorbereiten würde, fiel sein Schuss unter die allgemeinen Regeln des FBI zur Anwendung tödlicher Gewalt. Der Mann, den er verletzte, war Randy Weaver.

Als alle drei zur Hütte zurückrannten, schoss Horiuchi wieder auf denselben Mann. Er stellte sich vor, dass der Mann vom Inneren des Hauses den Hubschrauber weiter bedrohen würde und dass es dort – mit Frauen und Kindern in der Nähe – schwierig für ihn wäre, richtig zu treffen. Wie sich später herausstellte, schlug Horiuchis zweiter Schuss durch die Holztür der Hütte und traf das Gesicht von Vicki Weaver, Randys Frau. Die Kugel trat an ihrem Hinterkopf wieder heraus und traf Harris am Arm. Vicki Weaver starb fast sofort. Erst als die Leichen geborgen wurden, begriff Horiuchi, dass er sie getötet hatte.

Da Horiuchi meinte, auf einen Mann zu schießen, der aus seiner Sicht einen FBI-Hubschrauber bedrohte, fiel auch der zweite

Schuss unter die ursprüngliche FBI-Regel zur Anwendung tödlicher Gewalt. Weaver wehrte das FBI weiterhin von seiner Hütte ab, bis er sich zehn Tage später ergab.

Ein Staatsanwalt reichte eine strafrechtliche Anklage gegen Horiuchi ein, aber ein Bundesrichter stimmte dem Agenten zu, dass ein Bundesgericht über die Sache verhandeln sollte, da er im Dienst gehandelt hatte. Das Bundesgericht wies die Klage ab.

Weaver wurde des Mordes an Polizeichef Degan beschuldigt. Im Juli 1993 sprach ein Bundesgericht ihn frei, da es glaubte, dass die Polizeichefs zuerst geschossen hätten. Ebenso wurde er von der Anklage, unregistrierte Waffen verkauft zu haben, freigesprochen. Schließlich erklärte das Justizministerium sich bereit, Randy Weaver in einem Vergleich bei dem Prozess wegen widerrechtlicher Tötung, den er führte, 3,1 Millionen Dollar zu bezahlen.

Natürlich hatte das FBI bei der Belagerung viele Fehler gemacht, aber letztendlich handelte es sich bei dem Ruby-Ridge-Fall um eine nicht beabsichtigte Erschießung: Horiuchi hatte Vicki Weaver nicht erschießen wollen. Die eher großzügige Auslegung der Regeln bei diesem Einsatz war zwar schrecklich, hatte aber nichts mit dem Ergebnis zu tun. Jeder, der schon einmal mit Waffen geschossen hat, weiß, wie leicht man ein Ziel verfehlen kann, besonders wenn man unter Stress steht. Fast täglich erschießen Polizisten versehentlich Verdächtige, und solange es nicht eine Rassenfrage wird, gibt es normalerweise wenig öffentliche Empörung.

Der Ruby-Ridge-Fall wurde ein Symbol für staatliche Tyrannei, weil rechtskonservative Gruppen sich auf ihn stürzten und ihn zu einer Cause célèbre machten. Dasselbe geschah mit der Belagerung in Waco. Diese Katastrophe begann am 28. Februar 1993, als die Sicherheitsbehörde für Alkohol, Tabak, Waffen und Sprengstoff einen verhängnisvollen Angriff auf ein baufälliges Anwesen in Mount Carmel, Texas, etwa 16 Kilometer östlich von Waco, unternahm. Dort hatten sich der 33-jährige David Koresh und seine Gruppe religiöser Fanatiker mit illegalen Maschinengewehren und Sprengkörpern bewaffnet und sich auf das vorbereitet, was Koresh als blutige Auseinandersetzung mit Ungläubigen bezeichnete.

In dem 45 Minuten andauernden Feuergefecht während des Angriffs töteten die Davidianer, wie sie sich nannten, etwa vier ATF-Agenten und verletzten weitere fünfzehn. Die ATF-Agenten mussten sich zurückziehen und Präsident Clinton ordnete an, dass das FBI übernahm. Unter Leitung von Jeffrey Jamar, des bulligen leitenden FBI-Spezialagenten in San Antonio, begannen Mitglieder des Geiselrettungsteams am Nachmittag des 28. Februar, das Anwesen zu umstellen in der Hoffnung, ein Ende der Belagerung aushandeln zu können.

Nachdem jedoch mehr als ein Monat vergangen war, begriff das FBI, dass seine Strategie im Umgang mit Koresh nicht funktionierte. Koresh versprach herauszukommen, aber dann behauptete er wieder, Gott habe ihm gesagt, er solle warten. Unterdessen verschlechterten sich die Lebensbedingungen in dem Anwesen immer mehr. Von einigen Leuten, die sich entschlossen hatten, herauszukommen, erfuhren die FBI-Agenten, dass die Davidianer von Fäkalien und Leichen aus dem ATF-Angriff umgeben waren. Zudem lebte Koresh weiter mit seinen bis zu zwölf Jahren jungen Frauen, was Kindesmissbrauch darstellte und den Tatbestand der Unzucht mit Minderjährigen erfüllte.

Nachdem Jamar die Genehmigung von Sessions und der Justizministerin Janet Reno erhalten hatte, entschied er sich, am Morgen des 19. April das Anwesen zu stürmen. Kurz vor sechs Uhr morgens, als der Wind sich gelegt hatte, warnte das FBI Koresh und seine Anhänger über Lautsprecher: „Dies ist kein Angriff! Schießen Sie nicht! Kommen Sie jetzt heraus und Ihnen wird nichts geschehen!" Für einige war dies nur eine Bestätigung von Koreshs Voraussagen, dass der Weltuntergang bevorstünde. Steve Schneider, Koreshs Stellvertreter, brach die Kommunikation ab, indem er trotzig das von ihm benutzte Telefon aus einem Fenster an der Vorderseite des Hauses warf.

Einige Minuten später begann ein umgestalteter M-60-Panzer, Löcher in die Mauer neben dem Eingang des Anwesens zu schlagen und CS-Tränengas durch einen Ausleger an dem Panzer zu versprühen. Die Davidianer begannen, auf die Panzer zu schießen, aber die Agenten schossen nicht. Um neun Uhr morgens brach ein Panzer die Eingangstür ein, um den Bewohnern die Flucht zu erleichtern. Er schlug auch ein Loch in die Mauer neben der Nordwestecke des Anwesens. Gegen Mittag demolierte das FBI ganze Abschnitte der Fassade. Die 51-tägige Belagerung war zu Ende.

Um 12.05 Uhr zeigte sich an der Südwestecke des Anwesens eine Rauchfahne und anschließend eine kleine Flamme. Um 12.20 Uhr loderte das Feuer bereits entlang der Westseite, angefacht von einem Präriewind mit einer Geschwindigkeit von 50 Stundenkilometern. Zwei Minuten später stiegen die FBI-Agenten aus ihren Panzern und umstellten das Anwesen. Ein Sektenmitglied fiel vom Dach und wurde von Flammen erfasst. Als er versuchte, sie abzuschütteln, rissen die Agenten ihm die brennende Kleidung vom Leib und brachten ihn in ein gepanzertes Fahrzeug. Eine verzweifelte Frau tauchte mit rauchenden Kleidern aus den Flammen auf. Ein Agent schnappte sie, als sie versuchte, in das brennende Anwesen zurückzulaufen. Die Agenten betraten das Gebäude und versuchten, Kinder zu finden. Dabei wateten sie knietief in einer Betongrube, die mit Wasser, Fäkalien, Leichenteilen und Ratten gefüllt war.

Alle waren fassungslos, sowohl die FBI-Agenten auf dem Gelände als auch diejenigen im Hauptquartier, die in der Kommandozentrale die Entwicklung der Ereignisse verfolgten. Eine örtliche Untersuchung durch Brandermittler kam zu dem Schluss, dass das Feuer auf Brände zurückging, die im Inneren des Gebäudekomplexes gelegt worden waren. Zusätzlich zu den offensichtlichen Anzeichen – schwarze Rauchschwaden, die auf die Verwendung eines Brandbeschleunigers hinwiesen – zeigten die Infrarot-Luftvideoaufnahmen des FBI mindestens vier Brände, die einen halben Häuserblock voneinander entfernt fast gleichzeitig in verschiedenen Bereichen des Geländes begannen.

Abgesehen von den Infrarotaufnahmen sahen FBI-Scharfschützen, die durch die Fenster des Gebäudekomplexes spähten, dass die Davidianer, einige Sekunden bevor die Brände ausbrauchen, offenbar eine Flüssigkeit ausgossen. Sie sahen auch, wie Sektenmitglieder mit den Händen eine Schale bildeten, als würden sie Streichhölzer anzünden. Auf der Kleidung einiger Überlebender, die behaupteten, dass das FBI das Feuer gelegt habe, wurden Kerosin und Benzin entdeckt. Durch die Auswertung der Tonbandaufnahmen von elektronisch abgehörten Gesprächen erfuhr das FBI, dass die Davidianer beim Ausbruch des Feuers einander aufforderten, mehr Benzin in dem Gebäudekomplex auszugießen.

Achtzig Davidianer, darunter fünfundzwanzig Kinder kamen in dem Feuer ums Leben. Sieben, darunter Koresh, hatten Kopfschüsse, die sie sich sehr wahrscheinlich selbst zugefügt hatten. Die Autopsieberichte zeigten, dass einige der Kinder erstochen oder erschlagen worden waren.

Die FBI-Agenten, die bei dem Versuch, die Davidianer zu retten, ihr Leben riskiert hatten, waren nicht nur tief erschüttert über das Ergebnis, sondern sahen sich auch einem Ansturm von Kritik durch die Medien, den Kongress sowie die Überlebenden und ihre Familien ausgesetzt. Warum hatte das FBI nicht warten können? Das war eine gute Frage. Die Unterhändler wollten mehr Zeit, während das Geiselrettungsteam unter Leitung von Rogers eine aggressivere Herangehensweise befürwortete.

„Wir hatten zwei Monate lang gewartet", sagt Rogers zu mir. „Was ist vernünftig für eine staatliche Behörde? Vier staatliche Agenten waren tot und sechzehn verwundet. Sie hatten Waffen, die sie gegen Hubschrauber eingesetzt hatten. Was ist die kleinstmögliche Gewalt, die man anwenden kann? Tränengas. Was hätte man gesagt, wenn wir es hätten weiterlaufen lassen und wenn sie an Krankheiten gestorben wären? Man will es zu den eigenen Bedingungen beenden."

Sessions hatte eine ähnliche Haltung. Bei dem Treffen mit der Justizministerin Reno vor dem Angriff am 17. April war Sessions emotional und schlug wild mit den Armen um sich. „Sie [die Davidianer] halten das FBI zum Narren", sagte er.

„Es kommt viel Druck von Rogers", beklagte sich der stellvertretende FBI-Direktor Danny O. Coulson in einer Kurzmitteilung vom 23. März, fast einen Monat vor dem Angriff.

Angesichts des Ergebnisses erkannten die FBI-Beamten, dass das FBI hätte abwarten sollen, bis die Davidianer aufgegeben hätten, wie es bei Geiselnahmen oft gemacht wird. Auch wenn minderjährige Kinder missbraucht wurden, hätte man nicht das Risiko eingehen sollen, dass die Davidianer einen Massenselbstmord vornehmen.

Da es keinen einzelnen Einsatzleiter für die verschiedenen FBI-Abteilungen gab, die am Tatort zugegen waren – das Geiselrettungsteam, die Unterhändler und die Profiler –, setzte sich das Geiselrettungsteam durch, und das FBI stürmte den Gebäudekomplex.

„Wir waren uns selbst der größte Feind", sagt Byron Sage, der FBI-Chefunterhändler angesichts der mangelnden Koordination.

12

DIE KO-DIREKTOR-EHEFRAU

DAS ERSTE ANZEICHEN DAFÜR, DASS ETWAS NICHT STIMMTE, gab es, als John E. Otto, der stellvertretende FBI-Direktor, William Sessions mehrmals zu Hause anrief, um den Ablauf bei Sessions Vereidigung als Direktor zu besprechen. Jedes Mal schnappte Sessions Frau, Alice, sich den Hörer von ihrem Mann und stellte ihre eigenen Forderungen.

„Alice redete dazwischen und kritisierte das Vereidigungsprozedere", sagt Otto. „Schließlich sagte ich, wir könnten es nicht dulden, dass eine Martha Mitchell das FBI dirigierte. Er sagte, er würde mir zustimmen."

Wie sich herausstellte, betrachtete Alice Sessions sich als Ko-Direktorin des FBI. Wenn sie darüber sprach, wie ihr Mann FBI-Direktor wurde, sagte sie: „Als wir vereidigt wurden …" Sie nannte sich selbst „die Augen und Ohren" ihres Mannes. Wenn sie über

Klatsch sprach, den sie aufgeschnappt hatte, sagte sie: „Ich erfahre Dinge im Aufzug."

Nachdem Sessions beschrieben hatte, wie seine Frau ihm dabei geholfen habe, das FBI zu repräsentieren, sagte er: „Ich denke also, es ist eine Art Stelle für zwei. Es gibt einen Direktor und es gibt auch die Frau des Direktors – das ist sehr wichtig für das FBI."

Doch Alice Sessions hatte eine verzerrte Sicht der Dinge.

„Wir werden wahrscheinlich abgehört", sagte sie eines Tages geheimnistuerisch zu mir in einem Telefoninterview, das ich mit ihr für mein Buch *The FBI: Inside the World's Most Powerful Law Enforcement Agency* führte. Die Verbindung erfolgte natürlich über die Telefonzentrale des FBI.

Als ich Alice in einem anderen Interview fragte, ob sie glaube, dass das FBI all ihre Anrufe abhöre oder nur diejenigen, die über die FBI-Zentrale zu ihrem privaten Anschluss durchgestellt würden, sagte sie: „Mein anderer Anschluss gibt mir oft Hinweise auf Manipulationen", sagte sie in Bezug auf einen zweiten privaten Telefonanschluss. „Ich habe keine Ahnung, ob sie es bei anderen Anrufen auch machen."

Hinsichtlich der Abhörfertigkeiten des FBI sagte Alice: „Ich habe einige andere Leute, die beruflich damit zu tun haben, diesbezüglich befragt. Tatsächlich hatte ich vor einem Jahr Leute von der Telefongesellschaft hier."

Alice Sessions erzählte auch einmal Ronald H. McCall, dem damaligen Chef des Security-Teams des FBI-Direktors, dass das FBI ein elektronisches Abhörgerät in ihrem gemeinsamen Schlafzimmer installiert habe. Alice Sessions sagte, sie denke, dass die Wanze in einem Sender sei, den das FBI Sessions zum Zweck der verschlüsselten Kommunikation zur Verfügung gestellt habe.

„Ich fing an zu denken, dass das Funkgerät irgendwie komisch war, wissen Sie", erzählte sie mir.

Die Behauptung wurde durch die ganze Hierarchie der Verwaltungsabteilung[1] bis hinauf zum stellvertretenden Direktor weitergetragen und alarmierte das ganze FBI. Alice Sessions beriet ihren Mann großzügig in verschiedensten Angelegenheiten, angefangen bei den Qualifikationen für FBI-Beamte bis hin zur Handhabung des Mutterschaftsurlaubs. Ihre Meinungen waren überwiegend negativ, aber sie teilte sie großzügig mit den Ehefrauen der FBI-Beamten. Aus ihrer Sicht war das FBI voll mit eigennützigen, unfähigen Beamten, die alle ihre eigenen Absichten verfolgten.

Bei Empfängen ausländischer Botschaften verblüffte Alice die Mitglieder des FBI-Security-Teams, indem sie nach einem Beutel für Essensreste fragte. Bei einem Interpol-Treffen in Lyon, Frankreich, aß Alice Sessions mit Interpol-Beamten in einem von Frankreichs besten Restaurants. Alice beklagte sich gegenüber erstaunten FBI-Agenten, dass das Essen schrecklich sei.

Als ihr Mann als Richter amtierte, zeigte Alice Sessions wenig Interesse am Gericht. Nun, da Sessions FBI-Direktor war, sah sie dies als eine Gelegenheit, ihren eigenen Status und ihren Einfluss zu stärken. Als das FBI entschied, dass das Haus des Direktors in einer Seitenstraße der Sixteenth Street in Washington eine bessere Sicherheitstechnik brauche, schlug Alice vor, dass das Security-Team Donald Munford hinzuziehen solle. Don Munford, der damalige Mann von Sarah Munford, Sessions langjähriger Assistentin, war in der Haussicherheitstechnikbranche in San Antonio tätig, nicht in Washington. Da sie die Frau des Direktors war und sich entschlossen zeigte, entsprach das Security-Team ihrer Bitte und fragte nach einem Kostenvoranschlag.

Don Munford schlug ein Sicherheitssystem vor, das 97.046 Dollar gekostet hätte, etwa ein Viertel der 435.000 Dollar, die Sessions

1) Administrative Services Division.

1989 für sein Haus mit drei Schlafzimmern gezahlt hatte. Die FBI-Beamten erhoben Einspruch gegen den Vorschlag. Hätte man eine Vergabe des Auftrags erlaubt, bevor andere Unternehmen ihr Gebot einreichen konnten, dann hätte dies die staatlichen Vergaberichtlinien verletzt, da keine Mitbewerber anbieten konnten. Zudem entschieden die FBI-Beamten, dass es aufgrund seiner Beziehung zu der Assistentin des Direktors unpassend gewesen wäre, den Auftrag an Munford zu vergeben.

Schließlich beauftragte das FBI ein anderes Unternehmen mit der Verbesserung der Sicherheitstechnik, wozu auch die Errichtung eines Zauns gehörte. Damit Eindringlinge sichtbar waren, wollte das FBI einen sogenannten Sicherheitszaun mit Eisenpalisaden errichten, entsprechend den Zäunen, die das Weiße Haus und die ausländischen Botschaften in Washington umgaben. Doch Alice Sessions bestand auf einem 1,80 Meter hohen Holzzaun mit Latten, die einander fast berührten. Das würde ihre Privatsphäre besser schützen, meinte sie. Die FBI-Sicherheitsbeamten lehnten dies ab. Sie sagten, das FBI solle nicht für den Zaun bezahlen, den sie wollte, da sich hinter diesem Heckenschützen verstecken könnten und er die Sicherheit nicht verbessern würde. Sie glaubten, dass Alice Sessions den Zaun wollte, um Petey, den Hund der Familie, auf dem Grundstück zu halten.

William Sessions verließ eine FBI-Besprechung, die zur Diskussion des Themas einberufen worden war, und überließ Alice Sessions den Vorsitz. Als Alice einen eigenen Ausweis verlangte, damit sie die FBI-Zentrale betreten konnte, ohne hineinbegleitet zu werden, ordnete der Direktor dies in ähnlicher Weise an. Nur Angestellte mit einer „Top Secret"-Sicherheits-Unbedenklichkeitsbescheinigung dürfen den Ausweis haben, doch das FBI stellte ihr einen Gebäudeausweis mit der Nummer 14592 aus, der ihr die speziellen Vorrechte mindestens eines stellvertretenden Direktors einräumte. Mit dem speziellen Goldausweis konnte Alice Sessions Besucher mitbringen, ohne diese anzumelden.

Wenn Angestellte der FBI-Zentrale ihren Ausweis vergessen, werden deren Vorgesetzte schriftlich benachrichtigt. Da Alice Sessions jedoch den Ausweis oft vergaß, wurden sie und ihre Freunde ohne Ausweis eingelassen. Da die FBI-Sicherheitsverantwortlichen erkannten, dass der Direktor seine Frau von solchen Regeln ausnahm, fürchteten sie sich davor, sie zur Rede zu stellen.

Selbst diese Zugangsstufe reichte Alice Sessions nicht. Sie fragte nach einem vierstelligen Code, der ihr den Zugang zur Zimmerflucht des Direktors ermöglichte, ohne dass sie zuvor am Empfang vorbeimusste. Der Zugang wird wegen der außergewöhnlich geheimen Dokumente, die in der Zimmerflucht aufbewahrt werden, durch Rezeptionisten kontrolliert. Auf dem Schreibtisch eines Beamten könnte ein Dokument mit dem Namen eines Mafia-Informanten oder eines Spions, den das FBI beobachtet, liegen – oder auch Dokumente von Geheimdiensten wie der CIA oder der NSA. Im Allgemeinen haben nur diejenigen FBI-Beamten, die in diesem Hochsicherheitstrakt arbeiten – wegen seiner Holztäfelung wird er auch als „Mahagoni-Trakt“ bezeichnet –, einen Code, der ihnen den Zutritt ermöglicht.

Als ich Alice Sessions über ihr Sonderzugangsrecht befragte, sagte sie, sie wisse nicht, dass eine „Top Secret“-Sicherheits-Unbedenklichkeitsbescheinigung notwendig sei. „Warum sollte ich denn nicht in Bills Büro aus- und eingehen können?“, fragte sie. „Sie sollten mich besser wegen einer ‚Top Secret‘-Sicherheits-Unbedenklichkeitsbescheinigung prüfen, denn ich höre viel mehr Dinge, als die Mädchen in der Telefonzentrale, das können Sie mir glauben. Ich bin in viel mehr Dinge eingeweiht.“

Was ihn selbst betraf, schien Sessions sich zu überschlagen, um seine Korrektheit zu demonstrieren. Wenn er in seiner privaten

Post FBI-Dokumente mit Büroklammern erhielt, gab er diese zurück. In seinem Gerichtssaal war er im Hinblick auf Regeln und Verfahrensweisen pedantisch gewesen. In seinen Reden betonte er, wie wichtig es sei, Verordnungen und Gesetze zu befolgen.

Doch in anderen Zusammenhängen verriet Sessions mangelnde Sensibilität im Hinblick auf sein Benehmen. Als FBI-Direktor fädelte er es wiederholt so ein, dass er Vorträge in seinem Heimatstaat Texas halten konnte. In seinen ersten vier Amtsjahren als Direktor ging jede fünfte seiner Dienstreisen in seinen Heimatstaat – durchschnittlich alle zwei Monate eine Reise. Auch wenn Sessions jede Reise als geschäftlich rechtfertigen konnte, machte das Muster deutlich, dass er seine Stellung ausnutzte, um seine Familie, seine Freunde, seinen Hausarzt und Zahnarzt in Texas zu besuchen.

Die meisten ranghöchsten Führungskräfte des FBI, darunter Floyd Clarke, Jim Greenleaf, John Otto und Buck Revell, warnten Sessions zu verschiedenen Zeitpunkten wegen seiner missbräuchlichen Vorgehensweise sowie wegen der Probleme, die Sessions Assistentin Sarah Munford und Alice Sessions verursachten. Revell gab die dauerhaft gültige Anweisung, dass jeder Agent in seiner Außenstelle in Dallas, der einen Anruf von Alice Sessions oder Sarah Munford erhielt, ihren Bitten nicht Folge leisten und ihm davon berichten solle. Revell und die anderen ranghöchsten FBI-Beamten spekulierten in prophetischer Weise darüber, dass Sessions sein Amt als Direktor verlieren könnte, wenn die Amtsmissbräuche herauskämen. Der FBI-Direktor kann höchstens zehn Jahre im Amt bleiben, aber auch jederzeit vom Präsidenten abgesetzt werden.

Sessions Assistentin Sarah Munford demonstrierte ihre Meinung, dass sie über dem Gesetz stünde, am 24. Dezember 1991, als zwei Polizisten des Bundesstaates Texas sie und ihren Sohn Glenn 1,5 Kilometer westlich von San Saba, Texas, anhielten, weil ihr

Auto getönte Scheiben an den Seitenfenstern hatte. Dies stellte einen Verstoß gegen das texanische Recht dar.

Als der Polizist Stephen L. Boyd sich der Fahrerseite des Wagens näherte, ließ Munford seiner Aussage zufolge das Fenster herunter und zeigte ihren FBI-Ausweis. Obwohl sie nur im Verwaltungsdienst arbeitete, hatte Munford einen sogenannten „weichen Ausweis", der wie der Ausweis eines Agenten aussah und von ihr in einer Ausweishülle aufbewahrt wurde. Offensichtlich dachte sie, dass sie nur mit dem Ausweis aus dem Fenster winken müsste und sich der Strafzettel damit erledigt hätte. Nachdem Munford dem Polizisten mitgeteilt hatte, dass sie die Assistentin des FBI-Direktors sei und dass ihre Familie im Polizeivollzugsdienst tätig sei, sagte sie zu ihm: „Sie gehen abends nach Hause und Ihre Kinder halten Sie für einen anständigen Menschen, und dann gehen Sie her und machen so etwas."

Boyd erzählte mir, er habe sie nicht beachtet und ihr einen Strafzettel geschrieben. Er erklärte ihr, der Richter würde den Fall wahrscheinlich abweisen, wenn ihr Sohn, dem der Wagen gehörte, ein Foto schickte, auf dem zu sehen war, dass man die Tönung entfernt hatte.

Munford hatte ihre FBI-Visitenkarte an Boyds Exemplar des Strafzettels befestigt, und in der folgenden Woche entschloss er sich, die Nummer auf der Karte anzurufen und sich zu beschweren. Schnell wurde er mit der FBI-Abteilung zur Untersuchung von Amtsmissbrauch verbunden, die im Hinblick auf Munfords Handlungen zu ermitteln begann.

Nachdem ich von Sessions Amtsmissbräuchen erfahren hatte und sie beim Schreiben meines Buches *The FBI* dokumentiert hatte, wollte ich einen Kommentar von Sessions. Als die Abteilung für Öffentlichkeitsarbeit sich weigerte, ein Interview mit Sessions zu organisieren, um die Punkte zu besprechen, schlug Greenleaf, der stellvertretende FBI-Direktor vor, dass ich sie in einem Brief an Sessions auflisten solle.

In meinem Brief vom 24. Juni 1992 skizzierte ich viele der Amtsmissbräuche. Mit der Begründung, dass das FBI verpflichtet sei, seine Abteilung zur Untersuchung von Amtsmissbrauch über sämtliche konkreten Missbrauchsvorwürfe gegen hochrangige FBI-Beamte zu informieren, wurde mein Brief im Umfang von zehn Seiten, der einzeilig getippt war, an diese Abteilung weitergeleitet. Von dort ging der Brief offiziell an die Abteilung zur Untersuchung von Amtsmissbrauch im Justizministerium.

Kurz darauf erhielt der Justizminister William Barr einen weiteren anonym verfassten Brief, den angeblich ein FBI-Agent im Ruhestand geschrieben hatte. Der auf den 25. Juni 1992 datierte Brief konzentrierte sich auf Sessions Praxis, Privatreisen als Dienstreisen auszugeben. Da der Brief ein Datum trug, das auf den Tag folgte, an dem das FBI meinen Brief erhalten hatte, liegt es nahe, dass der anonyme Briefschreiber meinen Brief kannte.

Auf der Grundlage der beiden Briefe eröffnete die Abteilung zur Untersuchung von Amtsmissbrauch des Justizministeriums Ermittlungen zu Sessions Handlungen und erweiterte die Ermittlungen der entsprechenden FBI-Abteilung zu den Aktivitäten von Sarah Munford.

Nach eineinhalb Monaten entschied Sessions, mir einen positiven Bescheid auf meine Interviewanfrage zu geben. Als wir uns in seinem Besprechungszimmer trafen, erklärte der FBI-Direktor, er werde keine der Fragen aus meinem Brief beantworten. Stattdessen sagte er mir eine halbe Stunde lang gehörig die Meinung.

Sessions bemerkte, er habe mir Zugang zum FBI in noch nicht da gewesener Weise gewährt. Er habe sichergestellt, dass jeder mit mir zusammenarbeitete, und die üblichen Regeln außer Acht gelassen, die die Anwesenheit eines Mitarbeiters der Abteilung für Öffentlichkeitsarbeit bei Interviews verlangen. Er sagte, er habe gedacht, dass das Buch sich ausschließlich auf die großartige Arbeit des FBI konzentrieren werde. Er sagte, er sei „verletzt" und „enttäuscht", dass ich mich mit Personalangelegenheiten des FBI befassen würde, insbesondere mit Angelegenheiten, die seine Frau beträfen.

Wie vorherzusehen war, schaltete Alice Sessions sich mit ihrer eigenen Analyse ein. In einem Interview mit der *San Antonio Light* behauptete sie, dass Beweise erfunden worden seien und dass ihr Mann „aus einer Benommenheit aufwachte und begriff, dass man ihn übers Ohr gehauen hatte". Jemand brachte eine Kopie des Artikels an einem Schwarzen Brett in der FBI-Zentrale an – mit der Aufschrift „Alice im Wunderland".

Ob es nun einem Hang zur Selbstzerstörung entsprang oder einfach nur Selbstbetrug war – auf dem Höhepunkt der Ermittlungen zu seiner missbräuchlichen Verwendung von FBI-Flugzeugen flog Sessions am 27. November 1992 mit Alice in dem Sabreliner-Düsenflugzeug des FBI nach Atlantic City, um im Sands Hotel and Casino einer Aufführung des Bolschoi-Ballets beizuwohnen. Das Hotel eignete sich die Rechnung über 100 Dollar für die Eintrittskarten an.

Als dies im Januar 1993 herauskam, enthielt der Bericht der Abteilung zur Untersuchung von Amtsmissbrauch des Justizministeriums so viele zusätzliche Beispiele für Sessions Amtsmissbräuche und mangelndes Urteilsvermögen, dass es wie eine Bombe einschlug. Der 161 Seiten umfassende Bericht enthüllte, was die *New York Times* „eine scheinbar endlose Akte über Gaunereien und falsche Spesenabrechnungen" nannte.

Dem Bericht zufolge hatte Sessions nicht nur das FBI für den Zaun um sein Haus zahlen lassen, obwohl dieser der Sicherheit eher abträglich war, sondern er hatte auch Dienstreisen zum persönlichen Vorteil missbraucht, systematisch sein Security-Team für persönliche Besorgungen genutzt und seiner Frau einen FBI-Gebäudeausweis ausstellen lassen, ohne dass sie über die erforderliche Sicherheits-Unbedenklichkeitsbescheinigung verfügte.

Laut dem Bericht hatte Sessions während seiner Zeit als Direktor viermal zusammen mit seiner Frau das FBI-Flugzeug für Weihnachtsausflüge nach San Francisco genutzt, wo die gemeinsame Tochter lebte. In dem Versuch, den Ausflug als offizielle Dienstreise erscheinen zu lassen, ließen sie dort das FBI Vorwände dafür erfinden, dass sie den Ausflug auf Staatskosten gemacht hatten. Nachdem Alice Sessions an einem Frühstücksmeeting teilgenommen hatte, zu dem sie nicht eingeladen worden war, vertraute sie einem Agenten tatsächlich an, dass sie an dem Meeting teilnahm, um ihren Ausflug zu rechtfertigen.

Noch während der Abfassung des Berichts machte Sessions an Weihnachten 1992 einen ähnlichen Ausflug nach San Francisco. Bei einem anderen Ausflug ließ Sessions FBI-Agenten Brennholz für seinen Privatgebrauch in den FBI-Dienstwagen laden und es von Salisbury, Connecticut, nach Poughkeepsie, New York fahren. Von dort ließ er das Brennholz zurück nach Washington fliegen.

Der Bericht der Abteilung zur Untersuchung von Amtsmissbrauch kam zu folgendem Schluss: Die Fragen, die sich bei den internen Ermittlungen ergeben hätten, seien so schwerwiegend, dass der Präsident entscheiden solle, ob Sessions weiterhin im Amt bleiben könne. Auf Anordnung des Justizministers Barr musste Sessions dem Staat 9.890 Dollar für den Zaun um sein Anwesen erstatten, Steuern auf die geldwerten Vorteile seines Transports mit FBI-Dienstwägen zur Arbeit und wieder zurück zahlen, seine Hypothekendokumente der Abteilung zur Untersuchung von Amtsmissbrauch aushändigen sowie die Erstattungen von Reisekosten und Tagesspesen für Privatreisen an die Staatskasse zurückzahlen. Der Bericht der Abteilung zur Untersuchung von Amtsmissbrauch erschien einen Tag, bevor Bill Clinton Präsident wurde. Als man Clintons Sprecher George Stephanopoulus zu dem Bericht befragte, nannte er ihn „verstörend". In einem Leitartikel mit dem Titel „Die Zeit ist um für William Sessions" forderte die *New York Times* seine Entfernung aus dem Amt.

In Kommentaren gegenüber der Presse beschuldigte William Sessions alle außer sich selbst und startete eine beeindruckende Lobby-Kampagne. Er überzeugte die Zeitschrift *Washingtonian* davon, dass er das Opfer einer Verschwörung sei, an der unter anderem ich, die Hoover-Anhänger, bigotte FBI-Agenten, Michael Shaheen von der Abteilung zur Untersuchung von Amtsmissbrauch des Justizministeriums sowie Justizminister Barr beteiligt seien. Auf eine Anfrage nach einem Kommentar zu diesem Buch reagierte er nicht.

Sessions zeigte sich also als ein Rätsel, keineswegs als Kopie von Webster, der sich geradezu überschlug, um den Anschein von Ungehörigkeit zu vermeiden. Sessions agierte zwar als Cheerleader für das FBI, aber in Wahrheit misstraute er – ebenso wie seine Frau – dem FBI und verachtete seine Agenten.

Barr und andere Beamte des Justizministeriums und des FBI kamen zu dem Schluss, dass Sessions nur den Anschein erweckte, ein angenehmer Mann zu sein, tatsächlich aber arrogant war. Wie sonst hätte man sich Sessions Haltung erklären können, dass er den Regeln, die für alle anderen galten, nicht unterworfen sei?

Die Pattsituation, die sich im Hinblick auf Sessions und seine Zukunft ergeben hatte, lähmte alle anderen Aspekte der FBI-Tätigkeit – die Verwaltung, das Personalwesen, die Legislative und den Haushalt. Da die Kriminalität zunahm und der Bundeshaushalt knapper wurde, musste das FBI seine technischen Fertigkeiten verbessern. Monatelang stapelten sich entsprechende Vorschläge auf Sessions Schreibtisch.

Zweimal traf Sessions sich mit Janet Reno in einem vergeblichen Versuch, die Vorwürfe gegen ihn zu entkräften. Zweimal wies Reno Sessions' Bitten ab, das Flugzeug des Justizministeriums benutzen zu dürfen, um seinen Sohn in San Antonio und seine Tochter in San Francisco zu besuchen. Jedes Mal erfand Sessions dienstliche Gründe für die Ausflüge. Wie auch Bill Barr stöhnte Reno schon jedes Mal, wenn sie Sessions Namen hörte.

„Ich wusste, ich wäre besser in Miami geblieben" bemerkte sie einmal, als sie von Sessions neuestem Amtsmissbrauch erfuhr, und sie sagte, er habe „sich das alles selbst eingebrockt".

Nachdem Reno am 6. April 1993 eine Rede im Hof des Justizministeriums gehalten hatte, ging Sessions auf sie zu und hoffte offenbar, mit ihr sprechen zu können. Sie beachtete ihn jedoch nicht und ging in die andere Richtung. Schließlich bat Reno ihn, sich mit ihr am Samstagmorgen, am 17. Juli 1993, im Justizministerium zu treffen. In Anwesenheit des Regierungsberaters Bernard Nussbaum teilte sie Sessions mit, dass Präsident Clinton ihn feuern würde, wenn er nicht selbst am Montag sein Amt niederlegen würde.

Als Sessions von dem Treffen mit Reno kam, stolperte er über eine Bordsteinkante vor dem Justizministerium, wobei die Kameras der Fernseh- und Zeitungsreporter auf ihn gerichtet waren. Er brach sich den Ellbogen.

Nachdem er den Abend im Krankenhaus zugebracht hatte, erschien er vor seinem Haus. Trotzig teilte er den Reportern mit, dass er „aus Prinzip" nicht von seinem Amt zurücktreten werde. Es war nicht klar, welches Prinzip er damit hochhielt – abgesehen davon, dass er seinen Eigennutz verfolgte. Indem er Clintons Wunsch ignorierte, in Würde abzutreten, stürzte er das FBI in Turbulenzen, als er sinnloserweise darum kämpfte, seinen Job zu behalten.

Am Montag machte Clinton die Ankündigung, die er bereits sechs Monate zuvor hätte machen sollen. Im Besprechungszimmer des Weißen Hauses sagte der Präsident, er habe mit Sessions telefoniert, um ihn von seiner Amtsenthebung in Kenntnis zu setzen. Reno, die mit Clinton im Weißen Haus erschien, sagte, sie sei zu dem Schluss gekommen, dass Sessions den Tatsachen zufolge, die in dem Bericht der Abteilung zur Untersuchung von Amtsmissbrauch enthalten seien, „einen schweren Mangel an Urteilsvermögen" gezeigt habe.

Schließlich lief es auf die Frage hinaus, ob Sessions die FBI-Zentrale freiwillig verlassen würde oder ob er von FBI-Agenten hinausgeführt werden müsste. Um sicherzustellen, dass er die Nachricht verstehen würde, wenn Clinton ihn um 15.50 Uhr anrufen würde, um ihn zu entlassen, traf Philip Heymann, der stellvertretende Justizminister, sich mit Sessions in dessen Büro, um ihn im Hinblick auf den bevorstehenden Anruf vorzuwarnen.

Heymann erklärte Sessions, wie die Vorgehensweise wäre. Wie jeder entlassene Agent müsste der Direktor seinen FBI-Ausweis und seine Dienstmarke zurückgeben und dürfte nur sein persönliches Hab und Gut aus dem Büro mitnehmen. Unterdessen faxte Clinton Sessions ein Kündigungsschreiben. Doch Sessions war um 15.59 Uhr immer noch in seinem Büro. Clinton rief ihn ein zweites Mal an, und sagte ihm dieses Mal, dass seine Kündigung „sofortige" Wirkung habe.

Schließlich hatte Sessions verstanden. Wie angewiesen, händigte er Heymann seinen FBI-Ausweis aus. Da er nun als Besucher betrachtet wurde, musste er von seinem Security-Team durch die Flure begleitet werden. Er gab in der Zentrale eine letzte Pressekonferenz. Er sagte, er sei das Opfer „skurriler Angriffe", und gelobte, auch weiterhin „in entschiedener Weise darüber zu sprechen, dass es [das FBI] sowohl vor Manipulationen als auch vor politischer Einflussnahme von innen wie von außen geschützt werden müsse".

Um sechs Uhr verließ Sessions die FBI-Zentrale. Zum letzten Mal wurde er von seinem Security-Team nach Hause chauffiert. Es war das erste Mal, dass ein FBI-Direktor gefeuert worden war.

Im FBI herrschte Jubel, allerdings getrübt von Kummer darüber, dass die Ereignisse eine so tragische Wendung genommen hatten. Darlene Fitzsimmons, Sessions Sekretärin, fing an zu schluchzen.

„Sessions ist ein sehr netter Mann, aber er wurde von Sarah Munford und seiner Frau an der Nase herumgeführt", erzählte sie mir.

Andere Sekretärinnen in der Mahagoni-Flucht machten eine Flasche Champagner auf.

13

DIE HINTERGRÜNDE VON VINCE FOSTERS SUIZID

EINEN TAG NACHDEM WILLIAM SESSIONS ALS DIREKTOR entlassen worden war, fuhr ein Mann seinen weißen Lieferwagen auf den Parkplatz im Fort Marcy Park am Potomac River in der Region Nord-Virginia, um einen Platz zum Wasser lassen zu suchen. Als er kurz vor 18.00 Uhr durch den Wald ging, entdeckte er eine Leiche. Er berichtete es zwei Angestellten des U.S. Park Service, die den Notruf wählten.

Am 20. Juli 1993 um 18.10 Uhr fanden die U.S. Park Police und Mitarbeiter des Rettungsdienstes die Leiche von Vincent W. Foster Jr., des stellvertretenden Rechtsberaters des Weißen Hauses. In seiner rechten Hand hatte er einen .38-Kaliber-Revolver, und es waren an dieser Hand Schmauchspuren zu sehen. An seinem Hinterkopf befand sich eine Schussverletzung. Es gab keine Anzeichen dafür, dass ein Kampf stattgefunden hatte.

Eine Autopsie ergab, dass Foster an einem Schuss gestorben war, der durch den hinteren Bereich seines Mundes ging, wobei die Kugel am Hinterkopf austrat. Die Polizei erfuhr, dass Foster einen Tag vor seinem Tod den Hausarzt angerufen hatte, um sich ein Antidepressivum verordnen zu lassen. Vier Tage vor seinem Tod hatte er zu seiner Schwester Sheila gesagt, dass er an Depressionen leide, und sie hatte ihm die Namen von drei Psychiatern mitgeteilt. Er hatte jedoch Bedenken geäußert, dass ihm die Sicherheits-Unbedenklichkeitsbescheinigung entzogen werden könnte, wenn er einen Therapeuten aufsuchte.

Obwohl die U.S. Park Police und die Autopsie zu dem Schluss kamen, dass Foster Selbstmord begangen hatte, wurden zwangsläufig Fragen gestellt. Einige behaupteten, dass Foster ermordet worden sei und seine Leiche zum Park gebracht worden sei, um den Tatort zu verschleiern. Zwar kann Suizid nicht rational erklärt werden, aber die Ermittlungen konnten, soweit öffentlich darüber berichtet wurde, auch nie einen möglichen Auslöser für Fosters Entscheidung feststellen, sich zu diesem bestimmten Zeitpunkt das Leben zu nehmen.

Als Teil seiner umfassenderen Ermittlungen zu den Anschuldigungen im Zusammenhang mit Bill und Hillary Clintons Investitionen in das Immobilienentwicklungsunternehmen Whitewater untersuchte der unabhängige Berater Kenneth W. Starr auch Fosters Tod. Ein Grund dafür bestand darin, dass Dokumente mit Bezug zu Whitewater sich in Fosters Büro befanden. Starr beauftragte aktuell tätige und ehemalige FBI-Agenten, Interviews mit den Personen zu führen, die mit Foster zu tun hatten, sowohl im Weißen Haus als auch in Little Rock.

Der ehemalige FBI-Agent Coy Copeland war der leitende Ermittler, der die Berichte der anderen Agenten las. Laut Copeland wurde es nie öffentlich gemacht, dass die Agenten Folgendes erfahren hatten: Eine Woche vor Fosters Tod hielten er und Hillary Clinton – er war ihr Mentor in der Rechtsanwaltskanzlei Rose in Little Rock gewesen – ein Meeting zusammen mit anderen Beratern des Weißen Hauses ab, um die Gesetzgebung zur medizinischen Versorgung durchzusprechen, die sie vorschlug. Copeland zufolge hatten die bei dem Meeting anwesenden Personen den für Starr arbeitenden FBI-Agenten gesagt, dass Hillary rechtlichen Einwänden, die Foster bei dem Meeting erhoben habe, heftig widersprochen und ihn vor den Beratern gedemütigt habe.

„Hillary hat ihn bei einem ziemlich großen Meeting richtig übel heruntergemacht", sagt Copeland. „Sie sagte zu ihm, er habe keine Ahnung, und er werde immer ein kleiner Provinzanwalt bleiben, der offensichtlich für die große Zeit nicht bereit sei."

Auf der Grundlage dessen, was „Dutzende" andere, die nach dem Meeting Kontakt mit Foster hatten, den Agenten erzählten, sagt Copeland: „Die Herabsetzung, die er in diesem großen Meeting durch sie erfahren hatte, hatte ihn zum Äußersten getrieben. Es war der letzte Tropfen gewesen, der das Fass zum Überlaufen gebracht hatte."

Nach dem Meeting änderte Fosters Verhalten sich dramatisch. Diejenigen, die ihn kannten, sagten, dass seine Stimme angespannt geklungen habe, dass er sich zurückgezogen habe und geistesabwesend gewesen sei und dass er seinen Humor verloren habe. Zuweilen brach Foster in Tränen aus. Er sprach davon, in der Falle zu sein.

Am Dienstag, dem 13. Juli, brach Foster, während er mit seiner Frau Lisa zu Abend aß, zusammen und fing an zu weinen. Er sagte, dass er es in Betracht zöge, zu kündigen.

An diesem Wochenende fuhren Foster und seine Frau zum Eastern Shore of Maryland, wo sie ihre Freunde Michael Cardoza und Webster Hubbell und deren Frauen trafen.

„Sie spielten Tennis, sie schwammen und sie sagten, er sei in einem Gartenstuhl gesessen, sei einfach nur in einem Gartenstuhl gesessen“, sagt Copeland. „Sie sagten, das sei einfach nicht Vince gewesen. Er spielte gerne Tennis und war sonst immer kontaktfreudig, aber dieses Mal saß er nur allein in der Ecke und starrte in die Luft mit einem Buch in der Hand.“ Zwei Tage später verließ Foster um 13.10 Uhr den Parkplatz des Weißen Hauses. Die genaue Zeit, zu der er sich erschoss, konnte nicht bestimmt werden. Nachdem die Park Police seine Leiche gefunden hatte, benachrichtigte sie den U.S. Secret Service um 20.30 Uhr.

„Ich denke, er hatte an diesem Wochenende ziemlich viel darüber nachgedacht, was er tun sollte“, sagt Copeland.

Bei der Veröffentlichung seines 114-seitigen Berichts war Starr detailliert auf eine Reihe von Problemen eingegangen, die Foster quälten, darunter kritische Leitartikel des *Wall Street Journal* und bevorstehende Kongressanhörungen über Entlassungen von Mitarbeitern des White House Travel Office[1].

Als Perfektionist hatte Foster ungeheure Ansprüche an sich selbst. In den Tagen und Wochen vor seinem Tod hatte er geschrieben, dass „er nicht für den Job beziehungsweise das Rampenlicht des öffentlichen Lebens in Washington gemacht war. Hier wird es als Sport betrachtet, andere Leute zu ruinieren.“

„Ich habe nie zuvor in meinem Leben so hart gearbeitet“, schrieb Foster am 4. März an einen Freund. „Die Rechtsfragen sind irrsinnig und der Zeitdruck ist enorm. Stress, finanzielle Opfer und eine zerrüttete Familie sind der Preis für eine Tätigkeit im öffentlichen Dienst auf dieser Stufe. Wie es so schön heißt: ‚Je höher du aufsteigst, desto rauer weht der Wind.‘“

1) Amt im Weißen Haus, das für die Organisation der Reisen des Pressekorps des Weißen Hauses zuständig ist.

In Starrs Bericht wurde dargelegt, wie das FBI sich sogar mit den bizarrsten Theorien über Fosters Tod auseinandersetzte und ausgedehnte ballistische Tests durchführte, die die Behauptungen widerlegten, dass Foster keinen Suizid begangen habe. Starr beauftragte Dr. Brian D. Blackbourne, einen forensischen Pathologen, der der Gerichtsmediziner für San Diego County, Kalifornien, ist, den Fall zu prüfen. Er kam zu der Schlussfolgerung, dass „Vincent Foster am 20. Juli 1993 in Ft. Marcy Park Selbstmord begangen hatte, indem er einen 38.-Kaliber-Revolver in seinen Mund gesteckt und den Abzug gezogen hatte. Er starb von eigener Hand."

Starr beauftragte auch Dr. Henry C. Lee, einen Experten für Sachbeweise und Tatortrekonstruktion, der damals Direktor des Connecticut State Police Forensic Science Laboratory war. Er berichtete, dass „nach sorgfältiger Prüfung der Tatortfotografien und Berichte sowie einer erneuten Prüfung der Sachbeweise die Daten darauf hinweisen, dass der Tod von Herrn Vincent W. Foster Jr. infolge von Suizid eingetreten ist. Der Fundort von Herrn Fosters Leiche stimmt mit dem Tatort [also mit dem Ort, an dem er Selbstmord beging] überein."

Starr erwähnte in seinem Bericht jedoch an keiner Stelle weder das Meeting, in dem Hillary vor den anderen Beratern Foster gedemütigt hatte, noch seine Wesensveränderung danach. Diese Erkenntnisse sind in den Befragungsberichten der Agenten enthalten, und zwar laut Aussage von David Paynter, des Archivars, der die Berichte liest, wenn er sie katalogisiert und sie gemäß dem Akteneinsichtsrecht im Nationalarchiv öffentlich zugänglich macht. Allerdings fehlen diese Berichte nun in den entsprechenden Akten im Archiv.

Starr hat Copeland nie gesagt, warum er sich dazu entschloss, dieses Material aus seinem Bericht auszuklammern, und Copeland kann über seine Gründe nur spekulieren.

„Starr war ein sehr ehrenwerter Typ, und Dinge, die nicht zu unseren genehmigten Ermittlungen gehörten, wollte er nicht verfolgen“, sagt Copeland. „Und ich denke, dass er meinte, Hillarys Persönlichkeit und ihr Umgang mit Mitarbeitern im Weißen Haus seien irrelevant für unsere Ermittlungen.“

Natürlich kann es sein, dass Foster auch davon unabhängig vielleicht Selbstmord begangen hätte. Doch aufgrund der FBI-Ermittlungen muss man davon ausgehen, dass diese Episode eine Woche vor seinem Suizid seine Entscheidung, sich das Leben zu nehmen, ausgelöst hat. Auf die Frage, warum er es aus seinem Bericht ausgeklammert habe, antwortete Starr nicht.

Als Antwort auf eine Anfrage nach einem Kommentar an die Außenministerin Hillary Clinton sagte Philippe Reines, der leitende Berater der Außenministerin und stellvertretende Außenminister, dass sie sich auf „die Probleme der Welt“ konzentriere und ihre Berater „ihr sinnlose Ablenkungen wie Ihre fantastischen Anschuldigungen ersparen“. Daher „werden wir ihr diese weder mitteilen noch für Sie kommentieren lassen“.

Starrs Ermittler befragten Hillary nie, da das Weiße Haus dies mit Verweis auf ihre Immunität ablehnte. Doch „einer unserer Agenten bekam mit voller Wucht einen ihrer Wutausbrüche ab“, sagt Copeland. Als er eine Gerichtsvorladung im Eisenhower Executive Office Building neben dem Weißen Haus zustellte, machte der FBI-Agent den Fehler, Hillary zu begrüßen, als sie an ihm vorbeiging.

„Er wagte es, sie im Flur anzusprechen“, sagt Copeland. „Sie hatte eine feste Regel, dass niemand sie ansprechen durfte, wenn sie im Gebäude unterwegs war. Tatsächlich ging jeder, der sie kommen sah, in das nächste Büro.“ Aber der Agent „kannte die Grundregeln nicht“, sagt Copeland. „Als er gerade ging, kam sie aus dem Aufzug und näherte sich ihm“, sagt Copeland.

„Guten Morgen, Mrs. Clinton", sagte der Agent.

„Sie ging richtig auf ihn los", sagt Copeland. „‚Was fällt Ihnen ein? Ihr macht einfach meinen Mann kaputt.' Es war dieses riesige Gezeter über eine rechte Verschwörung. Dann musste sie noch etwas anfügen in der Art ‚Und wo kaufen Sie Ihre Anzüge? Bei Penneys?'"

Der Agent erzählte wochenlang niemandem von der Begegnung.

„Schließlich erzählte er mir davon", sagt Copeland. „Und er sagte: ‚Ich habe den besten Anzug getragen, den ich besitze.'"

14

FBI-AGENT IM AUSSENDIENST

NACHDEM DIE FBI-AGENTEN WILLIAM SESSIONS AMTSMISSbräuche erlebt hatten, waren sie hocherfreut, als Präsident Clinton am 20. Juli 1993 Louis J. Freeh als Direktor nominierte. Freeh, ein Bundesrichter und ehemaliger Bundesanwalt, hatte seine Karriere als FBI-Agent begonnen. Die Agenten dachten, sie hätten nun endlich einen Direktor, der etwas von ihrer Arbeit verstünde und das FBI effizient leiten könne.

Anders als Sessions, der sich selbst als „Ihr Direktor" bezeichnete, bestand Freeh darauf, mit seinem Vornamen angesprochen zu werden. Freeh pflegte zwar einen engen Kontakt mit den Agenten im Außendienst und machte Schluss mit den Vergünstigungen, die Sessions so liebte, aber er brachte auch seine persönlichen Eigenarten in die Arbeit mit ein. Freehs Ermittlungskonzept war auf das beschränkt, was er zehn Jahre zuvor als Agent getan hatte – an

Türen klopfen und Leute befragen. Er verstand nicht, dass die Technik bei der Polizeiarbeit ein entscheidender Faktor geworden war. Computer und E-Mail hielt er für überflüssig.

Weldon L. Kennedy, den Freeh zum stellvertretenden Direktor der Verwaltungsabteilung ernannte, erinnerte sich daran, dass Freeh einen Computer auf dem Buffet hinter seinem Schreibtisch stehen hatte.

„Ich habe nie gesehen, dass er ihn benutzt hat oder dass er eingeschaltet war", sagt Kennedy.

Als Freeh kurz vor dem 11. September 2001 das FBI verließ, waren die Computer des FBI so veraltet, dass niemand sie auch nur als Spende für eine Kirche akzeptiert hätte. Die Computer hatten noch keinen Pentium-Prozessor, man konnte keine aktuelle Software mit ihnen nutzen, keine CD-ROMs lesen und nicht einmal mit einer Maus an ihnen arbeiten. Das interne E-Mail-System des FBI war so langsam, dass die Agenten stattdessen ihre privaten E-Mail-Adressen benutzten. Mit dem FBI-System war es nicht möglich, E-Mails nach außen zu versenden. Dank Mitteln des Justizministeriums war die örtliche Polizei oft mit sehr viel besserer Technik ausgestattet als das FBI. Da nur wenige FBI-Computer Grafiken anzeigen konnten, baten die Agenten die örtlichen Polizeibehörden darum, ihnen Fotos von Verdächtigen per E-Mail an ihre privaten Computer nach Hause zu schicken.

Von den Agenten wurde erwartet, dass sie als ihre Hauptcomputer ein sogenanntes Automatisches Fallunterstützungssystem[1] nutzten. Es war Mitte der 1990er-Jahre entwickelt worden, nutzte aber noch Technologie der 1980er-Jahre. Man konnte damit keine Verbindung zum Internet aufnehmen und man konnte keine Maus benutzen. Das System war so langsam und nutzlos, dass

1) Automated Case Support System.

das FBI allein für die Ermittlungen 42 zusätzliche Einzelsysteme entwickelt hatte, welche die Agenten anstelle des Hauptsystems benutzten. Jedes dieser Zusatzsysteme musste überprüft werden, um sicherzustellen, dass man alle Hinweise auf einen Verdächtigen bekommen hatte.

Agenten im Außendienst, besonders diejenigen aus New York, betrachten die FBI-Verwaltung oft als ihren Feind. Freeh hat diese Einstellung nie verloren. Sogar wenn er selbst eine Führungskraft befördert hatte, betrachtete er diesen Beamten als Bedrohung seiner eigenen Autorität und behandelte ihn misstrauisch und feindselig.

„Freeh lähmte die Entscheidungsfreude der leitenden Spezialagenten, denn sie fürchteten die Auswirkungen", sagt Anthony E. Daniels, den Freeh zum stellvertretenden FBI-Direktor der Washingtoner Außenstelle ernannte. „Sie hatten Angst vor ihm. Freeh verachtete die Verwaltung."

„Freeh sagte, er wolle, dass alles offen ausgesprochen werde. Dem Ersten, der sich ihm gegenüber offen äußerte, riss er aber den Kopf ab. Wenn ein Agent ihm schlechte Nachrichten brachte, ließ er es den Überbringer der Nachricht büßen und ekelte ihn aus dem Job hinaus", sagt Weldon Kennedy.

Trotz all seiner Fehler hatte Hoover die Bedeutung der Presse verstanden. Sie konnte die Macht des FBI stärken, indem sie ein – wenn auch geschöntes – Bild von seinen Agenten als tollen Helden zeichnete. Wenn die Leute an das FBI glaubten, dann waren sie eher bereit, mit den Agenten zu kooperieren. Unter Webster gehörte es zur Schulung der leitenden Spezialagenten, Pressekonferenzen zur Probe abzuhalten. Da Freeh nur knapp sechs Jahre als Agent gearbeitet hatte, hatte er mit der Pressearbeit des FBI nie etwas zu tun gehabt. Er betrachtete das FBI als einen Arm der Strafverfolgung – dessen Vertreter normalerweise nur bei formellen

Pressekonferenzen mit den Medien sprechen –, weniger als eine amerikanische Institution, die der Öffentlichkeit Rechenschaft schuldet.

Herkömmlicherweise hatte das FBI es Reportern gestattet, Agenten über Fälle zu interviewen, bei denen es zu Verurteilungen gekommen war. Doch Freeh entschied, dass über Fälle nicht diskutiert werden sollte, solange nicht alle Berufungsmöglichkeiten erschöpft waren – ein Prozess, der oft jahrzehntelang dauerte. Das bedeutete, dass fast keine FBI-Fälle besprochen werden konnten.

Unter Freeh wurden selbst positive Sonderberichte über das Profiling-Programm und andere FBI-Erfolge verhindert. Da Freeh es der Presseabteilung nicht erlaubte, die Sichtweise des FBI darzulegen, erschienen negative Berichte ohne die Sichtweise des FBI.

Diese Strategie war besonders schädlich, als es zu den zunehmend heftigen Vorwürfen hinsichtlich der FBI-Beteiligung sowohl in Ruby Ridge als auch in Waco kam. Obwohl beides unter William Sessions stattgefunden hatte, war Freeh Direktor, als die Ereignisse politisch brisant wurden. Anstatt das FBI falsche Behauptungen korrigieren und die Vorfälle in einen Zusammenhang stellen zu lassen, berief Freeh mit großem Tara Pressekonferenzen ein oder gab Stellungnahmen ab, in denen er bedauerte, was geschehen war, und Disziplinarmaßnahmen ankündigte. Dadurch kam er selbst gut weg, jedoch auf Kosten des FBI.

„Wir mussten auf diese merkwürdigen Anschuldigungen reagieren und schnell die Fakten öffentlich machen", sagt Bob Ricks, einer der leitenden Spezialagenten, der beim Einsatz in Waco beteiligt war. „Selbst wenn man uns als Mörder bezeichnete, wurde von uns erwartet, dass wir nur dasaßen und lächelten", sagt er. „Ich hatte es nie zuvor erlebt, dass das FBI sich in einer solchen Lage befand. Niemand war bereit, das FBI zu verteidigen, da diese Probleme nicht entstanden waren, als Freeh im Amt war."

Als Teil seines Kreuzzugs gegen die FBI-Zentrale begann Freeh damit, erfahrenes Personal in der Zentrale abzubauen und es in die Außenstellen zu schicken. Er bezeichnete diese Mitarbeiter als „Drohnen". Weldon Kennedy warnte Freeh, dass das FBI zur Überwachung von Fällen erfahrene Leute verfügbar halten müsse. Kennedy sah sich veranlasst, einzuschreiten, als Freeh einen Agenten aus dem Labor, der der weltweit beste Experte für Schuh- und Reifenspuren war, in die Außenstelle von Jacksonville versetzen wollte, wo er das Vorleben von Verdächtigen überprüfen sollte.

Auch John W. Hicks, der stellvertretende Direktor, der das Labor leitete, warnte Freeh entschieden im Hinblick auf den Personalabbau, indem er sagte, dass die Qualität der Arbeit leiden und der Arbeitsrückstand sich vergrößern würde, wenn Freeh seinen Plan weiterverfolgte, die Hälfte der 130 Agenten, die als Laboranalysten arbeiteten, in die Außenstellen zu schicken. Es war dumm, Ballistik- oder Sprengstoffexperten mit jahrzehntelanger Erfahrung in den Außendienst zu versetzen. Doch Freehs Abneigung gegen die Zentrale hielt unvermindert an. Als Freeh ihn nicht beachtete, kündigte Hicks seine Stelle beim FBI.

Da Freeh wollte, dass die erfahrensten Agenten aus der Zentrale in die Außenstellen versetzt wurden, fehlten nun erfahrene Vorgesetzte bei der Spionageabwehr gegen China. Als Folge davon war niemand in der Lage, die Ermittlungen gegen Wen Ho Lee zu leiten, einen aus Taiwan stammenden Wissenschaftler im Los Alamos National Lab, der verdächtigt wurde, vertrauliche Informationen an China weiterzugeben. Aufgrund einer Reihe von Fehlentscheidungen verpfuschte das FBI die Ermittlungen.

„Da Freeh keine Beweise für einen klassischen Spionagefall hatte, stellte er dies als einen verheerenden Fall dar und versuchte, den Mangel an Beweisen zu vertuschen, indem er eine Anklage mit 59 Punkten vorbrachte, in der vage und unerträgliche

Anschuldigungen erhoben wurden", sagt der ehemalige Spionageankläger John Martin.

Bei Lees Kautionsanhörung im Dezember 1999 überzeugte die Staatsanwaltschaft einen Richter, dass Lee aufgrund seiner Gefährlichkeit ohne die Möglichkeit, auf Kaution freizukommen, eingesperrt werden müsse. Lee verbrachte neun Monate unter restriktiven Bedingungen. Es brannte kontinuierlich ein kleines Licht in seiner Zelle, sodass er beobachtet werden konnte. Während seines täglichen einstündigen Trainings musste er Fußfesseln tragen.

Um zu zeigen, wie hinterlistig Lee angeblich war, sagte Robert Messemer, ein neuer Agent, der an dem Fall arbeitete, bei der Kautionsanhörung, dass Lee einem Kollegen gesagt habe, er wolle seinen Computer leihen, um einen „Lebenslauf" herunterzuladen. Messemer sagte aus, dass Lee den Computer in Wahrheit geliehen habe, um geheime Dateien herunterzuladen.

Während des Ermittlungsverfahrens stellte die Verteidigung fest, dass Messemer eine Falschaussage gemacht hatte. Lees Kollege hatte gegenüber dem FBI nie ausgesagt, dass Lee gesagt habe, er wolle einen Lebenslauf herunterladen. Lee hatte dem Kollegen die Wahrheit gesagt – dass er den Computer benötigte, um Dateien herunterzuladen. Bei einer weiteren Kautionsanhörung am 17. August 2000 behauptete Messemer, einen unbeabsichtigten Fehler gemacht zu haben. Das Eingeständnis war verheerend.

Allein im Jahr 1985 hatte das FBI unter Webster 11 wichtige Spione verhaftet, ohne dass auch nur einmal behauptet worden war, es seien Rechte verletzt worden oder das FBI habe unlauter gehandelt. Weder Webster noch Martin, der Spionagechefankläger des Justizministeriums hätten gebilligt, was Martin als eine offensichtlich fehlerhafte Anklage aufgrund von Mangel an Beweisen bezeichnete. Empört darüber, dass er „von der Exekutive unseres Staates irregeführt" worden war, entließ Richter James A. Parker den 61-jährigen Lee am 13. September 2000 aus der Haft. Der Richter sagte, seine Verhaftung sei „beschämend für die ganze Nation und jeden einzelnen Bürger". Man hörte ein Schluchzen von Lees Freunden und seiner Familie.

Lee bekannte sich eines einzigen Schwerverbrechens schuldig und gab zu, dass er illegal Daten, die für die nationale Sicherheit relevant waren, gesammelt und zurückgehalten hatte. Er war mit einer Haftstrafe einverstanden sowie mit einer 60-stündigen Befragung, bei der er unter Eid aussagen musste.

Freeh war auch für die Probleme im Richard-Jewell-Fall verantwortlich. Als am 27. Juli 1996 während der Olympischen Spiele im Centennial Olympic Park in Atlanta eine Rohrbombe explodierte, fing das FBI an, sich für Jewell zu interessieren, einen Wachmann, der kurz vor ein Uhr morgens die Polizei wegen eines verdächtigen grünen Rucksacks gewarnt hatte. Jewell erschien im Fernsehen und beschrieb, wie er versucht hatte, bei der Evakuierung des Gebietes nach dem Bombenanschlag zu helfen, bei dem es zwei Tote und 111 Verletzte gab.

Drei Tage später veröffentlichte die *Atlanta Journal-Constitution* unter Berufung auf ungenannte Quellen einen Bericht, in dem es hieß, dass Jewell ein Verdächtiger in den FBI-Ermittlungen sei. Der Bericht wies darauf hin, dass diejenigen, die sich am Tatort als Helden darstellen würden, manchmal die Täter seien.

Wegen des Berichts entschied das FBI, seinen Zeitplan für die Befragung Jewells zu beschleunigen. An diesem Nachmittag fuhren die Agenten Don Johnson und Diader Rosario zu Jewells Wohnung und fragten ihn, ob er in die Außenstelle mitkäme. Wenn Jewell die Fragen der Agenten zu deren Zufriedenheit klären könnte, wollten sie ihn nicht weiter behelligen.

Jewell war einverstanden und folgte den Agenten mit seinem Auto in die Außenstelle. Die Befragung dauerte bereits eineinviertel

Stunden und die Agenten gingen noch immer Jewells Vorleben mit ihm durch, als Freeh gerade David W. „Woody“ Johnson Jr., den leitenden Spezialagenten des FBI in Atlanta anrief. Johnson war in seinem Büro auf demselben Flur, wo sich auch der Raum befand, in dem Jewell befragt wurde. Bei ihm waren andere leitende Spezialagenten sowie der Staatsanwalt Kent B. Alexander.

Freeh sagte zu den Agenten, sie sollten Jewell seine Rechte vorlesen. Jeder Agent, der frisch aus der FBI-Akademie in Quantico kommt, weiß, dass gemäß einer langen Reihe von Gerichtsentscheiden ein Verdächtiger über sein Aussageverweigerungsrecht belehrt werden muss, wenn er sich in Gewahrsam befindet oder verhaftet werden soll. In Jewells Fall traf keines von beidem zu.

Johnson wies Freeh darauf hin, und Alexander sagte über die Freisprecheinrichtung zu Freeh, dass er Johnson zustimme. Doch der Direktor blieb eisern.

Woody Johnson ging den Flur entlang und holte die beiden Agenten aus dem Zimmer, die Jewell gerade erfolgreich befragten, und übermittelte ihnen Freehs Anweisungen. Die Agenten gingen wieder zurück in den Besprechungsraum und belehrten Jewell über seine Rechte. Jewell sagte, er wolle einen Anwalt anrufen, und damit war die Befragung beendet.

„Wenn wir mit Jewell hätten fortfahren können, hätten wir das, was er uns erzählte, bestätigen und ihn schneller entlasten können“, sagt Woody Johnson.

Drei Monate später wurde Jewell vom FBI entlastet, was sofort hätte geschehen können, wenn Freeh nicht eingeschritten wäre. In der Zwischenzeit war Jewells Ruf schwer beschädigt worden. Schließlich wurde das Bombenattentat Eric Robert Rudolph, einem flüchtigen Gefangenen, zur Last gelegt.

Als Eugene F. Glenn, der Leiter der FBI-Außenstelle in Salt Lake City, sich beschwerte, dass die FBI-Ermittlungen bezüglich des Ruby-Ridge-Fiaskos auf eine Vertuschung hinausliefen, antwortete Freehs Justiziar Howard M. Shapiro, dass solche Anschuldigungen „absolut unverantwortlich und destruktiv gegenüber dem FBI“ seien. Das war die Mentalität, die unter J. Edgar Hoover das FBI beherrscht hatte.

Freehs einziger positiver Beitrag bestand darin, dass er die FBI-Präsenz in Übersee ausbaute. Nachdem Freeh einen großen FBI-Mafia-Fall verfolgt hatte, dessen Protagonisten als „Pizza Connection“ bezeichnet wurden, erkannte er die weltweiten Verflechtungen des organisierten Verbrechens. Als Freeh aufhörte, hatte das FBI 44 Außenstellen in Übersee. Diese Legat Offices, die einem sogenannten FBI-Attaché für Rechtsfragen unterstehen, reichen von Moskau und Panama City bis Nairobi und Islamabad. Bei Freehs Amtsantritt als FBI-Direktor hatte es nur 20 davon gegeben. Mittlerweile gibt es 75 Legat Offices oder Unterbüros von Legat Offices. Freeh trieb die Expansion voran, obwohl dies bei einigen FBI-Funktionären, welche die Notwendigkeit einer stärkeren Präsenz in Übersee nicht sahen, auf Ablehnung stieß.

Doch aufgrund von Freehs enormen Fehltritten schien es, dass das FBI, das Hoover so liebvoll aufgebaut hatte, sich selbst zerstörte. Beinahe alle sechs Monate gab es ein neues Debakel. Indem er in Bereichen, wo er wenig Ahnung hatte, seinen Willen durchsetzte, störte Freeh die normalen, durchdachten Prozesse innerhalb des FBI. Ihm ging es darum, dass er kurzfristig nach außen hin einen guten Eindruck machte. Langfristig wurden durch diese Vorgehensweise jedoch die Glaubwürdigkeit und der Ruf des FBI beschädigt, und sie hatte weitaus katastrophalere Auswirkungen auf das FBI als Sessions’ Amtsmissbräuche.

15

DIE JAGD AUF HANSSEN

IN DEM FILM „ENTTARNT – VERRAT AUF HÖCHSTER EBENE“ erzählt ein FBI-Vorgesetzter Ryan Philippe, der die Rolle des jungen FBI-Agenten Eric O‘Neill spielt: „Das war der schlimmste Spion in der amerikanischen Geschichte, den du gerade erledigt hast.“

Die wahre Geschichte, wie das FBI Robert Hanssen enttarnte, den Agenten, der das FBI als Spion unterwanderte, war jedoch ganz anders und wurde nie zuvor veröffentlicht.

Seit 1986 hatte das FBI versucht, einen Maulwurf im US-Geheimdienst zu enttarnen. Nachdem ein amerikanischer Spion nach dem anderen verhaftet und vom KGB hingerichtet worden war, waren sowohl das FBI als auch die CIA zu der Überzeugung gelangt, dass das KGB einen hochrangigen Informanten hatte, dessen Enthüllungen zu Enttarnungen amerikanischer Agenten führten.

Die Verhaftung des CIA-Offiziers Aldrich Ames im Jahr 1994 erklärte viele der Enttarnungen. Ihm wird der Tod von mindestens neun US-Agenten in der Sowjetunion sowie der Verrat von amerikanischen Gegenspionagemethoden zur Last gelegt. Doch einige der Enttarnungen blieben rätselhaft. Der Verdacht, dass ein weiterer Spion amerikanische Agenten verriet, wurde zur Gewissheit, nachdem das FBI zu untersuchen begann, ob der amerikanische Diplomat Felix Bloch für die Sowjets arbeitete.

Als langjähriger Angestellter des Außenministeriums war Bloch bis 1987 stellvertretender Botschafter in Wien. Französische Spionageabwehragenten, die den KGB-Offizier Reino Gikman observierten, fotografierten diesen in Paris, als er am 14. Mai 1989 mit Bloch in der Bar des Hôtel Meurice in der Rue de Rivoli etwas trank. Nachdem sie ihre Whiskeys hinuntergekippt hatten, aßen Bloch und Gikman in dem mit dunklem Holz getäfelten Hotelrestaurant zu Abend. Als sie fertig waren, ging Gikman mit einer schwarzen Reisetasche weg, die Bloch unter dem Tisch gelassen hatte. Am 28. Mai trafen sie sich wieder in Brüssel. Unterdessen informierten die französischen Geheimdienstbehörden das FBI über die Treffen.

Am 22. Juni rief ein Mann Bloch an und sagte, er rufe im Auftrag von Pierre an – der Codename, den Gikman gegenüber Bloch benutzte. In dem abgehörten Gespräch teilte der Mann Bloch auf rätselhafte Weise mit, dass Pierre sich in der nächsten Zukunft nicht mit ihm treffen könne, da er krank sei. „Man vermutet eine ansteckende Krankheit", sagte er. „Ich mache mir Sorgen um Sie. Sie müssen auf sich aufpassen." Die Warnung bedeutete, dass der KGB wusste, dass westliche Geheimdienstbehörden von Blochs Beziehung mit der sowjetischen Spionagebehörde wussten.

Im November 1994 begann das FBI mit zielstrebigen Anstrengungen, den Spion zu enttarnen, der dem KGB einen Tipp gegeben hatte, dass Blochs Kontakt mit Gikman entdeckt worden war, und der auch andere Agenten an die Sowjets verraten hatte.

An dem Einsatz unter dem Namen Graysuit nahmen 16 ranghohe FBI-Agenten unter Leitung von Agent Mike Rochford teil, der einen verdeckten FBI-Spionageabwehreinsatz leitete und später Chef der FBI-Spionageabteilung wurde. Schließlich sollte Rochford selbst den russischen Geheimdienstoffizier anwerben, der Hanssen verriet und den Fall aufklärte.

Dazu musste Rochford Vertrauen aufbauen. Rochford sieht wie ein Professor aus und spricht mit leiser Stimme. Man vertraut nicht so schnell jemandem, dessen Gesichtszüge zu regelmäßig sind oder dessen Haar zu streng gescheitelt ist. Rochfords Gesicht ist leicht asymmetrisch. Sein grau meliertes Haar ist hoffnungslos wirr. Seine Silberrandbrille rutscht ihm die Nase hinunter und er senkt den Kopf, damit er Sie sehen kann – eine weitere Gewohnheit, die ihn respektvoll und damit vertrauenswürdig erscheinen lässt. Indem er mit seinen sanften blauen Augen über seine Brille blickt, sagt er leise „Mmh". Damit drückt er Aufrichtigkeit aus und animiert seinen Gesprächspartner dazu, ihm sein Herz auszuschütten.

Rochford erzählt die Geschichte, wie Hanssen erstmals enttarnt wurde und sagt: „Ich stellte ein Team zusammen, aber ich sagte es den Leuten nicht, dass ich selbst diesem Team beitreten wollte. Stattdessen hatte man mir gesagt, dass ich jeden nehmen könne, den ich haben wollte. Also ging ich herum und suchte mir die Leute aus, die ich haben wollte. Plötzlich kriegen sie diese seltsamen Anrufe aus der Lügendetektorabteilung und man sagt ihnen, dass sie dort aufkreuzen sollen. Sie mussten einen Lügendetektortest absolvieren, und wenn sie ihn bestanden, war ich die nächste Person, die sie sahen. Ich hatte einige der besten Talente im FBI in Spionageangelegenheiten."

Fast alle Spionagefälle wurden gelöst, weil jemand einen Tipp ins Spiel brachte. Da dies fehlte, entwickelte Rochford eine Matrix mit 58 Punkten, die zu dem von ihm gesuchten Spion passten. Unter den Punkten war die Tatsache, dass die nicht identifizierte Zielperson die Möglichkeit hatte, dem KGB und später dem russischen Auslandsgeheimdienst (SWR) Berichte über wöchentliche Treffen des Spionageabwehrzentrums der CIA zu geben. Der Spion wusste über die FBI-Ermittlungen in Bezug auf Felix Bloch. Er hatte Zugang zu streng geheimen technischen Infiltrationen sowjetischer und später russischer Einrichtungen. Er kannte die Identitäten von KGB-Offizieren, die für die CIA spionierten.

Die CIA leitete fast alle Einsätze, die verraten worden waren. Dies führte sowohl das FBI als auch die CIA zu der irrtümlichen Annahme, dass der Spion aus der CIA käme. Das Team begann mit einer Liste von 235 nicht identifizierten Zielpersonen, die es nach und nach auf 35, dann auf 16, dann auf 8 mögliche Spione und schließlich auf einen einzigen reduzierte. Dieser war der CIA-Offizier Brian Kelley, der Zugang zu den meisten Programmen hatte, die verraten worden waren. Er war führend gewesen bei den Bemühungen der CIA, in Bezug auf Bloch zu ermitteln. Zufällig wohnte er neben Hanssen.

„Wir hatten allen Grund zu der Annahme, dass die Infiltration in der CIA stattfand", sagt Rochford. „Es war ein eklatanter Fehler, dass wir nicht gründlich genug innerhalb des FBI suchten."

Rochford betont jedoch, dass auch die CIA-Offiziere, die den Fall bearbeiteten, glaubten, dass die Infiltration in der CIA stattfände.

„Wir bildeten bei diesen Ermittlungen eine gemeinsame Einsatzgruppe mit der CIA und deren Ermittler waren absolut so kompetent wie unsere eigenen", sagt Rochford. „Wir saßen an einem Tisch im Spionageabwehrzentrum der CIA und stimmten tatsächlich darüber ab, wer am meisten verdächtig sei. Und alle, die an der Abstimmung teilnahmen, drängten darauf, Personen innerhalb der CIA unter die Lupe zu nehmen. Es waren also nicht nur wir."

Einmal musste Kelley sich einem Lügendetektortest des FBI unterziehen.

„Sie kamen zu mir und sagten: ‚Hör mal, wir haben einen Spion, wir wissen, dass wir einen Spion haben'", sagt Kendall Shull, der FBI-Lügendetektor-Ermittler. „Sie sagten: ‚Diese Programme wurden verraten. Wir wissen also, wer es ist: Brian Kelley. Er arbeitet für die CIA.' Und sie ließen sein ganzes Haus und sein Auto verwanzen."

Entgegen den Erwartungen bestand Kelley jedoch den Lügendetektortest.

„Ich erklärte ihnen, dass der Text genau war, und sie erzählten mir im Grunde, dass er meinen Test ausgetrickst habe", sagt Shull. „Sie dachten eben: ‚Das ist doch unmöglich. Es gibt einfach zu viele Indizien dafür, dass dieser Typ derjenige ist, der es getan hat.' Ich sagte: ‚Ich ändere aber mein Testergebnis nicht.' Und sie verlangten es auch nicht von mir. Ich sagte: ‚Ich bleibe dabei, dass keine Täuschung im Spiel ist. Und ich glaube, dass ihr den Falschen habt."

Rochford bestätigt, dass Kelley den Lügendetektortest bestanden habe, aber er sagt, Shull habe nach dem Test in seinen Bericht über die Testergebnisse geschrieben, dass es bei Kelley keine Anzeichen für Täuschung gegeben habe, als er darum gebeten worden sei, in dem Stimulationstest bewusst zu lügen. Es handelt sich dabei um einen Probetest, der zur Vorbereitung des echten Tests dienen soll. Laut Rochford schrieb Shull, dass ein Lügendetektor somit eine Täuschung Kelleys nicht aufdecken würde, was die Testergebnisse zweifelhaft erscheinen lasse.

Shull sagt, er könne sich nicht an dieses Ergebnis oder an das, was er in dem immer noch geheimen Dokument geschrieben habe, erinnern. Er sagt jedoch, dass der Probetest nur dazu diene, die

Zielpersonen mit dem echten Lügendetektortest vertraut zu machen, und nichts mit der Gültigkeit der Endergebnisse zu tun habe. Diese Aussage wird von dem ehemaligen FBI-Lügendetektor-Ermittler Richard Keifer bestätigt.

Rochford hielt Kelley zwar noch immer für den Hauptverdächtigen, aber er verfolgte auch andere Spuren. Er setzte alles daran, den Spion zu finden, und entschloss sich, Anwerbeversuche bei aktuell tätigen oder ehemaligen russischen Geheimdienstoffizieren zu unternehmen, die vielleicht über relevante Informationen verfügten und sich durch einen Haufen Geld verlocken ließen. Insbesondere bot Rochford eine Million Dollar Kopfgeld. Diese Idee hatte er von dem KGB-Offizier Vitali Jurtschenko übernommen, der bei seinem Überlaufen zur CIA gegenüber Rochford preisgegeben hatte, dass das KGB diese Methode verfolge.

„Niemand mag Anwerbeversuche, denn sie sind die schlimmste Methode im Geheimdienstberuf", sagt Rochford. „Es ist, als würde man jemanden aufsuchen, den man nicht kennt, und ihn fragen, ob er mit einem ins Bett gehen will. Es ist etwas sehr Intimes, und wenn man es nicht von einer praktischen menschlichen Beziehungsebene aus entwickelt, sagen 99,9 Prozent der Leute nein."

Rochford stellte eine Liste von 200 potenziellen Zielpersonen zusammen, die entweder aktuell tätige oder ehemalige KGB-Offiziere oder Agenten des SWR waren. Durch die Liste wurde eine frühere aktualisiert, die Tim Caruso, Jim Holt, James Milburn und Art McLendon konzipiert hatten und die mit deren Hilfe und der Hilfe anderer Agenten in Rochfords Team zusammengestellt worden war.

CIA-Offiziere auf der ganzen Welt wurden beauftragt, einige der potenziellen Agenten auf der Liste anzuwerben, während Rochford und andere FBI-Agenten nach anderen suchten. Der

FBI-Agent Wayne Barnes sagt zum Beispiel, er habe einen Geheimdienstagenten angeworben, den er für den Informanten hielt, der Hanssen verraten hatte. Das sei eine falsche Annahme gewesen, sagt Rochford.

Vor einem Anwerbeversuch informieren die FBI-Agenten und CIA-Offiziere sich eingehend über die Person. Selbst wenn der Anwerbeversuch erfolglos bliebe, würden die angesprochenen Offiziere bei ihrem Geheimdienst über ihre Begegnungen berichten und damit letztendlich Werbung bei den Kollegen machen, dass man durch einen Verrat des schwer fassbaren Spions gutes Geld verdienen könne.

Rochford machte 28 solche Anwerbeversuche, bevor er schließlich einen Treffer landete. In diesem Fall ließ er das FBI eine Scheinfirma einrichten, um einen russischen SWR-Offizier, der ein Geschäftsmann war, in ein freundliches Land zu locken. Der Chef der Scheinfirma, der für das FBI arbeitete, gab vor, dem Russen eine Gelegenheit zur Unternehmensgründung zu bieten. Sobald der Russe die Reise gemacht hatte, sagte der Unternehmenschef zu ihm, dass der Deal geplatzt sei. Als der Mann das Meeting verließ, bei dem er die schlechten Nachrichten bekommen hatte, stieg Rochford aus einem Transporter und trat auf der Straße an ihn heran.

„Hallo, wie geht's?", fragte Rochford.

Der Geheimdienstoffizier sah Rochford seltsam an und sagte: „Wer sind Sie denn bitte?"

Normalerweise verwendete Rochford einen Decknamen. Doch dieses Mal brach er mit seiner üblichen Gewohnheit und gab sich offen als FBI-Agent zu erkennen, indem er seinen Dienstausweis zeigte und dem Mann seine FBI-Visitenkarte übergab.

„Das ist eine Provokation!", sagte der Mann.

„Ich weiß nicht, was Sie meinen", sagte Rochford. „Lassen Sie uns doch einfach zusammen etwas trinken gehen."

„Nein, nein", sagte der SWR-Offizier. „Ich trinke nicht mit Fremden."

Dennoch erklärte der Mann sich bereit, mit Rochford ein Glas Wasser im Restaurant seines Hotels zu trinken.

„Ich will Ihnen sagen, was ich mit dieser Visitenkarte mache", sagte der Mann. „Ich werde sie zur nächsten russischen Geheimdienstniederlassung mitnehmen und dort mit dem Sicherheitsoffizier sprechen. Er wird sie an eine große Zeitung weitergeben, und Ihre Visitenkarte und Ihr Bild werden auf dem Titelblatt abgedruckt sein."

„Großartig, aber machen Sie sich nichts vor", erwiderte Rochford. „So wichtig sind Sie nicht."

„Sie haben mich mit diesem Geschäft reingelegt, ich weiß, dass Sie das waren", sagte der SWR-Offizier.

Rochford leugnete dies ab und sagte: „Ich versuche nicht, Ihrem Geschäft zu schaden, ich versuche nicht, Ihnen zu schaden und auch nicht Ihrem Land." Er fuhr fort: „Ich will vielmehr Folgendes tun: Ich will den erfolgreichsten russischen Geschäftsmann der postsowjetischen Ära aus Ihnen machen."

Die Flugtickets, die das FBI über die Scheinfirma für den Mann beschafft hatte, machten es erforderlich, dass er vor seinem Rückflug nach Russland noch eine Woche in der Stadt blieb. Wenn er früher zurückfliegen wollte, musste er ein viel teureres Rückflugticket selbst bezahlen, und er hatte nicht viel Geld.

„Ich bin eigentlich zur gleichen Zeit hier wie Sie", sagte Rochford. „Lassen Sie uns doch heute Abend zusammen essen. Dann können wir uns weiter über diese Sache unterhalten. Ich sehe, dass Sie durcheinander sind. Solange Sie hier sind, lade ich Sie zum Essen ein."

„Wissen Sie was", erwiderte der SWR-Offizier. „Ich werde kommen, aber ich bringe einen Sicherheitsoffizier aus der russischen

Niederlassung mit." „In Ordnung, großartig! Ich würde ihn gerne treffen", sagte Rochford. „Ich lade ihn zum Abendessen ein."

Der Geheimdienstoffizier begann mit einer langen Anprangerung Amerikas, indem er sagte, dass der Kommunismus die überlegene Ideologie sei und die Sowjetunion nur deshalb auseinandergebrochen sei, weil Präsident Reagan die Sowjets im Hinblick auf die Militärausgaben übertroffen habe. Als der Mann auf Russisch zu fluchen begann, nahm Rochford einen Stift zur Hand und fing an aufzuschreiben, was er sagte.

„Was machen Sie da?", fragte der Mann, der nicht gemerkt hatte, dass Rochford fließend Russisch sprach.

„Eine sehr bunte Sprache", sagte Rochford. „Ich möchte ein paar Begriffe aus dieser Sprache verwenden." Indem er auf ein Wort deutete, das er in Russisch aufgeschrieben hatte, fragte er: „Habe ich das richtig geschrieben?"

Später traf Rochford sich mit einer Gruppe von FBI-Agenten und – Analysten sowie CIA-Offizieren, die sich in einem anderen Hotel aufhielten, und berichtete über die Ereignisse des Tages. Er war niedergeschlagen, als er sagte, dass die Zielperson ihn wirklich nicht wiedersehen wolle. Die FBI-Analysten Jim Milburn und Carolynn Gwen Fuller, die für russische Angelegenheiten zuständig waren und geholfen hatten, das ursprüngliche Szenario für die Anwerbung zu entwickeln, gaben Rochford weitere Ratschläge. Sie und die anderen überzeugten ihn davon, dass es einen weiteren Versuch wert sei. Rochford erklärte sich zu einem weiteren Treffen mit dem Mann um sechs Uhr vor seinem Hotel bereit.

„Zahlen Sie dafür?", fragte der Mann, als Rochford ihn zum Abendessen einlud. Als Rochford dies bestätigte, sagte der Mann: „Dann lassen Sie uns Hummer essen."

In den nächsten Tagen nahmen Rochford und der Geheimdienstoffizier zusammen das Frühstück, das Mittagessen und das

Abendessen ein. Der Mann verhielt sich abwechselnd freundlich und streitsüchtig. Schließlich kam Rochford auf den Fall eines mutmaßlichen CIA-Spions zu sprechen, der nie strafrechtlich verfolgt worden war. Er fragte auch, ob Aldrich Ames mehr verraten habe, als bekannt sei. Rochford sprach von Fall eins beziehungsweise Fall zwei. Die Idee dahinter war, schrittweise zu der nicht identifizierten Zielperson vorzudringen – Fall drei –, um die es Rochford wirklich ging.

Während sie etwas tranken, begann der Informant, ein paar Einzelheiten über die beiden ersten Fälle zu verraten.

„Man könnte sagen, dass wir warm miteinander wurden", sagt Rochford.

Als die beiden jedoch eine Straße entlanggingen und ein teures Auto sahen, machte der Mann gegenüber Rochford einen eigenen Anwerbeversuch. „Sehen Sie diese Person, die den Mercedes fährt?", fragte er. „Wenn Sie mich drüben in Russland besuchen, dann werde ich dafür sorgen, dass meine Leute Ihnen das alles geben."

Nach seinen Treffen äußerte Rochford noch mehr Zweifel gegenüber seinem Team. Es schien, als würde der andere auf jeden Schritt, den er vorwärtsging, mit zwei Schritten rückwärts reagieren.

„Der Typ lässt sich auf nichts ein", sagte Rochford. „Er hält mich bloß hin; ich habe so etwas schon früher erlebt."

Sie ermutigten Rochford jedoch, indem sie zu ihm sagten, dass er Fortschritte mache.

Schließlich rückte Rochford mit der Sprache heraus und sagte zu dem SWR-Offizier: „Ich bin bereit, Ihnen eine Million Dollar zu zahlen für die Antwort in einem der Fälle, und ich werde Sie nicht weiter belästigen."

Der Mann gab Einzelheiten zu Fall eins preis, die zu einer strafrechtlichen Verfolgung hätten führen können. Er machte auch weitere Enthüllungen zu Fall zwei, also zu Ames und zu den Verlusten von Geheimdienstagenten, für die dieser verantwortlich war.

Zwei Tage bevor der Mann nach Hause fliegen sollte, tranken die beiden Cocktails zum Abendessen. Der Mann brachte einen Toast aus.

„Mike, ich mache einen General aus Ihnen, und ich werde der erfolgreichste russisch-amerikanische Geschäftsmann in der Geschichte unseres Landes sein, wie Sie es vorgeschlagen haben", sagte der SWR-Offizier. „Wir werden dafür sorgen, dass das funktioniert."

Sie stießen mit den Gläsern an.

Später gingen sie in der Stadt spazieren. Der Mann sah Rochford an und beschrieb eine streng geheime technische Infiltration der Russen, die den FBI-Agenten beunruhigte. Der Mann bemerkte seine Reaktion. Er sagte zu Rochford, seine Reaktion bestätige ihm, dass der FBI-Agent ebenso von der Geheimoperation wisse.

„Wenn Sie meinen, das aus meinem Gesicht lesen zu können, o.k., aber ich werde Ihnen nicht sagen, dass ich irgendetwas darüber weiß", sagte Rochford.

„Wollen Sie wissen, was wir wissen, woher wir es wissen, zu welchem Zeitpunkt wir was erfahren haben und auf welche Weise wir es erfahren haben?", fragte der Mann.

„Nun ja, das wäre sehr interessant", erwiderte Rochford, wobei er versuchte, nicht zu begierig zu wirken.

Der Mann schlug vor, dass sie zu Rochfords Hotelzimmer gingen und einen Vertrag aufsetzten.

„Ich brauche ein paar Millionen Dollar", sagte er.

„Sie leben in einer Fantasiewelt, solche Deals kann ich nicht machen", sagte Rocheford. „Ich habe Ihnen gesagt, dass es eine Million Dollar Kopfgeld gibt. Wir könnten Ihnen vielleicht für Fall eins und für Fall drei etwas bezahlen."

Da Fall zwei – nämlich Ames – bereits strafrechtlich verfolgt worden sei, sei das FBI zwar an zusätzlichen Informationen interessiert, würde aber nicht eine Million Dollar dafür zahlen, sagte Rochford.

„Wenn ich Ihnen diese Informationen gebe, dann müsste man mich irgendwo in einem sicheren westlichen Land neu ansiedeln und ich werde vielleicht eine Umschulung für einen neuen Job brauchen", sagte der Informant.

„Wir können über diese Dinge sprechen, das ist alles in Ordnung, aber nicht hier", sagte Rochford.

Der Mann schien noch nicht völlig überzeugt zu sein.

„Wenn wir in Ihr Hotelzimmer gehen, dann werden Sie über alles berichten und einer Ihrer Leute wird eine Tonbandaufnahme des Gesprächs bekommen. Dann bin ich aufgeflogen und sie werden mich umbringen", sagte der Mann. Dennoch ging er mit zu Rochfords Hotelzimmer, wo Rochford einen handschriftlichen Vertrag aufsetzte. Zunächst sagte Rochford zu ihm, dass die einzigen zwei Leute, die von ihren Kontakten wüssten und den Vertrag unterzeichnen könnten, der FBI-Direktor Louis Freeh und der CIA-Direktor George Tenet seien.

„Sie lügen mich doch an; Sie haben ein ganzes Team von Leuten", sagte der SWR-Offizier. „Wahrscheinlich sind sie gleich im nächsten Zimmer."

„Sie müssen mir schon vertrauen", sagte Rochford. „Der FBI-Direktor und der CIA-Direktor wissen es, aber natürlich wissen es auch andere."

Sie gingen zu Rochfords Hotelzimmer und setzten ihre Verhandlungen sieben Stunden lang fort, nur unterbrochen von einem Mittagessen und einem Abendessen im Hotel. Die Endfassung des Vertrags, die Rochford aufsetzte, umfasste fünf Seiten. Der Vertrag sah eine sofortige Vorauszahlung von 750.000 US-Dollar vor.

Einschließlich der Kosten einer Umsiedlung, einer Umschulung und der Jahreszahlungen belief sich das Gesamtpaket auf sieben Millionen US-Dollar. Damit waren auch die „Kopfgelder“ für den Verrat in den Fällen eins und drei abgedeckt sowie zusätzliche Geheimdienstinformationen abgegolten. Der Mann erklärte sich auch bereit, in einem Gerichtsprozess als Zeuge auszusagen, falls dies nötig wäre. Dabei würde seine Identität geschützt werden.

„Ich werde das dem FBI-Direktor zukommen lassen“, sagte Rochford. „Er wird es dem CIA-Direktor übermitteln, und sie werden mir bis zum Morgen eine Antwort geben.“

Nachdem der Vertrag gebilligt und unterschrieben war, organisierte Rochford die Übergabe des Geldes an den Informanten sowie geheime Treffen und Gespräche mit ihm in Russland mithilfe des CIA.

Die Russen wussten nicht, wie Hanssens echter Name lautete oder wo er arbeitete. Sie kannten ihn unter dem Namen Ramon. Ebenso wie das FBI und die CIA nahmen sie an, dass er bei der CIA arbeiten würde. Der Informant brachte daher seine Bedenken in Bezug auf eine Beteiligung der CIA zum Ausdruck. Rochford versicherte ihm, dass ein CIA-Offizier, mit dem er jahrelang zusammengearbeitet habe und dem er vertraue, sich darum kümmern werde.

Sie gaben sich die Hand und legten einen Termin fest, zu dem ein getarnter CIA-Offizier Dokumente von dem Informanten in Russland abholen würde. Zum vereinbarten Zeitpunkt tauchte der Russe jedoch nicht auf. „Die Frage lautete: Hat er uns ausgetrickst?“, sagt Rochford. „Schließlich hatte er schon über 500.000 Dollar. Wir hatten Kritiker in beiden Behörden, die fragten: ‚Hat er uns verschaukelt?‘“

16

„ENTTARNT – VERRAT AUF HÖCHSTER EBENE"

WIE SICH HERAUSSTELLTE, WAR DER SWR-GEHEIMDIENSToffizier zu dem geheimen Treffen mit der CIA in Russland nicht erschienen, um Robert Hanssen zu verraten, weil er dachte, dass man ihn entdecken würde. Er erklärte sich zu einem anderen Treffen bereit, wo er ein Paket mit Dokumenten überreichte. Aus diesen Dokumenten ging hervor, dass Hanssen der Spion war, hinter dem Mike Rochford her war.

Die CIA nahm die Dokumente zurück in die Vereinigten Staaten mit und bearbeitete die Angelegenheit einwandfrei. Gemäß den Bestimmungen des FBI machte die CIA Aufzeichnungen über die Zahlungen nach den Regeln des Strafverfahrens.

In der FBI-Zentrale bearbeiteten und nummerierten die FBI-Techniker jede Seite der Dokumente, die sie von dem durch Mike Rochford angeworbenen Geheimdienstoffizier erhalten hatten.

Sowohl das FBI als auch die CIA glaubten, dass aufgrund der Dokumente Brian Kelley auffliegen würde. Doch stattdessen ging aus den Dokumenten hervor, dass der Spion seinen russischen Ansprechpartnern in der Region Nord-Virginia eine beträchtliche Anzahl von Dokumenten überlassen hatte zu einer Zeit, da Kelley im Ausland war.

„Wenn er nicht einen Mitverschwörer hatte, konnte er es nicht gewesen sein", erkannte Rochford.

Ein Briefumschlag, den der Geheimdienstoffizier übergeben hatte, war mit Anweisungen versehen, diesen nicht zu öffnen, bevor Rochford bei dem Informanten nachgefragt hatte. Später fragte der Informant Rochford, ob dem FBI das, was er geschickt habe, gefiele. Er fragte insbesondere nach dem speziell gekennzeichneten Brief.

„Haben Sie diesen Umschlag geöffnet?", fragte er.

„Nein", sagte Rochford. „Sie haben gesagt, dass er nicht geöffnet werden soll, bevor wir gesprochen haben."

„Ihr Dummköpfe!", sagte der Mann. „Ich habe gehofft, dass ihr versteht. Ich wollte nur, dass ihr vorsichtig damit seid. Machen Sie ihn schon auf!"

In dem Umschlag befand sich eine Tonbandaufnahme von einem Gespräch, das ein Mann aus einer FBI-Außenstelle in New York mit einem KGB-Offizier an einem Münztelefon in Virginia geführt hatte. Die beiden vereinbarten, dass sie im Fall eines Kontaktabbruchs wieder Kontakt aufnehmen würden, indem die Russen eine Zeitungsannonce für den Verkauf eines nicht existierenden Plymouth-Modells aufgeben würden. Die Russen zeichneten das Telefongespräch auf, um sicher zu sein, dass sie bei einem persönlichen Treffen mit dem Spion dessen Identität verifizieren könnten. Als die FBI-Analysten Jim Milburn und Robert King sich das Band anhörten, erkannten sie sofort die Stimme ihres

Kollegen, des Agenten Robert Hanssen. In der Zwischenzeit versuchte das FBI, die Fingerabdrücke auf einer Plastiktüte zuzuordnen, die in einen toten Briefkasten gelegt und von den Russen abgeholt worden war. Ebenso wie die Tonbandaufnahme hatte die Plastiktüte sich in dem Umschlag befunden und war mit der Aufschrift „Nicht öffnen“ versehen worden. Das FBI identifizierte die Fingerabdrücke auf der Plastiktüte schnell als diejenigen von Hanssen.

Die Verzögerung beim Öffnen des Umschlags kam teuer zu stehen. Am 13. November 2000 gab Hanssen den Russen die größte Menge an Dokumenten, die er ihnen jemals gegeben hatte. Erst eine Woche später öffnete das FBI den Umschlag, ordnete die Fingerabdrücke zu und hörte sich die Tonbandaufnahme an.

„Wenn wir gewusst hätten, dass Hanssen der Gesuchte war, dann hätten wir ihm bis zu diesem toten Briefkasten folgen und verhindern können, dass er die Dokumente dort ablegte“, sagt Rochford. „Bei dieser Ablage am 13. November gab er den Russen ein etwa vier Zentimeter dickes Konvolut von Dokumenten, durch das Informanten in der CIA sowie in Kanada, Australien und Großbritannien verraten wurden.“

Am 15. November um 6.30 Uhr morgens betraten die beiden Analysten Rochfords Büro in der Washingtoner Außenstelle.

„Es ist nicht Brian“, sagte Milburn. „Es ist Bob Hanssen.“
„Mist aber auch“, sagte Rochford.

„Jemand aus meiner eigenen Behörde – wie konnte mir das entgehen?“, dachte Rochford. „Und wie konnten wir gegenüber Brian so aggressiv sein? Und so danebenliegen? Und wie sollen wir das wiedergutmachen?“

Hanssens Sicherheitsunbedenklichkeits-Bescheinigungen ermöglichten ihm nicht nur den Zugriff auf Geheimnisse in der CIA, der NSA, im Weißen Haus und im Verteidigungsministerium, sondern auch auf eine FBI-Datenbank, aus der ersichtlich war, ob das FBI gegen ihn ermittelte. Obwohl Hanssen Zugriff auf die meisten Informationen hatte, auf die auch Kelley Zugriff hatte, war er nicht einmal als einer der Verdächtigen in der Matrix aufgeführt.

„Keiner aus dem FBI war auf der Liste", sagt Rochford. „Wir haben es vermasselt, keine Frage." Aber er betont: „Niemand hat gedacht, dass das FBI unverletzlich sei." Rochford sagt, er erinnere sich lebhaft an den Fall des FBI-Agenten Richard Miller, der sich als Spion herausstellte. Rochford hatte zudem persönlich den Fall des FBI-Agenten Earl Pitts bearbeitet, der ebenso für die Russen spionierte.

Was die Tatsache angeht, dass Kelley den Lügendetektortest bestand, sagt Rochford: „Ich hatte im Hinterkopf, dass Aldrich Ames vor seiner Verhaftung einen Lügendetektortest gemacht hatte, und die CIA gesagt hatte, er habe ihn bestanden. Das FBI schaute sich die Aufzeichnung später an und sagte, er habe den Test nicht bestanden." Weiter sagt Rochford, dass Kendall Shull, der mit Kelley den Test durchgeführt hat, ihm in Hinblick auf den Probetest gesagt habe: „Brian hat mich ausgetrickst."

Rochford bemerkt, dass Shull einer der besten FBI-Lügendetektoranalysten gewesen sei, und sagt: „Was hätten wir also denken sollen? Hätte er das nicht gesagt, wäre es viel leichter gewesen, die Sache auf sich beruhen zu lassen. Aber das konnte ich nicht." Zugleich gibt Rochford zu: „Es gab verschiedene Leute im FBI, die meinten, wir sollten uns anderen Verdächtigen zuwenden, und wahrscheinlich hatten sie recht. Wir haben es einfach nicht getan."

Auf seine Anordnung hin wies das FBI am 13. Januar 2001 Hanssen schließlich wieder der Zentrale zu und schuf eine Stelle für ihn, in der er beobachtet werden konnte. Am 18. Februar 2001 kurz nach 20.00 Uhr zitterten zehn FBI-Agenten in der Kälte, während sie Hanssen dabei beobachteten, wie er zu einem toten Briefkasten ging. Dieser befand sich unter einer Brücke im Foxstone Park in Vienna, Virginia.

Als der 56-jährige Hanssen unter der Brücke hervorkam, umstellten die Agenten mit gezogener Waffe ihren Kollegen und legten ihm Handschellen an. Ein anderes Agententeam fand 50.000 US-Dollar in Hundert-Dollar-Scheinen, die an einem zweiten Ablageort für Hanssen hinterlassen worden waren.

Nachdem Hanssen der Spionage für die Russen angeklagt worden war, bekannte er sich schuldig, an die Sowjetunion und später an Russland Dokumente im Umfang von 6.000 Seiten und 27 Computerdisketten verkauft zu haben, die geheime und streng geheime Programme über einen Zeitraum von 21 Jahren aufführten. Für seine Ansprechpartner hatte er mehr als zwei Dutzend Pakete in toten Briefkästen in Parks in New York und Washington, D.C., deponiert.

Hanssen hatte 1979 angefangen, für die GRU, den sowjetischen Militärnachrichtendienst, zu spionieren. Er verriet Dimitri F. Polyakow, einen sowjetischen General in der GRU, der den Decknamen Top Hat trug. Polyakow, der seit 1961 als Doppelagent für das FBI arbeitete, betrachtete sich als russischen Patrioten, der sich dem Umsturz des kommunistischen Regimes verschrieben hatte. Er nahm nicht mehr als 3.000 US-Dollar jährlich an, die ihm überwiegend als Sachleistungen in Form von „Black & Decker"-Elektrowerkzeugen, Anglerausrüstung und Schrotflinten ausbezahlt wurden.

Im Jahr 1985 entschloss Hanssen sich, für den KGB zu arbeiten, der angesehener und mächtiger als die GRU war. Als Zeichen seiner Vertrauenswürdigkeit gab Hanssen während seines Aufenthalts in New York gegenüber seinen Ansprechpartnern die Namen von drei KGB-Offizieren preis, die die Vereinigten Staaten angeworben hatten – Walery Martynow, Sergei Motorin und Boris

Juschin. Kurz darauf wurden sie nach Moskau zurückgerufen. Juschin kam für 15 Jahre ins Gefängnis und die anderen beiden wurden hingerichtet. Auch Ames hatte sie verpfiffen.

Hanssen verriet nicht nur neun Agenten, die für die Vereinigten Staaten arbeiteten, sondern gab den Russen auch Dokumente, die den Continuity of Government Plan enthielten (das Programm, das das Überleben der US-Regierung im Fall eines Nuklearangriffs sicherstellen sollte), das National Intelligence Program, aus dem sämtliche Pläne des US-Geheimdienstes für das kommende Jahr ersichtlich waren, sowie das Double Agent Program des FBI, in dem weltweite Doppelagenteneinsätze ausgewertet wurden.

Hanssen sagte den Russen, wie die NSA die Satellitenkommunikation der Sowjetunion und anderer Länder abhörte. Er ließ sie die Protokolle der Befragungen des KGB-Überläufers Vitali Jurtschenko sehen und besorgte ihnen eine Vielzahl von Dokumenten der CIA und des Nationalen Sicherheitsrats.[1]

Was vielleicht am verblüffendsten war: Hanssen teilte den Sowjets mit, dass die Vereinigten Staaten einen geheimen Tunnel unter dem Gelände der neuen diplomatischen Vertretung der Sowjets am Mount Alto entlang der Wisconsin Avenue in Washington gebaut hatten. Die Amerikaner hatten dabei eine neue Technik der NSA verwendet, mit der man leise bohren konnte. Ebenso begann die NSA, hoch entwickelte Abhörgeräte herzustellen. Das FBI hoffte, dass diese vielleicht durch einen Doppelagenten in der Botschaft platziert werden könnten. Die Kosten des Tunnels, der von einem Stadthaus im Besitz des FBI ausging, betrugen fast eine Milliarde US-Dollar, einschließlich der Entwicklung der neuen Technik. Während Ames' Spionage unmittelbar zum Tod von weiteren Agenten geführt hatte, hatte Hanssen die Kronjuwelen des

1) National Security Council.

US-Geheimdienstes preisgegeben. Im Vergleich zu Ames „war Hanssen noch wichtiger für uns [den KGB], weil seine Enthüllungen das Innerste der Washingtoner Geheimdienstinfrastruktur betrafen", schrieb Viktor Tscherkaschin, ein ehemaliger KGB-Offizier, in seinem Buch *Spy Handler*.

Im November 1990 verlor Felix Bloch, gegen den das FBI wegen seiner Treffen mit einem KGB-Offizier ermittelte, seine Stelle im Außenministerium, es wurde jedoch nie Anklage gegen ihn erhoben. Bevor die FBI-Agenten Bloch befragten, klärte John Martin vom Justizministerium mit den Agenten die Frage, wie man die einzelnen Anklagepunkte des Verbrechens der Spionage bezeichnen und wann eine Belehrung über das Aussageverweigerungsrecht erfolgen oder nicht erfolgen sollte. Bloch war weder in Gewahrsam noch stand er vor der Verhaftung. Er fing an, mit den Agenten zu reden, und schien gerade kurz vor dem Eingeständnis zu stehen, dass er Geld von den Sowjets erhalten hatte. In diesem Moment beendeten die Agenten die Vernehmung und belehrten Bloch über sein Aussageverweigerungsrecht.

„Wenn ich das Recht habe zu schweigen, dann schweige ich", sagte Bloch.

Martin war wütend. Er sagt, es sei derselbe Fehler gewesen, den Freeh gemacht habe, als er die Agenten anwies, Richard Jewell mitten in der Vernehmung über seine Rechte zu belehren.

„Ich habe den Agenten ausdrücklich mitgeteilt, dass sie nicht verpflichtet waren, Bloch über seine Rechte zu belehren", sagt Martin. „Nur wenn die Agenten im Verlauf der Vernehmung genug Indizien für eine Verhaftung gewonnen und beabsichtigt hätten, ihn zu verhaften, oder wenn Bloch sich bereits in Gewahrsam befunden hätte, hätten sie ihn über seine Rechte belehren müssen. Es war unbegreiflich, dass sie ihn mitten in einer Vernehmung über seine Rechte belehrten. Ich habe bis heute nicht begriffen, was sie sich dabei gedacht haben. Es ist klar, dass sie ihre eigenen Vorstellungen hatten."

Als Louis Freeh bei einer Pressekonferenz im Februar 2001 Hanssens Verhaftung verkündete, betonte er, dass Hanssens Spionage einerseits zwar eine Katastrophe gewesen sei, die beeindruckenden Ermittlungen des FBI andererseits jedoch eine Erfolgsgeschichte gewesen seien. Ein Reporter fragte den Direktor, wie viel Verantwortung er für die Tatsache übernehme, dass Hanssen sich 15 Jahre lang der Entdeckung durch das FBI entzogen habe.

„Nun ja, ich kann es auf keinen anderen schieben", erklärte Freeh. „Ich bin dafür verantwortlich."

Freehs Kommentar war geschickt, aber er spielte die Tatsache herunter, dass nach Ames' Verhaftung im Jahr 1994 Robert „Bear" Bryant als Chef der Abteilung Nationale Sicherheit Freeh gedrängt hatte, regelmäßigen Lügendetektortests für alle Spionageabwehragenten zuzustimmen. Nachdem Freeh auf Widerstand von vielen leitenden Spezialagenten und vonseiten der FBI Agents Association gestoßen war, ließ er den Vorschlag fallen.

Lügendetektortests sind zwar nicht perfekt, aber sie dienen zumindest der Abschreckung. Wenn Freeh 1994 Bryants Vorschlag, Spionageabwehragenten Lügendetektortests zu unterziehen zugestimmt hätte, dann wäre Hanssen sehr wahrscheinlich nicht das Risiko eingegangen, seine Kontakte mit den Russen fortzusetzen. Der Hanssen-Spionagefall war ein weiteres Debakel, für das Freeh teilweise verantwortlich war.

Was den Film *Enttarnt – Verrat auf höchster Ebene* angeht: Er gibt nie vor, darzustellen, wie das FBI Hanssen überführte. Stattdessen wird Eric O'Neill als der Held dargestellt, der dabei half, im Fall Hanssen die Beweise zu beschaffen, nachdem das FBI sich auf ihn konzentriert hatte. Als Mitglied der Special Support Group (SSG) hatte O'Neill einfach nur den Job, Hanssen während der drei

Monate, in denen er unter Beobachtung des FBI stand, sechs Wochen lang zu beschatten. Hingegen hatte Rochford seit 1986 versucht, die Spur des Spions zu verfolgen.

Um das Ganze dramatischer zu machen, zeigte der Film, wie Hanssen im Rock Creek Park auf O“Neill schoss und ihn beinahe traf.

„Das ist in Wirklichkeit nie passiert“, sagt Rochford. „Ich erinnere mich daran, dass Folgendes passiert ist: Eric hat einmal seine Waffe in seiner Aktentasche im Büro gesehen. Und ich erinnere mich, dass er diesbezüglich der zuständigen Agentin mitteilte, er sei deshalb etwas besorgt.“

Neben O’Neill waren zwei weitere Geheimagenten im Fall Hanssen verdeckt für das FBI tätig, nämlich Robert King und Rich Garcia. Rochford sagt, sie hätten nicht weniger als O’Neill an dem Fall mitgewirkt. Um jeden Verdacht zu zerstreuen, den der Spion vielleicht hätte haben können, traf King sich in dem Monat vor Hanssens Verhaftung mehrmals mit ihm in verschiedenen Restaurants zum Mittagessen.

„King beruhigte ihn und vermittelte ihm den Eindruck, dass wir nicht weit davon entfernt waren, den Maulwurf zu finden, während wir in Wahrheit wussten, dass der Maulwurf Hanssen selbst war“, sagt Rochford.

Zwei Tage vor seiner Verhaftung erschien Hanssen unerwartet in der Einsatzzentrale für den Spionagefall im vierten Stock der FBI-Zentrale. Es handelte sich um einen Raum, der als „Gruft“ bezeichnet wurde, da er sich innerhalb eines anderen Raums befand, sodass er nach innen und außen hermetisch abgeschlossen und abhörsicher war.

Die Agenten dort machten gerade den Plan der Washingtoner Außenstelle für seine Verhaftung fertig. Hanssen verlangte, mit King zu sprechen.

„King kam zur einzigen Tür der Gruft und sprach mit Hanssen auf dem Flur“, sagt Rochford, „während die anderen im Inneren der Gruft fieberhaft weiterarbeiteten. Hanssen fragte, was dort drinnen für ein aufgeregtes Stimmengewirr herrsche. King zerstreute seinen Verdacht und sagte, es sei nur die normale Analysearbeit.“

Im Gegensatz zur Darstellung des Films pflegte O'Neill nie persönliche Kontakte mit Hanssen oder dessen Frau. Er sagte dem FBI, wo Hanssen beim Verlassen seines Büros seinen Organizer gelassen hatte, nämlich in seiner Lederaktentasche. Das FBI beantragte eine gerichtliche Verfügung gemäß dem Foreign Intelligence Surveillance Act (FISA), sodass das Tactical Operations Support Center des FBI und der zuständige Agent Stefan Pluta einen verdeckten Einbruch durchführen konnten. Es war nicht O'Neill, sondern Regina Hanson, eine neue FBI-Agentin, die sich von der Speicherkarte des Organizers Hanssens gespeicherte Telefonnummern und andere vertrauliche Daten herunterlud.

Rochford zufolge haben „gut über 300 Agenten, Special Support Groups, Piloten, Analysten und CIA-Leute an dem Fall mitgearbeitet“. „Eric O'Neill hat 90 Prozent von dem, was der Film ihm zuschrieb, gar nicht getan. Die CIA und das FBI haben über einen längeren Zeitraum zusammengearbeitet, um großartige Gegenmaßnahmen gegen die Infiltrationen einzuleiten“, sagt Rochford. „So haben wir Ames gekriegt, so haben wir Harold James Nicholson gekriegt, so haben wir Pitts und schließlich auch Hanssen gekriegt.“

Als O'Neill zu den Unterschieden zwischen seiner wahren Rolle und seiner Filmrolle befragt wurde, behauptete er zunächst, King habe nichts mit dem Fall zu tun gehabt. Als man ihm die Einzelheiten nannte, sagte er, er habe sie nicht gekannt. Er behauptete auch, Regina Hanson habe nichts mit dem Fall zu tun gehabt.

„Diese Person gab es nicht“, sagte er. Als man ihm die Einzelheiten nannte, sagte er wieder, er habe über ihre Rolle nichts gewusst.

O’Neill bestand jedoch darauf, die Idee gehabt zu haben, die Daten von Hanssens Organizer herunterzuladen. Das sei entscheidend gewesen und darin habe sein großer Beitrag zur Lösung des Falls bestanden.

„Er [Hanssen] behandelte den Organizer, als sei er eines seiner Kinder“, sagte O’Neill. „Ich dachte, wir müssen wirklich an dieses Gerät rankommen.“ Aus dem Organizer konnten die Agenten den Termin für Hanssens nächste Dokumentenablage für den KGB entnehmen. An diesem Punkt verhaftete ihn das FBI.

Rochford sagt, zwar habe O’Neill wohl zu einem gewissen Zeitpunkt vorgeschlagen, den Inhalt des Organizers herunterzuladen, aber dies sei in einem solchen Fall ein „Standardverfahren“ gewesen und hätte sowieso stattgefunden. Rochford zufolge stand Hanssen „jede Minute“ unter Beobachtung und somit hätten die Agenten seine nächste Ablage ohnehin entdeckt, ohne im Voraus davon wissen zu müssen.

Als darauf hingewiesen wurde, dass der wahre Schlüssel zur Lösung des Falls darin bestanden habe, den Informanten aufzubauen, der Hanssen verriet, sagte O’Neill, der ursprünglich für die Idee warb, einen Film zu drehen, und die Rechte an seiner Geschichte verkaufte: „Ich stimme zu, dass in dem Film viel Fiktion ist und meine Rolle übertrieben wurde. Es ist eben ein Film und man muss Kinokarten verkaufen. Dafür braucht man einen Bösen und einen Guten. Ich hatte keinen Einfluss auf den Film, abgesehen davon, dass ich ein wenig die Richtung wies und sagte, das hat so stattgefunden und das nicht.“

In Bezug auf die Motive für seine Spionage schrieb Hanssen im März 2000 in dramatischem Ton an den KGB: „Man könnte behaupten, dass ich entweder wahnsinnig tapfer oder ziemlich wahnsinnig bin. Ich würde weder das eine noch das andere bejahen. Ich würde sagen, ich war wahnsinnig loyal."

Wenn Hanssen schon nicht wahnsinnig war, dann war er sicher etwas pervers. Oberflächlich betrachtet schien er ein treu sorgender Familienvater zu sein – mit einer Frau und sechs Kindern, die in einem Terrassenhaus mit vier Schlafzimmern in einer Sackgasse am Talisman Drive in Vienna, Virginia lebten. Fast jeden Tag besuchte er die Messe in der St. Catherine of Siena Church in Great Falls, Virginia. Zufällig war es dieselbe Kirche, die Freeh besuchte. Hanssen gehörte zur konservativen Opus-Dei-Gemeinschaft der Kirche, die entschieden antikommunistisch war.

Doch hinter Hanssens ständigem Grinsen verbargen sich auch ganz andere, unvermutete Seiten. Neben seiner Spionage für die Sowjets freundete Hanssen sich mit Priscilla Sue Galey an, einer gut gebauten Frau, die er in dem Washingtoner Stripklub kennengelernt hatte, wo sie arbeitete. Hanssen kaufte ihr einen gebrauchten Mercedes-Benz und Schmuck und bezahlte ihre Reise nach Hongkong, wo er das FBI Legat Office inspizierte.

Als Hanssens Highschool-Freund Jack Hoschouer zu Besuch kam, manipulierte Hanssen eine Videoüberwachungskamera so, dass sein Freund auf einer Veranda vor Hanssens Schlafzimmer stehen und ihn beim Sex mit seiner Frau Bonnie beobachten konnte. Er stellte auch erotische Geschichten über Bonnie ins Internet ein, in denen er seinen vollen Namen und seine E-Mail-Adresse zusammen mit dem Namen seiner Frau veröffentlichte.

Hanssen sah auf jeden herab, insbesondere auf Frauen beim FBI. Er sagte zu den Kollegen, man hätte Frauen nie als Agentinnen zulassen sollen. Einmal wurde er in einen Streit mit einer Geheimdienstanalystin verwickelt. Er stieß sie und sie fiel hin. 1995 wurde er von Bear Bryant in die Abteilung für ausländische Vertretungen des Außenministeriums versetzt, wo er weniger Zugang zu

Geheimnissen hatte. Hanssen trug einen grünen Overall und sah ausgemergelt aus, als er sich am 6. Juli 2001 schuldig bekannte. Bald darauf wurde er zweimal wöchentlich verhört. Er wurde zu einer lebenslänglichen Gefängnisstrafe ohne die Möglichkeit der bedingten Haftentlassung verurteilt.

Mehr als das Geld schien Hanssen es zu genießen, dass er es dem FBI heimzahlen konnte, dass er den Geheimdienst überlistete und die Kontrolle ausübte. Gegenüber dem KGB sagte er, er hasse Unsicherheit. Die Spionage gab ihm Macht und Kontrolle sowohl über den KGB als auch über das FBI.

(links) Wenige kennen so viele Geheimnisse wie Arthur M. „Art" Cummings II, der Leiter der FBI-Abteilung Ermittlungen nationale Sicherheit. *Foto mit freundlicher Genehmigung von Arthur M. Cummings II*

(rechts) Zwölf Jahre lang war der geschäftsführende stellvertretende Direktor Louis E. Grever das, was er selbst einen „Einbrecher mit staatlicher Genehmigung" nennt. Er installierte Wanzen in Privatanwesen und Büros von Mafia-Mitgliedern, Terroristen, korrupten Kongressabgeordneten, Spionen und ausländischen Geheimdienstoffizieren. Wäre er erwischt worden, hätte er als Eindringling erschossen werden können. *Foto: FBI*

In der Technischen Forschungseinrichtung in Quantico, Virginia, stellen Agenten abgehörte Telefongespräche zusammen und stellen speziell entworfene Abhör- und Aufspürgeräte, Sensoren und Überwachungskameras her, um Zielpersonen zu beobachten und zu verfolgen. Die Einrichtung ist der Mittelpunkt des TacOPs-Programms des FBI zum Einsatz von Agententeams, die die Aufgabe haben, in Privatimmobilien, Büros und Botschaften einzubrechen, um dort Wanzen zu installieren. *Foto: FBI*

FBI-Direktor J. Edgar Hoover, rechts, hatte eine eheähnliche Beziehung mit seinem Stellvertreter, Clyde Tolson, links. Er fuhr mit ihm in den Urlaub und vermachte ihm sein Anwesen. *Foto: AP*

Der Justizminister Robert F. Kennedy lieh sich den Privatwagen von William Simon, dem Spezialagenten, der die Außenstelle in Los Angeles leitete, um sich mit Marilyn Monroe kurz vor ihrem Suizid heimlich zu treffen. *Foto: AP*

FBI-Agenten stellten fest, dass Hillary Clintons demütigende Behandlung des stellvertretenden Rechtsberaters des Weißen Hauses, Vincent W. Foster Jr., der bereits an Depressionen litt, dessen Entscheidung, eine Woche später Suizid zu begehen, auslöste. *Foto: AP/Weißes Haus*

Agent Mike Rochford, der erfolgreich einen Informanten des russischen Auslandsnachrichtendiensts SWR anwarb, der den FBI-Spion Robert Hanssen verriet. *Foto: FBI*

Das FBI gab einem Informanten im russischen Auslandsnachrichtendienst SWR ein Paket im Wert von sieben Millionen Dollar, um einen Spion zu enttarnen, der sich schließlich als der FBI-Agent Robert Hanssen herausstellte. *Foto: FBI*

Karl Koecher, ein Maulwurf in der CIA, und seine Frau Hana, nahmen an Sexorgien teil, um Informationen für den KGB zu sammeln, bis das FBI sie wegen Spionage verhaftete und sie nach Prag zurückschickte. *Foto: Ronald Kessler*

Um sich den örtlichen Gegebenheiten anzupassen, ist das Gebäude der FBI-Zentrale zur Pennsylvania Avenue hin sieben Stockwerke hoch, während es sich an der Rückseite elf Stockwerke hoch erhebt. *Foto: FBI*

Die Agentin Cynthia Deitle verfolgt Ku-Klux-Klan-Mitglieder, die noch in den 1960er-Jahren Schwarze töteten. *Foto: FBI*

Der Austausch von russischen Spionen sei ein guter Deal für die Vereinigten Staaten gewesen, sagt John L. Martin, der Leiter der Spionageabwehr-Abteilung des Justizministeriums, der 76 Spione strafrechtlich verfolgte. Russland versuchte, Robert Hanssen und Aldrich Ames in den Austausch einzuschließen. *Foto: Ronald Kessler*

In der FBI-Akademie in Quantico, Virginia, erhalten die auszubildenden Agenten ein Schusswaffentraining von 116 Stunden. *Foto: FBI*

Die auszubildenden Agenten erhalten an der FBI-Akademie eine Schulung von 176 Stunden in Ermittlungsfertigkeiten. *Foto: FBI*

Die Möglichkeit eines „Angriffs mit Massenvernichtungswaffen oder von Anschlägen auf Flugzeuge in dieser oder jener Form“ hält FBI-Direktor Robert S. Mueller III nachts wach. *Foto: FBI*

17

BARGELD NICHT GEKLÄRTER HERKUNFT

AM ABEND VON ROBERT HANSSENS VERHAFTUNG RIEF Kathleen McChesney, die leitende Spezialagentin in Chicago, Walt Stowe, den stellvertretenden leitenden Spezialagenten in der Außenstelle an, um ihm zu sagen, dass sie ihn in 20 Minuten abholen werde. Den Grund dafür nannte sie ihm nicht.

Als Stowe in McChesneys Dienstwagen stieg, erklärte sie ihm, dass Hanssen wegen Spionage verhaftet worden sei. Das FBI wollte, dass sie Mark A. Wauck über die Verhaftung informierten. Mark arbeitete in Chicago als FBI-Agent und war der Bruder von Hanssens Frau Bonnie.

Etwa um acht Uhr hielten McChesney und Stowe vor Waucks Haus in Park Ridge, Illinois, und klopften an die Tür. Waucks jüngster Sohn öffnete die Tür und sagte zu seinem Vater: „Dad, da sind ein paar Leute, die dich sprechen wollen."

Wauck kannte McChesney, seine Chefin in der Außenstelle mit 500 Agenten, aber Stowe kannte er nicht. Er führte die beiden Agenten in seine Bibliothek. Stowe erinnert sich, dass Wauck, sobald sie ihm von der Verhaftung seines Schwagers berichteten, die Tatsache ansprach, dass er zehn Jahre zuvor James Lyle, einen Vorgesetzten in der antisowjetischen Spionageabwehr in Chicago gewarnt hatte, dass Bonnie 5.000 US-Dollar Bargeld in einer von Hanssens Kommodenschubladen gefunden hatte. Wauck sagte, er habe die ganze Zeit angenommen, dass das FBI dieser Warnung nachgehen werde.

Tatsächlich hatte das FBI dies nicht getan. Lyle erinnert sich an das Gespräch mit Wauck, aber sagt, Mark habe ihm nur mitgeteilt, dass Bonnie etwas Bargeld in einer Schublade gefunden habe und nicht wisse, woher es käme. Folglich ergriff Lyle keine Maßnahmen und leitete die Information auch nicht an die Zentrale weiter.

„Meine Reaktion war: Na und?", sagt Lyle, der zum Zeitpunkt von Hanssens Verhaftung Chef der Spionageabwehrabteilung bei der CIA war. Lyle sagt, er habe geantwortet: „Wo liegt das Problem, Mark? Warum fragt sie nicht, woher das Geld kommt?" Lyle sagt, es könne zwar sein, dass eine Geldsumme erwähnt worden sei, aber er könne sich nicht daran erinnern, wie viel es gewesen sei.

Wauck sagt jedoch, er habe Lyle ausdrücklich gesagt, dass er angesichts der Tatsache, dass Hanssen der Spionageabwehr gegen die Sowjetunion zugeteilt sei, sich verpflichtet fühle, Bonnies Entdeckung sowie zwei andere beunruhigende Tatsachen zu melden, denn es könne sein, dass sein Schwager von den Sowjets bezahlt werde. Stowe erinnert sich deutlich daran, dass Wauck sein Gespräch mit Lyle von vor zehn Jahren als eine Meldung über verdächtige, möglicherweise mit Spionage im Zusammenhang stehende Aktivitäten beschrieb.

„Ich erinnere mich, dass Mark 5.000 Dollar in Bargeld erwähnte, die seine Schwester gefunden hatte", sagt Stowe. „Ich war geplättet. Mark sagte: ‚Warum hat das niemand untersucht?' Er erschien mir völlig aufrichtig und entgegenkommend."

McChesney bestätigt Stowes Bericht und sagt, Wauck habe sofort die 5.000 US-Dollar in bar erwähnt und die Tatsache, dass er dies gegenüber Lyle als verdächtig gemeldet habe.

„Es wäre bei jedem Angestellten im öffentlichen Dienst verdächtig, wenn er eine solche Summe Bargeld im Haus versteckt hätte", sagt McChesney. „Das sind die typischen Situationen, bei denen die Agenten angewiesen sind, sie ihren Vorgesetzten zu melden, egal woher das Geld möglicherweise stammt."

Die Tatsache, dass Wauck behauptete, dem FBI bereits 1990 über seinen Verdacht berichtet zu haben, wurde schon früher publik. Aber bisher wurde nicht publik, dass Wauck seine Warnung sofort gegenüber Lyle erwähnte, als er von Hanssens Verhaftung erfuhr. Angesichts der Tatsache, dass er keine Zeit hatte, aus dem Stegreif eine Geschichte zu erfinden, bestätigt seine spontane Reaktion seine Behauptung, dass er die Entdeckung tatsächlich als Warnsignal für verdächtige Aktivitäten beschrieben hatte, denen man nachgehen sollte.

Ohne dieses Wissen und angesichts der Tatsache, dass Lyle die Behauptung leugnete, haben viele im FBI Waucks Version verständlicherweise nicht ernst genommen, da sie dem gesunden Menschenverstand zu widersprechen schien.

„Wenn man ein FBI-Agent ist und glaubt, dass jemand in der eigenen Familie in etwas verwickelt ist, und diese Person zufällig ein Schwager ist und die gleiche Sicherheitsunbedenklichkeits-Bescheinigung wie man selbst hat und wenn man ein Agent ist, wenn man also als FBI-Agent geschult wurde, was sollte man dann tun?", fragt Mike Rochford, der viel von Lyle hielt.

„Nun ja, man verlangt, befragt zu werden", sagt er. „Man flüstert nicht nur dem Vorgesetzten etwas ins Ohr. Und wenn sie dich nicht befragen wollen, dann schreibst du einen Ermittlungsbericht oder ein Telex und dokumentierst es. Er hat es nie dokumentiert. Und so hat das für mich keinen Sinn ergeben. Kein Agent würde sich in einer solchen Situation so verhalten. Mir schien es wie eine Neuerfindung der Geschichte nach der Verhaftung, damit er nach außen hin besser aussah, als er wirklich war."

Stowe erinnert sich daran, dass er Wauck am Abend von Hanssens Verhaftung dieselbe Frage stellte.

„Warum haben Sie nicht darauf gedrängt, dass etwas unternommen wird?", fragte Stowe ihn. „Wauck sagte, er habe seine Pflicht erfüllt. Er sagte, er habe es Lyle gesagt und es sei nichts geschehen. Forcieren Sie etwa eine Sache, wenn Ihr Vorgesetzter entscheidet, nichts zu sagen?"

Doch in dem ersten Interview, das Wauck gegeben hat, um in vollem Umfang zu beschreiben, was geschah, lieferte er neue Details, die seine Geschichte bestätigten und halfen zu erklären, warum er dachte, dass Lyle seinen Bedenken nachgegangen sei und sie an die FBI-Zentrale weitergemeldet habe.

Wauck sagt, er habe erstmals 1985 angefangen, sich über seinen Schwager zu wundern, als er von New York nach Chicago versetzt werden sollte, um in der Spionageabwehr gegen Polen tätig zu werden und Polnisch zu lernen. Als Wauck dies gegenüber Bonnie erwähnte, sagte sie: „Ist das nicht toll? Bob sagt, dass wir vielleicht in Polen in den Ruhestand gehen."

Damals stand Polen unter sowjetischer Vorherrschaft. Einem FBI-Agenten wäre es nicht erlaubt worden, dort zu leben, wenn er nicht abtrünnig geworden wäre und mit dem polnischen und sowjetischen Geheimdienst zusammengearbeitet hätte.

„Bonnie, das ist verrückt", erwiderte Wauck.

Wauck sagt, er sei durch ihren Kommentar zwar beunruhigt gewesen, aber zu der Überzeugung gelangt, dass der Gedanke an den Ruhestand in Polen auf Hanssens strengen Katholizismus und seine Bewunderung für Papst Johannes Paul II. zurückzuführen sei, der aus Polen stammte.

1990 nahm Wauck zwei Wochen lang in Washington an einem Seminar des Außenministeriums über die Sowjetunion und Osteuropa teil.

„Als wir nach Hause kamen, sagte mir meine Frau Mary Ellen, meine Schwester Jeanne Beglis habe ihr gesagt, dass Bonnie ‚die Straße heraufgerannt sei' – die beiden Schwestern wohnen nur einen Block voneinander entfernt –, um ihr zu sagen, dass sie 5.000 Dollar in Bobs Sockenschublade gefunden habe."

Das entsprach einem heutigen Wert von 8.340 US-Dollar. Wauck hatte noch nie davon gehört, dass ein FBI-Agent so viel Bargeld hatte, und schon gar nicht in einer Kommodenschublade.

Nach Hanssens Verhaftung gestand Bonnie – die noch immer mit Hanssen verheiratet ist – gegenüber dem FBI, sie habe um 1980 herum erfahren, dass ihr Mann nicht genehmigte Beziehungen mit den Sowjets pflegte. Sie hatte ihn nämlich 1980 im Keller ihres Hauses in Scarsdale, New York, überrascht, als er eine Mitteilung an die GRU, den sowjetischen Militärnachrichtendienst, schrieb.

Hanssen versuchte, die Mitteilung vor ihr zu verbergen, und sie verdächtigte ihn, eine Geliebte zu haben. Um ihre Befürchtungen zu zerstreuen, gab er zu, dass er den Sowjets im Austausch gegen Tausende Dollar in bar Informationen geliefert habe. Er sagte, die Informationen seien wertlos, und versprach, die Beziehungen abzubrechen, einen Priester aufzusuchen und das Geld den Wohltätigkeitsorganisationen von Mutter Teresa zu spenden.

Bonnie leugnete gegenüber dem FBI, irgendwelche größeren Geldsummen gefunden zu haben. Doch Waucks Schwester Jeanne erzählte dieselbe Geschichte über die Entdeckung von Bargeld ihrem älteren Bruder Greg, der sie ebenso an Wauck weiterzählte. Waucks Befürchtungen wurden noch dadurch verstärkt, dass er über einen Kollegen, der in der FBI-Zentrale mit einem Vorgesetzten gesprochen hatte, von der Jagd des FBI nach einem Maulwurf innerhalb des Geheimdienstes wusste.

Nachdem Wauck von dem Bargeld ungeklärter Herkunft gehört hatte, diskutierte er darüber mit seiner Frau. Wenn er dem FBI erzählte, was er erfahren hatte, dann musste er mit Konsequenzen sowohl in seiner Familie als auch innerhalb des FBI rechnen. Die Behauptung, dass ein anderer Agent ein Spion sein könnte, hätte seiner Meinung nach dazu führen können, dass man seine Urteilsfähigkeit in Zweifel zog. Bis zu diesem Zeitpunkt war nur ein einziger FBI-Agent – Richard W. Miller – jemals wegen Spionage verhaftet worden, und das Material, das er preisgab, war von relativ geringer Bedeutung.

„Die Haltung des FBI lautete damals, dass Hochverrat und Spionage Dinge seien, die man zwar den Intelligenzbestien bei der CIA, aber nicht den ehrlichen Kerlen beim FBI zutrauen könne", sagt Wauck.

Ironischerweise war das FBI zwar für die Ermittlungen in Spionagefällen zuständig, hatte zu diesem Zeitpunkt jedoch keine Abteilung für interne Sicherheit, wo solche Befürchtungen hätten gemeldet werden können. Wauck kannte auch niemanden in der FBI-Zentrale, an den er mit einem guten Gefühl solche vertraulichen Informationen hätte weitergeben können.

Waucks Frau drängte ihn, das zu tun, was er für richtig hielt. Er entschloss sich, Lyle mitzuteilen, was er erfahren hatte. In New York hatten sie im gleichen Team zusammengearbeitet und waren gemeinsam zur Arbeit gependelt. Zudem nahm Wauck an, dass Hanssen eher für die Sowjetunion als für ein anderes Land spionierte. Lyle war gerade von der FBI-Zentrale nach Chicago versetzt worden, um die Aufsicht über die sowjetischen Angelegenheiten zu führen, und wäre somit am besten geeignet, um Waucks Bericht an die FBI-Zentrale weiterzuleiten.

Wie Wauck sich erinnert, sprach er Lyle an und sagte zu ihm, er habe ihm etwas mitzuteilen, was so vertraulich sei, dass er nicht im Büro darüber sprechen wolle. Er bestand darauf, dass sie einen Stock höher gingen und sich in einen fensterlosen Verhörraum setzten.

„Ich erzählte ihm von dem Geld, von der Maulwurfjagd und dem Kommentar über einen Ruhestand in Polen", sagt Wauck. „Mindestens eine halbe Stunde überlegten wir hin und her, vielleicht auch länger, und sprachen darüber, welchen Wert meine Informationen hatten. Irgendwann sagte er zu mir: ‚Bist du dir im Klaren, worüber du redest?' Und ich sagte: ‚Ja, Spionage.'"

Obwohl Wauck nicht sicher war, ob Hanssen ein Spion war, glaubte er, dass alle drei Punkte, die er gegenüber Lyle angesprochen hatte, zu vorläufigen Ermittlungen hätten führen sollen.

Wauck zufolge sagte Lyle: „Ich kümmere mich darum."

Danach nahm Wauck an, dass die Angelegenheit überprüft würde. Nach den FBI-Regeln würden Informationen über die Ermittlungen nur auf einer Need-to-know-Basis weitergegeben werden.

„Ich hatte das Gefühl, dass ich mein Möglichstes getan hatte, und dass ich in meiner Position dem FBI vertrauen musste, dass es der Sache nachgehen würde", sagt Wauck. „Mir war klar, dass Spionageermittlungen sich über viele Jahre hinziehen können und dass ein Maulwurf nicht permanent aktiv sein muss, was bei Hanssen der Fall war, wie sich herausstellen sollte."

Normalerweise verbrachte Wauck wenig Zeit mit Hanssen, außer dass er ihn hin und wieder bei Hochzeiten im Familienkreis sah. Wie jeder andere betrachtete auch er ihn als einen Sonderling.

„Meine Eltern und die Hanssens und etwa die Hälfte der restlichen Familie gehörten zum Opus Dei", sagt Wauck. „Ich habe ihrem Drängen, auch beizutreten, widerstanden und Hanssen wurde mir von meinen Eltern immer als Vorbild hingestellt. Er gehörte zum Opus Dei und führte eine perfekte Ehe, oder zumindest dachten sie das."

Wauck war nur einmal mit Hanssen allein, und zwar in den frühen 1990er Jahren, als Wauck, der von Beruf Anwalt war, im Schulungszentrum von Quantico als Lehrer im Fach Rechtskunde arbeitete. Damals besuchte er die Hanssens zu Hause. Er erinnert sich, dass Hanssen bei einer gemeinsamen Autofahrt sich über seine Versetzung von der FBI-Zentrale in die Washingtoner Außenstelle bitterlich beschwerte.

„Ich erinnere mich, dass ich sehr ruhig und zurückhaltend war, während er sprach, denn ich dachte mir: ‚Heiliger Bimbam, vielleicht ermitteln sie gegen ihn und versuchen, ihn von vertraulichem Material fernzuhalten.'"

Nachdem Wauck 1997 seinen ersten E-Mail-Account bei Juno.com eingerichtet hatte, wandte er sich an Hanssen mit der Bitte, ihn bei der Installation des Linux-Betriebssystems auf seinem Computer zu beraten. Bei dieser Gelegenheit schickten sie sich gegenseitig E-Mails. Wenn Wauck Hanssen für einen Spion hielt, warum hätte er ihm dann auf freundschaftlicher Basis E-Mails schreiben sollen? Diese Frage stellten die FBI-Agenten, die annahmen, dass Wauck die Geschichte über seine Warnung gegenüber Lyle erfunden hatte.

„Zu diesem Zeitpunkt dachte ich, dass es so aussieht, als hätten sie nichts gefunden", sagt Wauck. „Mir war klar, dass ich in meiner Position als Außenstellenagent in Chicago nicht erwarten konnte, über das Verfahren informiert zu werden." Abgesehen davon, dass Walt Stowe den Hergang bestätigt, ergibt Lyles Version des Gesprächs von 1990 keinen Sinn. Warum sollte jemand erwähnen, dass seine Schwester Bargeld in der Schublade ihres Mannes gefunden hat, ohne ein paar Hintergrundinformationen zu geben und einen Grund für das Ansprechen des Themas zu nennen?

Stowe sagt, sobald Wauck am Abend von Hanssens Verhaftung über sein Gespräch mit Lyle zu sprechen begonnen habe, sei ihm klar gewesen, „dass man vor zehn Jahren etwas übersehen hatte. Es wäre mir äußerst zuwider, erklären zu müssen, warum ich diese Information nicht meinem Vorgesetzten gemeldet habe."

18

„MUELLER, MORD"

AM MORGEN DES 11. SEPTEMBER 2001 UM 8.45 UHR PLANTE Robert S. Mueller III eine Brotzeit mit Reportern, als seine Sekretärin ihn aufforderte, den Fernseher anzuschalten.

Der neue FBI-Direktor eilte die krankenhausweißen Flure der Zentrale entlang von seinem Büro im siebten Stock bis zum Strategic Informations Operations Center (SIOC). Es handelte sich um einen 20 Millionen US-Dollar teuren Gebäudekomplex mit 20 Räumen mit Telefonen, sicheren Computern und Bildschirmen, die verwendet wurden, um große Einbrüche zu überwachen und zu koordinieren. Mueller war erst in der Woche zuvor in sein Büro eingezogen und nun traf ihn der doppelte Fluch, dass er einerseits mit den Attentaten zu tun hatte und versuchen musste, Pläne für mögliche neue Attentate aufzudecken, während er sich andererseits in seinen Job einarbeiten musste.

Mueller, der von Präsident George W. Bush zum Direktor ernannt worden war, hatte in Princeton seinen Abschluss gemacht.

Er hatte im Vietnamkrieg gedient und war mit dem Bronze Star sowie dem Purple Heart ausgezeichnet worden. Nach seinem Dienst bei der Marine wollte Mueller FBI-Agent werden. Mit diesem Ziel schloss er 1973 sein Jurastudium an der University of Virginia Law School ab. Doch anstatt zum FBI zu gehen, wurde er zunächst Staatsanwalt, zuerst in der Bundesanwaltschaft in San Francisco und dann in Boston. In der Zwischenzeit heiratete er auch seine High-School-Liebe Ann Standish.

1990 wurde Mueller zum stellvertretenden Justizminister ernannt und stand als solcher der Kriminalabteilung des Justizministeriums vor. In dieser Position leitete er die Strafverfolgung des Mafioso John Gotti, der libyschen Verdächtigen, die im Zusammenhang mit dem Lockerbie-Anschlag angeklagt waren, sowie des panamaischen Machthabers Manuel Noriega.

Mueller verließ 1993 das Justizministerium, um Teilhaber in der Bostoner Anwaltskanzlei Hale and Dorr zu werden. Allerdings hasste Mueller die freiberufliche Tätigkeit. Eines Tages rief er Eric H. Holder Jr., den Bundesanwalt in Washington, an. Mueller war als Chef der Kriminalabteilung des Justizministeriums Holders Vorgesetzter gewesen. Nun rief Mueller ihn an, um sich um einen Job zu bewerben.

„Er rief aus heiterem Himmel an und sagte, er wolle über Mordfälle verhandeln“, sagt Holder. „Ich dachte mir: ‚Wie bitte?‘ Das ist der Typ, der früher stellvertretender Justizminister war, der Leiter der Kriminalabteilung. Er kam in die Bundesanwaltschaft und verhandelte über Mordfälle wie einer aus den hinteren Reihen.“

Nachdem er im Mai 1995 seine Teilhaberschaft in der Kanzlei, die ihm 400.000 US-Dollar jährlich eingebracht hatte, im Austausch für ein staatliches Gehalt hinter sich gelassen hatte, fing er an, Messerstechereien und Schießereien strafrechtlich zu verfolgen. Am Telefon meldete er sich mit den Worten „Mueller, Mord“.

1996 wurde Mueller Leiter der Mordabteilung in der Bundesanwaltschaft. Er wechselte als Bundesanwalt nach San Francisco. Nach Präsident Bushs Amtsantritt wurde Mueller stellvertretender Justizminister, und Bush ernannte den 56-jährigen Mueller später auch zum FBI-Direktor.

Bei seiner Amtsantrittsanhörung wurde Mueller gefragt, ob er sich einem Lügendetektortest unterziehen würde. Anders als Freeh, der zwar sagte, er werde den Test machen, es dann aber nie tat, erwiderte Mueller: „Vielleicht kommt meine Haltung daher, dass ich in der Marine ausgebildet wurde, aber ich glaube an das Prinzip, dass man von anderen Leuten nichts verlangen sollte, was man nicht auch selbst tun würde. Ich habe mich also dem Lügendetektortest bereits unterzogen."

„Wie haben Sie das gemacht?", fragte Senator Orrin Hatch.

„Ich sitze hier; mehr habe ich dazu nicht zu sagen", erwiderte Mueller unter dem Gelächter der Senatoren.

Anders als Freeh war Mueller ein Verfechter der neuen Technologie. 1989 kaufte er einen Gateway-Computer für sein Zuhause, sodass er Posten für die Steuer leichter mit einem Quicken-Programm zählen konnte. Als er Bundesanwalt in Francisco war, beauftragte er einen talentierten Computerprogrammierer mit der Entwicklung neuer Software für die Aufzeichnung von Fällen. Das Programm namens Alcatraz wurde von den Bundesanwaltschaften im ganzen Land übernommen.

Mehrere Wochen vor seinem Amtsantritt als neuer Direktor traf Mueller sich mit Bob Dies, dem neuen Computerguru des FBI. Mueller kreuzte auf der Liste der zu installierenden Programme die Standardsoftware wie Microsoft Office an. Dies sagte zu ihm, er könne ihm diese zwar installieren, aber sie würde mit der anderen FBI-Software zusammen nicht funktionieren. Mueller war total verstört.

Kurz vor dem 11. September fing Mueller an, Tausende neuer Dell-Computer zu bestellen. Das zentrale Computersystem arbeitete jedoch so fehlerhaft, dass an die Agenten abgeschickte Kurzmitteilungen nie bei ihnen ankamen, und es gab keine Möglichkeit für den Sender, zu erfahren, ob eine Mitteilung angekommen war. Um ein einziges Dokument auf dem Automatischen Fallunterstützungssystem des FBI zu speichern, brauchte man zwölf einzelne Computerbefehle. Auf diesen Computerterminals mit ihren grünen Bildschirmen konnte das FBI zwar das Wort „Flug" oder das Wort „Schulen" suchen – dann wurden jedes Mal Millionen von Dokumenten angezeigt –, aber nach „Flugschulen" zu suchen war so kompliziert, dass fast niemand im FBI dazu imstande war. Hingegen konnte die CIA bereits seit 1958 auf ihren Computern nach Begriffen wie „Flugschulen" suchen.

Da Flugbegleiter der dem Untergang geweihten Flugzeuge die Sitzplatznummern einiger der Entführer gefunkt hatten, begannen die FBI-Agenten, die Sitzplatzzuteilungen den Namen der Entführer auf den Passagierlisten zuzuordnen. Die Agenten gingen Hinweisen aus Aufzeichnungen von Kreditkarten- und Telefongesellschaften nach. Jeder, der jemals mit einem Entführer zusammen in einem Haus gewohnt oder ein Hotelzimmer geteilt hatte, wurde sofort auf eine immer länger werdende Beobachtungsliste gesetzt.

Wenige Tage nach den Anschlägen vom 11. September fragte der Justizminister John Ashcroft das FBI nach einer Liste von Terrorverdächtigen, die vielleicht unter Beobachtung stünden. Ihm wurde gesagt, dass das FBI eine solche Liste nicht habe. Die Akten waren im ganzen Land verteilt und lagen alle nur in Papierform vor. Als Ashcroft fragte, warum das FBI solche Informationen nicht in seinen Computern habe, wurde ihm gesagt, dass das FBI mindestens 40 Computersysteme habe, aber die meisten nicht miteinander kommunizieren könnten. Da das Automatische Fallunterstützungssystem so primitiv war, hatten die Agenten Rapid Start entwickelt. Mit diesem provisorischen Computerprogramm konnten Agenten, die an einem Einbruchsfall arbeiteten, den Überblick über Ermittlungsberichte behalten, aber es war nie zum Management großer Fälle gedacht. Wegen Freehs Geringschätzung der Technologie war dies noch immer alles, was das FBI hatte. Als Berichte und Hinweise zu den Anschlägen hereinströmten, wurde Rapid Start so mit Dokumenten überfüllt, dass nichts mehr auffindbar war. Dies führte zu weiteren Verzögerungen.

Noch schlimmer war, dass Rapid Start nicht mit den Außenstellen verbunden war; die Berichte mussten daher zunächst auf ein externes Medium abgespeichert und an das Automatische Fallunterstützungssystem in jeder Außenstelle übermittelt werden. Abgesehen davon, dass dies Zeit kostete, war das Verfahren unzuverlässig. Es führte dazu, dass die Agenten im Strategic Information and Operations Center (SIOC) Hinweise oft telefonisch und per Fax an die Außenstellen übermittelten. Dutzende von Faxgeräten standen entlang der Wände und überfluteten das SIOC mit Papier.

„Manchmal wurden drei Agententeams zu einem Haus geschickt, wenn eigentlich nur ein Team hätte dorthin geschickt werden sollen, weil drei identische Hinweise hinausgeschickt worden waren", sagt Dies. „Unterdessen hätten wir diese zusätzlichen Agenten gebraucht, um anderen Hinweisen nachzugehen."

In einigen Fällen kam es dazu, dass das heruntergeladene Material nie auftauchte und somit auch keine diesbezüglichen Anrufe gemacht oder Faxe geschickt wurden. Hinweisen wurde tagelang nicht nachgegangen.

Robert M. Blitzer, der vor den Anschlägen in der FBI-Zentrale die Terrorismusabwehr leitete, sagt, dass das FBI einfach nicht über die Ressourcen verfügt habe, um mit Terrorismus umzugehen. FBI-Beamte wie Buck Revell und Bill Baker, die den Terrorismus schon früh als Problem erkannt hatten, hatten seither das FBI verlassen. Viele, die blieben, hatten nicht den Intellekt, um neue Strategien zum Umgang mit der Bedrohung zu entwickeln. Und wenn sie ihn hatten, mussten sie feststellen, dass Freeh ihnen nicht zuhörte.

„Ich glaube nicht, dass Freeh einem von uns jemals vertraut hat", sagt Blitzer.

Blitzer erinnert sich, dass er vor dem 11. September mit Meldungen über Bedrohungen und Hinweisen überschüttet wurde, die über die CIA, das Außenministerium, die NSA und die Defense Intelligence Agency (DIA) hereinkamen. Das FBI konnte das nicht alles analysieren, viel weniger jedem Hinweis zu seinem logischen Schluss folgen.

„Das FBI konnte wegen des Mangels an Ressourcen nicht alle Geheimdienstinformationen über Osama bin Laden analysieren und auswerten", sagt Blitzer. „Ich hatte Unmengen von Zeug auf meinem Schreibtisch. Es war verrückt. Ich ging auch am Wochenende ins Büro. Es gab Berge von Arbeit. Wir bekamen jedes Jahr Tausende von Hinweisen auf Bedrohungen. Ich fragte mich: ‚Was sollen wir damit tun? Ist das echt oder nicht? Wohin soll ich es schicken?' Wir versuchten, daraus schlau zu werden. Ich denke nicht, dass wir es jemals in den Griff bekamen."

Während die Terroristen verschlüsselt über das Internet kommunizierten, hatten die Agenten Computer ohne CD-ROM-Laufwerke. Weil Analysten und Computer fehlten, „wussten wir nicht, was wir hatten", sagt Bear Bryant, der ehemalige stellvertretende Direktor. „Wir wussten nicht, was wir wussten."

Zwar hat Mueller nie öffentlich Louis Freeh kritisiert, aber ein Referent sagt, Mueller habe bei seinem Amtsantritt „Erschütterung" darüber zum Ausdruck gebracht, dass Freeh die technologischen und administrativen Aspekte des FBI in einem „heillosen Durcheinander" hinterlassen habe. Mueller war bestürzt darüber, wie wenig das FBI über potenzielle Terroristen im Land wusste.

Als neuer Direktor begann Mueller mit der Restrukturierung des FBI, wobei er den Schwerpunkt auf die Technologie, die Analyse und die Zentralisierung der Terrorismusermittlungen in der FBI-Zentrale legte. Die Veränderungen machten deutlich, was Mueller über Freeh und einige seiner Verfahrensweisen dachte. Freeh verbrachte viel Zeit damit, den zuständigen Agenten bei den Ermittlungen zu dem Bombenanschlag zu spielen, der am 25. Juni 1996 auf den Schlafsaal des US-Militärpersonals in Dharan, Saudi-Arabien, verübt wurde. In seinem letzten Amtsjahr, kurz vor dem 11. September, gab Freeh gegenüber Elsa Walsh vom *New Yorker* acht Interviews, in denen er seine Hauptrolle in den FBI-Ermittlungen zu dem Bombenanschlag auf die Khobar Towers und seine Treffen mit saudiarabischen Funktionären zum Zweck, deren Unterstützung zu gewinnen, herausstellte.

Anders als Freeh betrachtete Mueller sich weniger als zuständiger Agent und sah sich mehr als Verwalter. Er las Managementbücher und beriet sich mit Führungskräften aus der Wirtschaft wie Lou Gerstner von IBM. Er holte den Lehrkörper und die Studenten der Harvard Business School, um eine Fallstudie des FBI und der von ihm initiierten Veränderungen durchzuführen. Anders als Freeh machte Mueller keine Werbung für sich. In Interviews mit mir weigerte er sich, zu erzählen, was er getan hatte, um sich der Auszeichnungen des Bronze Star und des Purple Heart würdig zu erweisen. Er sagte nur, er sei „in ein paar Feuergefechte geraten". Er fügte hinzu: „Man bekommt die Orden nie für das, wofür man sie wahrscheinlich verdient. Man bekommt sie immer für etwas, was man eigentlich gar nicht vorgehabt hat, zu tun."

Dennoch habe ich von der Marine die ehrenvolle Erwähnung bekommen, die zum Bronze Star gehörte. Sie besagt, dass der Zug, den Mueller führte, am 11. Dezember 1968 unter schweren Beschuss von Handfeuerwaffen, Maschinenwaffen und Granatwerfern durch eine Kompanie der nordvietnamesischen Armee geriet.

„Indem er ruhig eine Verteidigungslinie zog, bewegte Second Lieutenant Mueller sich furchtlos von einer Position zur nächsten, leitete das zielgenaue Gegenfeuer seiner Männer und rief ihnen ermutigende Worte zu", lautete die ehrenvolle Erwähnung.

Indem er seine eigene Sicherheit außer Acht ließ, „überwachte [Mueller dann] geschickt die Evakuierung der Verwundeten aus der Gefahrenzone und führte bei einer Gelegenheit persönlich einen Trupp über das brennende Gelände, um einen tödlich verwundeten Marinesoldaten zu bergen, der in eine Position vor den freundlichen Linien gefallen war", fährt die ehrenvolle Erwähnung fort.

Es war eine echte Feuerprobe, die ihn für die Herausforderungen, denen er als FBI-Direktor gegenüberstand, wappnen sollte.

„Ich denke, er hat erkannt, dass der Posten des FBI-Direktors in vieler Hinsicht eher damit vergleichbar ist, der Chef eines großen Unternehmens zu sein, als der größte zuständige Agent im FBI zu sein, denn vor allem geht es darum, sicherzustellen, dass die Einrichtung über alle Werkzeuge verfügt, die sie für ihre Ermittlungsarbeit braucht", sagt Daniel Levin, Muellers Personalchef während seines ersten Amtsjahres. „Vieles von dieser Arbeit ist weder aufregend noch sexy, aber sie ist extrem wichtig in technologischer Hinsicht, in Bezug auf die Dokumentation und das Personalmanagement sowie in Bezug auf die Anwerbung der richtigen Leute und die Schaffung von Anreizen, um sie bei der Stange zu halten und ihre Karrieren zu entwickeln. All das nahm er extrem ernst."

Wie ein großer Ozeanriese ändert das FBI seinen Kurs nicht schnell. Mueller hatte mit einer Bürokratie zu tun, die sich Neuerungen oft verweigerte und ihm nicht immer direkte Antworten gab. Mueller entfernte schon früh Sheila Horan aus dem Amt der stellvertretenden Direktorin der Gegenspionageabteilung. Er fand nicht nur, dass sie insgesamt nicht den Überblick über das Thema habe, sondern fand auch, dass sie ihn über den chinesischen Gegenspionagefall, an dem der FBI-Agent James J. Smith in Los Angeles mitgewirkt hatte, nicht angemessen informiert habe und es versäumt habe, ihn in Bezug auf Probleme mit dem Fall zu warnen. Smith bekannte sich schließlich schuldig im Hinblick auf die Anklage, das FBI belogen zu haben, um seine Affäre mit Katrina Leung, einer FBI-Informantin, zu verbergen. Beamte des Justizministeriums sagten, sie glaubten, dass Leung eine Doppelagentin für China sei und Geheimdokumente an dieses Land weitergegeben habe, aber sie wurde nicht der Spionage angeklagt.

Die Tatsache, dass Mueller Horan aus dem Amt entfernte, verdeutlicht vielleicht mehr als alles andere den Unterschied zwischen dem neuen Direktor und Freeh. Freeh hatte die Angewohnheit, jeden zu bestrafen, der eine andere Meinung als er vertrat oder ihm schlechte Nachrichten überbrachte. Mueller hingegen verbannte diejenigen, die es versäumten, ihn zu informieren.

Mueller war kein Diplomat. Als er früher die Kriminalabteilung des Justizministeriums geleitet hatte, schmiss er Büropartys bei sich zu Hause. Das Ende der Festlichkeiten signalisierte er, indem er die Lichter aus- und einschaltete. Als ehemaliger Marinesoldat erwartete Mueller, dass man seinen Anweisungen genau folgte. Er war nicht der Typ, der anderen das Händchen hielt. Gleichzeitig überschlug er sich fast, wenn es darum ging, FBI-Beamten, die einen Familienangehörigen verloren hatten, sein Beileid auszusprechen.

„Er erscheint wie der Ex-Marinesoldat aus dem Bilderbuch – ein strenger, sachlicher Typ, der Dummköpfe nicht ertragen kann“, sagt Michael R. Bromwich, ein ehemaliger Generalinspekteur des Justizministeriums.

„In den ersten Jahren seiner Amtszeit ließ er es einen deutlich spüren, wenn man keine Fakten hatte – nämlich indem er einen maschinengewehrmäßig mit Fragen zuballerte: ‚Und was ist damit? Und damit?‘“, sagt Art Cummings, der schließlich sowohl die Abteilung Terrorismusbekämpfung als auch die Abteilung Spionageabwehr leitete. „Er machte nie eine Pause, in der man hätte antworten können. Er wollte einem sagen, dass man dieses und jenes und das nicht hatte. Und die Botschaft dahinter lautete: ‚Komm nächstes Mal bloß nicht wieder ohne die richtigen Antworten hierher!‘“

Mit der Zeit seien Muellers Kreuzverhöre weniger unangenehm geworden, sagt Cummings. „Aber er ist immer noch sehr pointiert, sehr zielgerichtet.“ Wenn FBI-Beamte Muellers Anforderungen nicht gerecht wurden oder seine Weisungen nicht beachteten, drängte er sie auf ruhige Weise aus ihrem Job.

Unter Mueller wurde die Mission des FBI erneut vom Krieg definiert.

19

GEHEIMDIENST-DENKWEISE

ANGESICHTS DER TATSACHE, DASS ER UNTER DEM FBI-DIREKTOR direkt für den Schutz des Landes vor Terroristen und Spionen verantwortlich war, lebte Art Cummings in seltsamen Umständen.

Cummings war seit 1987 Agent und hatte fast jede Art von Fällen bearbeitet – Spionageabwehr, Gewaltverbrechen, Drogen, Kindesmissbrauch –, bevor er sich auf den Terrorismus konzentrierte. Die Risiken, die eine Tätigkeit als FBI-Agent mit sich brachte, störten Cummings nie. In gewisser Weise war er daran gewöhnt, Risiken einzugehen. Nachdem er an der Bowie High School in Maryland seinen Abschluss gemacht hatte, ging Cummings zu den Navy SEALs[1] und besuchte anschließend die University of California.

1) Spezialeinheit der US Navy

Während seiner ganzen College- und Navy-Zeit hatte Cummings zwei Motorräder, eine BMW 650 und eine Honda 900. Als er 1982 seine Frau Ellen heiratete, nahm sie ihm das Versprechen ab, nicht mehr Motorrad zu fahren, und er verkaufte sie. In der Navy und im FBI hatte Cummings 160 Fallschirmsprünge aus Flugzeugen gemacht. Als er sich entschloss, Fallschirmspringen zu seinem Hobby zu machen, sagte seine Frau zu ihm: „Ich bitte dich nur um eines: Kannst du dich bitte hinsetzen und einen Abschiedsbrief an jedes deiner Kinder schreiben, nur für den Fall der Fälle?" Damit war seine Fallschirmspringerei beendet.

Als FBI-Agent stieg Cummings zum stellvertretenden Direktor der Abteilung Terrorismusabwehr auf und war in dieser Funktion für internationale Terrorismusermittlungen verantwortlich. Ein Jahr lang war er stellvertretender Direktor des National Counterterrorism Center (NCTC). Dort sitzen 200 Analysten aus der CIA, dem FBI, der NSA und anderen Geheimdienstbehörden beieinander, tauschen Informationen aus und gehen rund um die Uhr Bedrohungen nach. Cummings war vorübergehend auch in Guantánamo Bay tätig, wo er die Gefangenen persönlich befragte.

Im Januar 2008 wurde Cummings von Mueller zum geschäftsführenden stellvertretenden Direktor der FBI-Abteilung Nationale Sicherheit ernannt. In dieser Funktion leitete er sowohl die Terrorismus- als auch die Spionageabwehr. Cummings behielt sein Haus in der Gegend von Richmond, Virginia, wo Ellen und seine drei Kinder im Teenager-Alter lebten. An den Wochenenden fuhr er fast zwei Stunden nach Richmond und wieder zurück.

Unter der Woche lebte Cummings auf seinem sieben Meter langen Segelboot, das in der Nähe von Annapolis, Maryland vor Anker lag, etwa 45 Minuten Fahrtstrecke von Washington entfernt. Er stellte seinen Wecker auf 3.10 Uhr in der Frühe. Um 4.15 Uhr trainierte er bereits im Fitnessraum des FBI. Um 6.00 Uhr saß er frisch geduscht in seinem Büro. Jeden Tag legte er seine .45-kalibrige Glock-Pistole in einen Safe. Dann setzte er sich hin und prüfte Lageberichte über die neuesten terroristischen Bedrohungen und die neuesten Entwicklungen in Spionagefällen. Als zusätzliche Vorsichtsmaßnahme sind die Fensterrollos in Cummings Büro im siebten Stock der FBI-Zentrale geschlossen, um zu verhindern, dass Gespräche durch auf die Fenster gerichtete Geräte abgehört werden. Auch wenn Besucher des FBI-Gebäudes sich einer Prüfung des Strafregisters unterziehen müssen, kann trotzdem niemand die Chefetage betreten, wo Cummings, Mueller und andere hochrangige Führungskräfte ihre Büros haben, ohne vorher eine persönliche PIN in eine Sicherheitsvorrichtung zu tippen.

Um 7.00 Uhr traf Cummings sich mit seinen Mitarbeitern. Um 7.30 Uhr besuchte er Mueller im Büro des Direktors. Um 8.30 Uhr traf er sich mit dem Justizminister. Um 9.00 Uhr traf er sich wieder mit Mueller. Gelegentlich traf Cummings sich mit Präsident Obama, wie er sich vorher mit Präsident Bush getroffen hatte.

Abends verließ Cummings das Büro um 19.45 Uhr oder um 20.00 Uhr. Er fuhr nach Annapolis zurück und machte einen Zwischenstopp in einer Imbissbude in der Nähe der Chesapeake Bay Bridge, wo die Tresenkraft seine übliche Bestellung kannte: ein halbes Pfund Thunfischsalat, eine Tüte SunChips und ein kaltes Dos-Equis- oder Sol-Brava-Bier. Auf dem Weg zu seinem Boot machte er einen weiteren Zwischenstopp bei dem Yachthafen-Clubhaus, wo er seine Zähne putzte. Dann fuhr er 400 Meter zum Kai. An vielen Wochenenden konnte Cummings wegen Einbruchsfällen gar nicht nach Richmond zurückfahren.

Diese Art von hektischem Lebensstil begann für Cummings am Tag der Anschläge auf das World Trade Center und das Pentagon. Damals leitete Cummings ein Terrorismusabwehrteam in der Richmonder FBI-Außenstelle. An diesem Nachmittag rief

Dale L. Watson, der das nationale Terrorismusabwehrprogramm des FBI leitete, Cummings verzweifelt an. Er betrachtete Cummings als jemanden, der raffiniert war und sich nicht davor fürchtete, seinen Chefs genau das zu sagen, was er dachte. Watson brauchte ihn in Washington. Er gab ihm bis Mitternacht Zeit, um dorthin zu kommen. Cummings kam um 23.30 Uhr an. Schließlich lebte Cummings drei Monate lang in einem Marriott-Hotel an der Kreuzung zwischen der Ninth Street und der F Street, North Washington, und er hatte in dieser Zeit tägliche Arbeitszeiten von 14 Stunden.

Alle Geheimdienstinformationen, die hereinströmten, wiesen auf eine zweite Welle von Attentaten hin, die wahrscheinlich in den Monaten nach dem 11. September verübt würden. Der Library Tower in Los Angeles sollte ein Ziel sein. Der Druck, diese Attentate zu verhindern, war enorm.

„Hört mal, Leute, wenn sie noch einmal zuschlagen, dann sind wir alle weg vom Fenster", sagte Pasquale „Pat" D'Amuro, der die Ermittlungen zum 11. September leitete, zu Cummings und anderen bei einem Meeting.

In den Tagen nach dem 11. September war Cummings der FBI-Zentrale nur vorübergehend zugeteilt. Doch nachdem D'Amuro gesehen hatte, wie Cummings eine PowerPoint-Präsentation abhielt, entschloss er sich, ihn auf Dauer in der Zentrale einzusetzen. D'Amuro ernannte Cummings zum Leiter der Abteilung Dokumentenauswertung und schließlich zum Leiter der Abteilung Kommunikationsauswertung. Danach ernannte er ihn zum Leiter der ersten nationalen Gemeinsamen Terrorismusabwehr-Einsatzgruppe[2], in der Dutzende von Geheimdienst- und Polizeibehörden bei der Terrorismusbekämpfung zusammenarbeiteten. Schließlich

2) Joint Terrorism Task Force.

hatte das FBI 106 örtliche Gemeinsame Terrorismusabwehr-Einsatzgruppen gegenüber nur 35 vor dem 11. September 2001. Im März 2003 war Cummings von Mueller zum Chef der International Terrorism Operations Section 1 (ITOS 1) ernannt worden, die Einsätze im Zusammenhang mit Al Kaida leitet.

„Die wirkliche Befürchtung [nach dem 11. September] lautete: ‚O.k., wenn sie nun hier sind, wie können wir sicherstellen, dass sie nicht noch einmal einen Anschlag machen?'", sagt Cummings. „Wir können uns nicht den Luxus erlauben, uns Zeit zu lassen. Wenn sie hier sind, dann planen sie schon weitere Attentate. Vielleicht wurden sie bei dieser ersten Welle gestört, aber wenn es eine zweite Welle geben sollte, dann müssen wir ihr zuvorkommen."

Als FBI-Beamter, der für die Spionageabwehr und die Terrorismusabwehr zuständig war, koordinierte Cummings nun die FBI-Einsätze mit den anderen Geheimdiensteinrichtungen. Cummings, der gegenüber der Presse nie zuvor ein Interview gegeben hat, während er Leiter der Terrorismus- und der Spionageabwehr war, hat in einer Reihe von Interviews für dieses Buch erstmals seine Erfahrungen und Gedanken publik gemacht.

Vor dem 11. September 2001 musste Cummings die aus seiner Sicht verrückte Strategie der Trennung von Geheimdienst- und Kriminalermittlungen bekämpfen. Diese Strategie gehörte zu der sogenannten Mauer, die die Justizministerin Janet Reno errichtet hatte. Eine Rechtsauslegung aus dem Jahr 1995 durch Richard Scruggs, einen von Reno eingestellten Beamten des Justizministeriums, hatte die staatlichen Bemühungen, Terroristen zur Strecke zu bringen, bevor sie Leute umbrachten, entscheidend gelähmt.

Als Chefjustiziar der Abteilung für Geheimdienststrategien und – überprüfung[3] des Justizministeriums entschied Scruggs,

3) Office of Intelligence Policy and Review.

dass bei Anträgen für elektronische Überwachung in das Ausland betreffenden Spionage- oder Terrorismusabwehrfällen die Informationen, die zu geheimdienstlichen Zwecken gewonnen wurden, nicht mit denen vermischt werden durften, die Verwendung bei einer strafrechtlichen Verfolgung finden könnten. Durch den Foreign Intelligence Surveillance Act von 1978 (FISA) war ein Gericht gegründet worden, das über Anfragen nach elektronischer Überwachung in solchen Fällen entschied. Bis Scruggs auftauchte, hatte es diesbezüglich keine Probleme gegeben. John Martin, der die Spionageabteilung des Justizministeriums leitete, verfolgte über 76 Spione strafrechtlich, wobei er fein säuberlich unterschied zwischen Informationen, die zu geheimdienstlichen Zwecken gewonnen worden waren, und solchen, die für strafrechtliche Ermittlungen gewonnen worden waren.

Wenn er Agenten beriet, traf Martin die Aussage, dass sie bei der Überwachung von KGB-Offizieren, die über diplomatische Immunität verfügten, im Rahmen von routinemäßigen Spionageabwehrermittlungen, durchaus die Information gewinnen könnten, dass ein Staatsbediensteter Geheimnisse an die Russen weitergab. Der FISA anerkannte ausdrücklich, dass dies routinemäßig passiert und dass daher eine Spionageabwehrermittlung und eine Spionageermittlung sich oft nicht voneinander trennen lassen. Gemäß Gerichtsentscheidungen konnten die gesammelten Beweise problemlos zur Unterstützung einer strafrechtlichen Verfolgung verwendet werden, solange der „Hauptzweck" der Anfangsermittlungen darin bestand, Geheimdienstinformationen zu sammeln. Keine Strafverfolgung wurde jemals aufgrund einer Berufung verworfen.

Scruggs vertrat jedoch folgenden Standpunkt: Um zu zeigen, dass der Hauptzweck von Ermittlungen ursprünglich Spionageabwehr und nicht Strafverfolgung sei, sollten diejenigen, die anfangs an dem Fall arbeiteten, keinerlei Kontakt mit Staatsanwälten haben.

Als ich Scruggs fragte, warum er den Kontakt zwischen dem FBI und Staatsanwälten des Justizministeriums angesichts der Erfolgsbilanz bei der Strafverfolgung von Spionage problematisierte, sagte er zu mir, ein Gericht habe entschieden, dass das Justizministerium sich bei der Strafverfolgung von Ronald Humphrey und David Truong „ordnungswidrig“ verhalten habe. Humphrey war ein Angestellter der U.S. Information Agency und Truong hatte Geheimdokumente des Außenministeriums von Humphrey an die Nordvietnamesen weitergeleitet. Dieser Fall, der Anfang 1978 vor Gericht gebracht wurde, hatte sich jedoch vor dem Inkrafttreten des FISA ereignet. Er war daher irrelevant. Zudem hatte ein Berufungsgericht die Verurteilungen bestätigt. Auf diesbezügliche Nachfragen hin antwortete Scruggs, er habe gedacht, dass der Fall sich nach der Verabschiedung des FISA ereignet habe. Zu dem Zeitpunkt, als Scruggs die Anweisung erteilte, hatte jedoch kein Gericht entschieden, dass Geheimdienstinformationen gemäß dem FISA ordnungswidrig in einer Spionage-Strafverfolgung verwendet worden seien.

Nachdem Reno und der Stellvertretende Justizminister Jamie Gorelick die Anweisung Scruggs gebilligt hatten, die die Trennung von Geheimdienst- und Kriminalangelegenheiten bei einem FISA-Antrag forderte, setzte Scruggs' Personal im Justizministerium seine Maxime durch, indem es die Warnung ausgab, dass FBI-Agenten bei Zuwiderhandlung gekündigt oder sogar wegen eines schweren Verbrechens strafrechtlich verfolgt werden könnten. Bald überreagierten das FBI und die CIA auf die Warnung und begannen, Informationen aus Strafverfolgungs- und aus Geheimdienstquellen selbst dann zu trennen, wenn kein Antrag auf eine richterliche Anordnung gemäß dem FISA gestellt wurde.

Dies führte zur Errichtung einer so unflexiblen Mauer, dass es FBI-Agenten in derselben Terrorismusabwehreinheit verboten war, den Fall, an dem sie gemeinsam arbeiteten, zu besprechen. Innerhalb des FBI wurden Akten über denselben Fall getrennt voneinander aufbewahrt. Was zur kriminalistisch relevanten Seite des Falls gehörte, wurde mit der Klassifikationsnummer 65 versehen, während dem geheimdienstlich Relevanten die Nummer 199 zugeteilt wurde.

„Die Mauer hat praktisch unsere letzte große Chance vereitelt, die Flugzeugentführer vor dem 11. September 2001 zu fassen", schreibt Stewart Baker, eine ehemaliger Rechtsberater der National Security Agency und stellvertretender Sekretär des Ministeriums für Innere Sicherheit in seinem Buch *Skating on Stilts: Why We Aren't Stopping Tomorrow's Terrorism*. Er wies darauf hin, dass durch diese Mauer dem FBI Hindernisse bei der Suche nach Khalid al-Mihdhar auferlegt worden seien. Khalid al-Mihdhar war einer der Entführer des 11. September, der über seine Adresse oder Daten in Reservierungssystemen mit elf der anderen Entführer verbunden war.

Scruggs hatte eine „Blockierung in seinem Denken, die von Janet Reno und Jamie Gorelick akzeptiert wurde", sagt Martin. Doch nur wenige im FBI hatten den Mut, diese Sache anzugehen, die auf einen riesigen Regierungsskandal hinauslief. Cummings allerdings schon. Er erinnert sich daran, dass er zu Marion „Spike" Bowman, der FBI-Anwältin, die die Abteilung für nationales Sicherheitsrecht leitete und dafür verantwortlich war, die Mauer aufrechtzuerhalten, sagte: „Spike, das ist Blödsinn! Damit kann ich nicht leben."

„Du hast aber keine andere Wahl", erwiderte Bowman.

Cummings ersann einen Weg, um die Mauer zu umgehen – es war wirklich eine List. Er sagte zu Bowman: „Ich werde einen

199er-Fall anlegen. Ich werde das als Geheimdienstfall bearbeiten. Aber ich lege eine Kriminalakte als Unterakte an."

„Eigentlich müsstest du aber einen 65er anlegen", erwiderte Bowman.

Cummings sagte, das werde er nicht tun. Er konnte sich nicht den Luxus erlauben, einen zweiten Agenten mit einem Fall zu befassen, sodass der eine die Sache als Kriminalfall und der andere als Geheimdienstangelegenheit verfolgen konnte. Das Anlegen einer Unterakte war eine sinnlose Geste, um Bowman zu beruhigen und Scruggs Anweisung zu umgehen.

Nach dem 11. September 2001 wurde die Mauer durch den USA Patriot Act durchbrochen, indem dieser die Gesetzesauslegung verwarf, die mit Scruggs Anweisung begonnen hatte. Der Patriot Act erlaubte es dem FBI auch, einen Terrorverdächtigen unabhängig davon, welches Telefon er benutzte, abzuhören. Zuvor hatte das FBI, wenn ein Verdächtiger von einem Festnetztelefon zu einem Handy und zu einem Münztelefon wechselte, bei jedem Wechsel zu einem anderen Telefon eine neue FISA-Anordnung beantragen müssen, was zu wochenlangen Verzögerungen geführt hatte. Unglaublicherweise durfte das FBI sogenannte Roving Wiretaps, also Überwachungsmaßnahmen für unterschiedliche Aufenthaltsorte und Kommunikationsmittel aufgrund pauschaler Genehmigungen, in Fällen organisierter Kriminalität oder des Drogenhandels durchführen. In Terrorismusfällen, bei denen es um Bedrohungen ging, die das Überleben des ganzen Landes gefährden konnten, war dies jedoch nicht erlaubt. Doch als der für die Terrorismusabwehr zuständige FBI-Beamte musste Cummings ein viel größeres Problem lösen: Er musste die FBI-Kultur dahingehend verändern, dass mehr Wert auf Prävention gelegt wurde.

Zwei Tage nach den Anschlägen vom 11. September begannen Mueller und der Justizminister Ashcroft, Bush zu informieren.

„Sie sprachen darüber, wie die Terroristen an Flugtickets kamen, wie sie die Flugzeuge bestiegen, von einem Flugplatz zum anderen gelangten und dann unsere Bürger angriffen", sagt Andy Card, Bushs Personalchef. „Und der Präsident war zwar an dem Bericht sehr interessiert, sagte aber: ‚Herr Direktor, so trägt man Beweismaterial für eine Strafverfolgung zusammen. Ich möchte aber wissen, was sie über die terroristischen Bedrohungen zu sagen haben, die bisher noch keine konkreten Formen angenommen haben, und wie wir sie verhindern können.'"

Wie Bush in seinem Buch *Decision Points* schreibt, bekräftigte Mueller: „Das ist unsere neue Mission: Anschläge zu verhindern."

Mueller trug die Botschaft in die Zentrale zurück: Unterbindet Anschläge, anstatt einfach nur auf sie zu reagieren. Natürlich hatte das FBI schon immer versucht, Terroranschläge zu verhindern, bevor sie verübt wurden. Oft war das FBI dabei auch erfolgreich. In den sechs Jahren vor dem 11. September stoppte das FBI 40 Anschlagspläne, bevor sie ausgeführt werden konnten. Das FBI vereitelte einen Versuch der Al Kaida, den Holland-Tunnel und den Lincoln-Tunnel zwischen New Jersey und Manhattan, das Gebäude der Vereinten Nationen und die New Yorker Außenstelle des FBI in die Luft zu sprengen.

Unter der Führung Freehs neigte das FBI jedoch dazu, jedes Ereignis als einen Einzelfall zu behandeln, anstatt die Gesamtbedrohung zu erkennen und die ganze Al Kaida zu bekämpfen, wie das FBI es mit dem Ku-Klux-Klan und der Mafia getan hatte.

Dazu kam noch folgender Umstand: Aufgrund der gnadenlosen Medienkritik und aufgrund des Fehlens einer klaren Autorität unter den Richtlinien des Justizministeriums war das FBI so eingeschüchtert und politisch korrekt geworden, dass es nicht einmal wagte, Verdächtige bis in Moscheen zu verfolgen, obwohl bekannt war, dass sie dort ihre Attentatspläne ausheckten. Da Sheik

Omar Abdel-Rahman ein Geistlicher war, debattierten das FBI und das Justizministerium monatelang darüber, ob Ermittlungen gegen ihn eröffnet werden sollten. Später wurde er im Zusammenhang mit dem ersten Anschlag 1993 auf das World Trade Center verurteilt.

Unter den Richtlinien, die vor dem 11. September galten, durften FBI-Agenten sich Online-Chatrooms nicht einmal ansehen, um Hinweise auf Leute zu finden, die vielleicht Terroristen anwerben oder Informationen über die Herstellung von Sprengstoffen verbreiten. Zuerst musste das FBI die Feststellung treffen, dass es eine solide Ermittlungsbasis gab, bevor es sich in Chatrooms anmelden konnte, die jeder Zwölfjährige betreten konnte.

Anders gesagt, „es musste praktisch ein Verbrechen begangen werden, bevor man ermitteln konnte", sagt Weldon Kennedy, der ehemalige stellvertretende FBI-Direktor. „Wenn dies nicht der Fall war, konnte man keine Ermittlungen eröffnen."

„Vor dem 11. September sagte man uns, dass es uns nicht erlaubt sei, Ermittlungsaktivitäten im Internet durchzuführen, obwohl es öffentlich ist", sagt Cummings. „Dasselbe galt für Moscheen. Es ist ein öffentlich zugänglicher Versammlungsort, aber wir wurden absolut daran gehindert, als FBI-Agenten in eine Moschee zu gehen. Ebenso hinderte man uns daran, uns von einem Informanten über Vorgänge in der Moschee berichten zu lassen oder ihn irgendetwas in der Moschee ansehen zu lassen, wenn wir keine bestimmte Zielperson in der Moschee hatten."

Es war ein Tabu, sich auf arabische Männer zu konzentrieren, wie ein Agent aus Phoenix es in einer Mitteilung vorgeschlagen hatte, da er darüber beunruhigt war, dass Araber Flugunterricht nahmen.

„Denken Sie daran, unter der Regierung vor dem 11. September hat das Justizministerium gegen die Pittsburgher Polizeibehörde ermittelt, weil diese Profiling angewandt hatte", sagt Cummings. „Profiling galt damals als eine ganz, ganz üble Sache. Stellen Sie sich mal vor, wir wären in dieser Zeit vor dem 11. September zu Flugschulen gegangen und hätten gesagt: ‚Wir wollen, dass Sie uns eine Liste von all Ihren Schülern aus dem Nahen Osten geben.' Sie hätten gesagt: ‚Wie bitte? Gibt es etwa ein Problem mit Schülern aus dem Nahen Osten, von dem wir nichts wissen? Warum gehen Sie nicht zur ACLU[4] und zum American-Arab Anti-Discrimination Committee und sprechen mit denen darüber?' Da wäre einiges auf uns zugekommen. Im Fall der arabischen Männer, die Flugunterricht nahmen, hätten wir Ermittlungen nicht rechtfertigen können."

Das änderte sich, sobald Mueller nach dem 11. September von seinem Meeting mit Bush zurückkam. Cummings sagte zu den Agenten: „Der Direktor hat gesagt: ‚Wir haben diese neue Mission. Es ist eine Präventivmission.'"

Das Hauptziel des FBI hatte immer darin bestanden, Leute einzusperren. Doch Cummings sagte zu den Agenten, dass diese Strategie das Land tatsächlich gefährden könne. Das Hauptziel sollte darin bestehen, nicht eine Strafverfolgung herbeizuführen, sondern Informationen zu gewinnen, um Terrororganisationen zu infiltrieren und zukünftige Attentatspläne zu verhindern. Cummings betrachtete „Geheimdienstinformationen" als ein ausgefallenes Wort für Informationen. Das FBI hatte Geheimdienstinformationen genutzt, seitdem es Hinweisen folgte, um schließlich den Bankräuber John Dillinger im Biograph-Kino in Chicago zu umstellen. Es nutzte Geheimdienstinformationen, um den Ku-Klux-Klan auszulöschen, und ebenso, um beinahe die Mafia auszulöschen. Doch die Verwendung des Wortes „Geheimdienstinformationen" ver-

4) American Civil Liberties Union. US-amerikanische Nichtregierungsorganisation, die sich für Bürgerrechte einsetzt.

mittelt eine Denkweise, die betont, wie wichtig es ist, mit einer Verhaftung zu warten.

Wenn ein Agent sagte, er wolle einen Verdächtigen aufgrund einiger Verletzungen des Ausländerrechts fertigmachen, dann sagte Cummings zu dem Agenten: „Sie sagen mir also, Sie haben Ihren Job gemacht, Sie wissen alles, was es über ihn, seine Organisation, sein Umfeld, alle seine Reisen, alle seine Freunde und alle seine Familienmitglieder zu wissen gibt? Er ist kein lohnender Informant und es lassen sich keine verwertbaren Geheimdienstinformationen von ihm gewinnen?"

Oft wurde dies mit Schweigen beantwortet.

Cummings sagte dann zu dem Agenten: „Sie müssen hier eine überlegte Entscheidung treffen. Ihr Ziel ist nicht die Verhaftung. Ihr Ziel ist, aus diesem Verdächtigen unsere Informationsbasis zu machen. Dieser Typ wird uns jetzt genau erzählen, wie groß und umfassend die Gefahr sein könnte. Er wird nun zu einem Mittel der Informationsgewinnung anstatt zu einem Ziel der Informationsgewinnung. Ich möchte, dass Sie dies in seiner Gesamtheit verstehen." Dann sagte Cummings zu dem Agenten: „Wenn er kein lohnender Informant ist und seine Informationen nicht verwertbar sind, dann nutzen Sie Ihre Polizeigewalt und setzen Sie alles daran, ihn zu verhaften."

Viele Agenten, die dachten, sie wären dem FBI beigetreten, um Leute hinter Gitter zu bringen, wunderten sich.

„Es gab ein Kommunikationsproblem", sagt Cummings. Die Agenten sagten: „Ich habe fast während meiner ganzen beruflichen Laufbahn in der Terrorismusabwehr gearbeitet. Was denkt der Chef wohl, was wir anderes getan haben, als Anschläge zu verhindern?"

Der Unterschied bestand Cummings zufolge darin, dass das FBI nach der Verhaftung von Ramzi Yousef, des Drahtziehers des ersten Attentats auf das World Trade Center, dachte, die Angelegenheit sei damit erledigt, und keine weiteren Maßnahmen ergriff, um Hinweise zu gewinnen, mit denen zukünftige Attentatspläne aufgedeckt werden konnten.

„Vor dem 11. September war meine erste Überlegung, dass ich eine Anklage in die Tasche bekam", sagt Cummings. „Die CIA hätte die Sache anders aufgezogen, und das war auch richtig so. Sie wollten nicht vor einem Gericht als Zeuge aussagen. Wir dagegen gingen davon aus, dass man eine Anklage auch verwendete, wenn man eine hatte. Man haut sie auf den Tisch, nimmt den Typ mit und packt ihn in ein Flugzeug. Man bringt ihn nach Hause, steckt ihn ins Gefängnis und dann denkt man: ‚O.k., heute habe ich einen tollen Job gemacht.'"

Cummings sagt, unter den heutigen Umständen „hätte ich meinen Agenten gesagt, dass sie im Grunde die Gefährdung der Amerikaner gerade vergrößert anstatt verringert haben. Das ist ein völlig anderer Ansatz, der wenig Ähnlichkeit mit dem früheren hat."

Nick Abaid, der als Agent 28 Jahre lang in der Terrorismus- und Spionageabwehr tätig war, bestätigt diesen Punkt, indem er sagt: „Es war oft schwierig, den Leuten in der Verwaltung und den Agenten beizubringen, dass das Gewinnen von Geheimdienstinformationen ein langwieriger und oft zäher Prozess, aber der effektivste Weg ist, um an die nötigen Informationen zu kommen. Unsinnige Fristen für das Erlangen von FISA-Anordnungen, eine ungeduldige Überwachung des Anwerbeprozesses und das Beharren auf Verhaftungen und Verurteilungen gehörten zu der Mentalität, die das FBI beherrschte, solange ich zurückdenken kann. Viel davon wurde auf die Notwendigkeit zurückgeführt, gute Statistiken abzuliefern, sodass wir mit den wunderbaren Dingen, die wir geleistet hatten, herumprahlen konnten, wenn wir vor dem Kongress aussagten."

Wenn diese kurzfristig orientierte Denkweise durch eine neue geheimdienstlich orientierte Denkweise ersetzt wird, ist dies mit Risiken verbunden. Bei seiner Entscheidung über den Umgang mit einem Verdächtigen musste Cummings die Notwendigkeit, mehr Geheimdienstinformationen zu gewinnen, gegen die Notwendigkeit abwägen, sicherzustellen, dass ein Terrorist nicht zuschlug, während er unter FBI-Überwachung stand.

„Wenn man einen Fehler macht, gibt es Tote", sagt Cummings.

20

DAS TACOPS CENTER

DER EINGANG DER TECHNISCHEN FORSCHUNGSEINRICHTUNG des FBI sieht sehr wie der Helm eines römischen Gladiators aus – mit rechteckigen Gucklöchern, die alle Besucher wild anstarren. Dieser elegante, zweistöckige Empfangsbereich auf dem Gelände der FBI-Akademie in Quantico führt zu zwei höheren Gebäudeteilen aus Glas und Ziegelsteinen, die ebenso bedrohlich wirken. Besucher müssen sich einer Prüfung ihres Strafregisters unterziehen, bevor sie hier eintreten dürfen.

Im zweiten Stock befindet sich die Verwaltung der Tactical Operations Section. Doch der geheimste Teil der Abteilung – das Tactical Operations Center, das Teams für verdeckte Einbrüche einsetzt – befindet sich extern an einem streng geheimen Ort in Virginia. Die Agenten nennen es einfach „the Center".

Neben Abhör- und Aufspürgeräten entwickelt die Technische Forschungseinrichtung Methoden zur Überwindung von Schlössern sowie von Alarm- und Überwachungssystemen. Zum Beispiel hat die Forschungseinrichtung eine Million Dollar ausgegeben, um die israelische Hochsicherheitsproduktlinie Mul-T-Lock zu überwinden, die als nicht nachschließbar und nicht aufbohrbar beworben wurde.

Um mit den neuesten Entwicklungen der Alarmsystemhersteller Schritt zu halten, nehmen TacOps-Agenten verdeckt an Schulungen teil, die von gewerblichen Alarmsystemherstellern angeboten werden. Würden sie sich als FBI-Agenten zu erkennen geben, würden die Unternehmen sie nicht zulassen. Manchmal gehen sie auch in Aufzugtechnik-Schulungen oder in Lkw-Fahrschulen. Die Agenten verstecken sich vor einem verdeckten Einbruch nicht nur in Bürogebäuden und fahren oben auf Aufzügen mit, sondern sie lernen auch, Aufzüge so zu programmieren, dass diese nicht auf einem Stockwerk anhalten, wo sie gerade Wanzen installieren.

TacOps führt nicht nur verdeckte Einbrüche für das FBI durch, sondern auch für andere Behörden, wie die Drogenbekämpfungsbehörde[1] und die NSA, wenn diese Hilfe bei der Infiltration der Kommunikation ausländischer Botschaften oder beim Abhören von Verdächtigen in Drogenfällen brauchen. In einigen Fällen bricht TacOps mit dem Einverständnis eines anderen Landes in Gebäude in Übersee ein, wenn das FBI hinter Zielpersonen von gemeinsamem Interesse her ist – zum Beispiel hinter der organisierten Kriminalität in Russland.

Gelegentlich bitten Kongressabgeordnete oder Beamte aus der öffentlichen Verwaltung mit „Top Secret"-Sicherheitsunbedenklichkeits-Bescheinigung darum, über TacOps informiert zu werden. Das FBI lehnt dies entweder ab oder informiert sie zwar, wenn es dazu verpflichtet ist, aber gibt nur wenige Einzelheiten preis. Dies war auch der Fall bei Peter Orszag, unter Präsident Obama

1) Drug Enforcement Agency

Direktor des Office of Management and Budget. Doch mit Genehmigung des FBI-Direktors ermöglichte der geschäftsführende stellvertretende Direktor Louis Grever für dieses Buch Interviews mit denjenigen, die nun für TacOps verantwortlich sind, nämlich mit J. Clay Price, dem Leiter der Tactical Operations Section, und mit dem Agenten, der stellvertretender Abteilungsleiter für das Tactical Operations Support Center ist. Da er verdeckt arbeitet, wird er hier mit dem fiktiven Namen Jimmy Ramirez bezeichnet.

Ein Interview fand in einem Besprechungsraum im zweiten Stock des Westflügels der Technischen Forschungseinrichtung statt, wo Abhörgeräte und Systeme zur Deaktivierung von Alarmanlagen und Computersicherungssystemen entwickelt werden. In dem neueren Ostflügel liegt der Schwerpunkt auf dem Abhören von Kommunikation und dem Abfangen von E-Mails sowie auf der Entschlüsselung von Telekommunikationsverschlüsselung. Im Gegensatz zum strengen Äußeren des Gebäudes ist das Innere luftig, hell und geräumig.

Ramirez sagt, er habe in seinen 14 Jahren bei TacOps über 5.000 verdeckte Einbrüche durchgeführt. Nun da er der Chef von TacOps ist, nimmt er immer noch gelegentlich an besonders anspruchsvollen Einbrüchen teil.

„Ich würde viel lieber da draußen Einbrüche machen", sagt Ramirez.

Auf ausländische Geheimdienstbehörden loszugehen, stellt die größte Herausforderung dar, da diese Fallen stellen, um Einbrüche zu entdecken. Als ein feindlicher Geheimdienstoffizier die Vereinigten Staaten besuchte, wollte das FBI die Festplatte seines Laptops kopieren, von dem die Agenten glaubten, dass er sie in seinem Hotelzimmer aufbewahrte. Geheimdienstoffiziere sollten zwar keine vertraulichen Daten auf einem ungesicherten Computer abrufen oder speichern, aber sie sind auch nur Menschen und machen manchmal Fehler. Es kommt auch vor, dass sie vertrauliches Material vor ihrer Einreise löschen. In diesem Fall kann das FBI es wiederherstellen.

Als das FBI den feindlichen Geheimdienstoffizier ins Visier nahm, mietete es ein anderes Zimmer in dem Hotel. Ramirez erfuhr vom Überwachungsteam, dass die Zielperson ihr Zimmer verlassen hatte und an einer Konferenz in dem Hotel teilnahm. Daraufhin gab er grünes Licht dafür, in das Zimmer zu gehen.

Die Agenten begannen, das Gepäck des Mannes zu durchsuchen. Eine Methode, ein Eindringen zu entdecken, besteht darin, dass die Geheimdienstoffiziere eine Schnur um ihr Gepäck binden und diese auf eine bestimmte Weise verknoten. Oder sie lassen einen Reißverschluss teilweise offen. Die Agenten mussten sicherstellen, dass alles wieder in den Zustand versetzt wurde, in dem sie es vorgefunden hatten.

„Wir haben ein spezielles Team, das ‚Flaps and Seals'-Team, das den Gegenstand zuerst fotografiert", sagt Ramirez. „Sie suchen nach Haaren und Fasern – Fallen würden wir das in unserem Jargon nennen – auf diesem speziellen Gegenstand. Bevor wir den Computer an eine andere Stelle bewegen, müssen wir sicher sein, dass wir ihn im gleichen Zustand zurückstellen können. Beispielsweise kann jemand seine Brille in einer bestimmten Weise dagegengelehnt haben. Die Methode muss nicht raffiniert sein. Sie muss nur effektiv sein."

Die Agenten machten gerade Fotos, als Ramirez ein Geräusch an der Hotelzimmertür hörte.

„Ich gehe zur Tür hinüber, sehe durch das Guckloch hindurch und da befindet sich eine Person, zu der die Beschreibung der Zielperson passt", sagt er.

Ramirez bat den für den Fall zuständigen Agenten, einen Blick auf den Mann zu werfen.

„Schei … , das ist der Typ“, sagte der Agent. Damit meinte er, dass der Mann die Zielperson war.

„Unmöglich“, sagte Ramirez. „Ich höre gerade über meinen Ohrhörer, dass er laut Überwachungsteam in einem Zug ist.“

Irgendwie hatte das Überwachungsteam seine Spur verloren. Im FBI-Jargon werden Überwachungsteams „Keyholder-Teams“ genannt. Von ihnen wird erwartet, dass sie die Keyholder „in der Tasche“ halten. Wenn das Team sie verliert, sagen die Agenten, dass sie „außerhalb der Tasche“ sind. In diesem Fall war die Zielperson definitiv außerhalb der Tasche.

„Entweder hatten sie ihn bei der Konferenz mit jemand anderem verwechselt und dachten tatsächlich, dass sie ihm immer noch auf der Spur seien, oder sie wollten es niemandem sagen, dass sie ihn verloren hatten“, sagt Ramirez. „Vielleicht dachten sie, dass sie ihn jeden Moment wiederfinden würden, und bei einem Einsatz wie diesem wollten sie nicht über Funk eingestehen, dass sie ihn verloren hatten. Ich sage ihnen, dass es o.k. ist, ihn zu verlieren, aber dass wir es wissen müssen. Bitte haltet diese Information nicht zurück. Er wird jetzt nämlich gleich in meinem Zimmer sein.“

Der Geheimdienstoffizier versuchte weiter, mit seinem Schlüssel die Tür zu öffnen, aber Ramirez hatte ein von der Technischen Forschungseinrichtung entwickeltes Gerät an der Tür platziert, sodass diese nicht geöffnet werden konnte. Unterdessen funkte Ramirez einen hispanischen Agenten an, der in dem Hotel war. Er sagte zu ihm, er solle sich als Hotelangestellter ausgeben, der zufällig gesehen habe, dass der Geheimdienstoffizier Schwierigkeiten habe. Er sagte, er solle vorwiegend auf Spanisch sprechen, um den Geheimdienstoffizier noch weiter zu verwirren.

„In gebrochenem Englisch sagte der Agent zu ihm, dass das Hotel Probleme mit dieser Serie von Schlössern habe“, sagt Ramirez. „Er bat ihn, sich nicht an das Hotelmanagement zu wenden, da er sonst seinen Job verlieren würde. Er entschuldigte sich und bot an, ihm eine Tasse Kaffee zu kaufen. Genau solche Leute haben wir in unserem Team. Er schaffte es, ihn lange genug wegzulocken, dass wir das Feld räumen konnten."

Um sich Zutritt zu verschaffen, können die Agenten ein lautes Rauschen im Telefonanschluss der Zielperson von einem Telefonmasten oder einem Kellergewölbe aus verursachen. Wenn die Zielperson die Telefongesellschaft anruft, um die Störung zu melden, dann sehen die Agenten dies auf ihrem Anrufüberwachungsgerät, das die gewählten Nummern anzeigt. Die Agenten nehmen den Anruf dann selbst an und geben vor, zum Personal der Telefongesellschaft zu gehören. Sie versprechen, dass sofort ein Servicetechnikerteam losgeschickt wird. Wenn die falschen Servicetechniker in den Uniformen der Gesellschaft ankommen, installieren sie ein Abhörgerät in dem fraglichen Telefon oder im nächsten Telefonverteilerkasten.

In einem Mafia-Fall in Brooklyn versuchten Ramirez und Price, die 200 Einbrüche gemacht hatten, herauszufinden, wie sie Zugang zu der Wohnung der Zielperson bekommen könnten. Der Mann wohnte im zweiten Stock eines dreistöckigen Sandsteinhauses. Drei Tage vor Weihnachten bemerkten sie, dass er öfter in den Keller ging, um Weihnachtsdekoration heraufzuholen. Sie machten Aufzeichnungen über seine Bewegungen und installierten Mikrofone, als er wieder einen seiner Ausflüge in den Keller machte. Das Mikrofon, das sie in seinem Telefon installierten, störte jedoch den Telefonanschluss des Mannes.

„Wir merkten das, weil er ans Telefon ging und anfing, zu schimpfen und zu fluchen, wobei er sagte, dass sein Telefon nicht funktioniere", sagt der 49-jährige Price.

Der Mafioso rief die Telefongesellschaft an, und das FBI half gerne aus.

„Als er anrief, fingen wir den Anruf ab, und er sprach mit uns", sagt Price.

„Guten Tag, wie kann ich Ihnen helfen?", fragte ein Agent.

„Mein Scheißtelefon funktioniert nicht", sagte der Mafioso.

„Wir sind gleich bei Ihnen", erwiderte der Agent.

„Wir kommen also in unseren falschen Telefongesellschafts-Uniformen in unserem falschen Telefongesellschafts-Lkw", sagt Price. „Der Typ stand direkt neben uns. Wir sagten, wir bauen es auseinander. Also nahmen wir es raus, bauten ein neues Mikro rein, reparierten sein Telefon."

„Ihr seid echt klasse", sagte der Mann.

Als das FBI später den Mafioso verhaftete, „nahm er gleich eine aggressive Haltung ein", sagt Price. „Ihr habt nichts gegen mich in der Hand, leckt mich doch!"

Die Agenten spielten ihm Schnipsel seiner aufgenommenen Gespräche vor.

„Schließlich hat er alles gestanden und kooperiert", sagt Price.

Bevor Agenten entscheiden, wie sie mit einem Hund umgehen, prüfen sie ihn. Hunde, die keine Polizei- oder Militärhunde sind, könnten zwar beißen, aber nicht so wild wie Hunde, die zum Beißen trainiert worden sind. Wenn der Hund wild ist, wird das FBI ihn sedieren.

„Wenn ich die Dosierung einschätze, muss ich mit dem Gewicht des Hundes sehr genau sein", sagt Ramirez. „Wenn ich ihm nämlich zu viel von dem Medikament gebe, dann muss man während des Einbruchs versuchen, ihn wieder zu vollem Bewusstsein zu bringen. Wenn ich ihm andererseits nicht genug gebe, werden manche dieser Hunde wild und sogar noch aggressiver. Klar, er macht ja nur seinen Job und schützt seine Familie."

Anstatt die Hunde zu sedieren, freunden die Agenten sich lieber mit ihnen an oder richten Feuerlöscher auf sie. Sie wollen ihnen schließlich nicht schaden. Ein Hund, der sediert wurde, kann unter Nebenwirkungen, wie zum Beispiel Durchfall, leiden, und die Agenten wollen den Zielpersonen keinen Anlass geben, Verdacht zu schöpfen.

Als die Agenten das Haus einer Person des organisierten Verbrechens in Las Vegas überprüften, berichteten sie, dass der Mann einen 16 Kilo schweren Schnauzer habe. Doch als Ramirez hinging, um seine eigene Einschätzung zu machen, stellte er fest, dass der Mann einen 34 Kilo schweren Bouvier des Flandres hatte, der wie ein Riesenschnauzer aussieht. Als er den Hund in Las Vegas überprüfte und im ganzen Haus Sensoren installierte, fütterte er ihn mit einem Burger King Whopper.

„Er war richtig wild auf Whopper", sagt Ramirez. „Am Anfang biss er in den Maschendrahtzaun und zog ihn tatsächlich mit den Zähnen zurück. Nach zwei Tagen Whopper kam er zum Zaun, um mich zu sehen, und bellte nicht mehr."

Als Ramirez und Grever schließlich in das Haus einbrachen, wartete der Hund auf einen Whopper und Ramirez gab ihm einen. Anstatt Ramirez anzugreifen, leckte der Hund ihm das Gesicht ab. Danach nannten die Kollegen aus dem TacOps-Team Ramirez den „Hunde-Mann".

Ramirez war in einer Washingtoner Wohnung eines ausländischen Geheimdienstoffiziers im Einsatz, als ihn eine Katze begrüßte. „Diese Katze sieht mich an und erkennt, dass ich nicht der Wohnungseigentümer bin", sagt Ramirez. „Etwas stimmt hier nicht. Sie rast zur Hintertür. Die Hintertür ist eine 1,80 Meter lange Schiebetür. Sie rennt direkt in diese Glastür und liegt dann ohnmächtig auf dem Teppich."

Ramirez fragte sich, wie er die Katze wieder zu Bewusstsein bringen könnte, damit die Zielperson nicht im Hinblick auf den Einbruch gewarnt wurde.

„Schließlich kam die Katze wieder auf die Beine", sagt Ramirez. „Ich glaube, sie war bloß verblüfft. Sie steht auf, blickt nach mir zurück und rast ins Schlafzimmer. Wir haben während des ganzen Einbruchs die Katze nicht mehr gesehen."

Als Ramirez das Haus eines Russen betrat, der zum organisierten Verbrechen gehörte, achtete er darauf, ob ein Alarm anging. Bevor dieser den Alarmüberwachungsdienst warnen konnte, würde Ramirez ihn elektronisch unterdrücken. Es geschah jedoch nichts, sodass er dachte, der Alarm sei nicht eingeschaltet worden, weil noch jemand im Haus sei.

„Wir wollen also sicherstellen, dass niemand da ist", sagt Ramirez. „Also bewegen wir uns mit unseren Nachtsichtgeräten vorsichtig durchs Haus und hören eine Stimme sagen: ‚Hallo?'"

Die Agenten erstarrten und sahen sich gegenseitig mit gezogenen Waffen an. Genau in diesem Moment fing der Papagei, der „Hallo" gesagt hatte an, noch mehr zu sprechen. Der Vogel befand sich in einem Wintergarten und hatte sturmfreie Bude.

„Er sprach besser als unsere Schlossknacker", witzelt Ramirez.

Um sicherzustellen, dass nichts schiefgeht, informiert Ramirez in solchen Fällen einen Polizisten, der in einer gemeinsamen Einsatzgruppe mit dem FBI ist. Nur selten informieren die Agenten den Polizeichef. Die Polizeidienststelle oder einzelne Polizisten könnten nämlich das eigentliche Ziel von Ermittlungen sein.

In einem Fall in Washington waren alle Bewohner außer Haus. Ein kleines Mädchen, das auf der anderen Straßenseite wohnte, übernachtete jedoch im Haus einer Freundin in der Nachbarschaft. Offenbar geriet sie in einen Streit mit ihrer Freundin und entschloss sich daher um zwei Uhr morgens, mit ihrem Hund nach Hause zu gehen, der gemeinsam mit ihr beim Übernachten gewesen war.

„Zwei Schlossknacker und ich selbst waren an der Hintertür des Hauses", sagt Ramirez. „Wir meinten, wir könnten die ganze Nacht dort bleiben. Und da kommt diese junge Dame vorbei, und ihr kleiner Hund hat uns wahrscheinlich schon am hinteren Gartentor gerochen. Er stößt sie irgendwie an und sie sieht zwei unserer Leute. Und nun hören wir über Funk, dass ein Fußgänger zu dem Haus auf der gegenüberliegenden Straßenseite geht."

Nachdem das Mädchen die zwei verdächtigen Männer auf dem Grundstück gesehen hatte, ging sie klugerweise die Straße weiter in ihr Haus, wo sie ihren Vater aufweckte und ihm sagte, dass Leute im Haus gegenüber einbrächen.

„Er ruft die Polizei, und wir fangen die Entsendung der Polizisten mit unserem Polizeifunkscanner ab", sagt Ramirez. „Anstatt des Polizisten kommt nun unser Einsatzgruppenpolizist. Er prüft die Örtlichkeit, geht hinüber und setzt sich hin und tut so, als würde er das junge Mädchen befragen", sagt Ramirez. „Wir haben uns von diesem Ziel mehrere Monate lang ferngehalten."

In diesem Fall konnte der Einsatzgruppenpolizist, der mit dem FBI zusammenarbeitete, die Entsendung stoppen. Falls doch einmal Polizisten entsendet werden, zeigen die Agenten ihren Ausweis und sagen, dass sie „arbeiten". Das genügt.

Manchmal kleiden Agenten sich auch als Polizisten, aber das kann riskant sein.

„Man muss vorsichtig mit solchen Listen sein, denn wenn ich versuche, einen anderen Polizisten zu täuschen, dann weiß er alles über diese Schicht, und in diesem Punkt kann man niemanden täuschen", sagt Ramirez. Agenten ziehen nie einen Polizisten aus der Nachbarschaft zur Unterstützung heran, denn er könnte ein Freund der Zielperson sein oder sogar von ihr bestochen worden sein.

In einem Fall sah ein Nachbar in einer Wohnung auf der anderen Seite eines Hofes während eines Einbruchs etwas Verdächtiges und wählte den Notruf. Der Mann sagte zu dem Dispatcher, er habe eine Waffe und könne hinübergehen und die Einbrecher zur Rede stellen.

„Natürlich will die Polizeidienststelle nicht, dass man das tut", sagt Ramirez. „Der Dispatcher gab ihm den guten Rat, sich nicht zu rühren und abzuwarten, und Gott sei dank für alle Beteiligten, befolgte er diesen Rat." Als die Polizei auftauchte, „waren unsere Jungs abgehauen".

Bei der Ausübung seiner Mission tauscht TacOps Methoden mit den Geheimdiensten von Großbritannien, Australien, Neuseeland und Kanada aus. In Terrorismusfällen arbeiten Agenten eng mit Großbritanniens MI5 zusammen.

„Sie sind viel risikoscheuer als wir", sagt Ramirez. „Wir machen in zwei oder drei Wochen das, wofür sie monatelang oder manchmal sogar jahrelang planen würden."

Jede Außenstelle hat Technikagenten, die mit dem TacOps Center bei bestimmten Einbrüchen zusammenarbeiten können. In seltenen Fällen kommt es nach eingehender Prüfung der Risiken und der Geheimdienstinformationen über eine Zielperson vor, dass TacOPs einer lokalen Außenstelle grünes Licht gibt, einen Einbruch alleine durchzuführen.

Spezialagenten, die Außenstellen leiten, verlangen manchmal, dass TacOPs einen Einbruch sofort durchführt, ohne dass vorher die nötige Überwachung stattfindet.

„Wir kriegen am Freitagabend diese Anrufe, und sie denken sich alle diese Gründe aus, warum wir an diesem Wochenende rauskommen und es machen müssen", sagt Ramirez. „Wir wissen nichts über die Zielperson. Und das ist das Unheimlichste."

TacOps wägt das Risiko gegen den Erfolg des Einsatzes ab. Wenn die Zielperson ein Terrorist ist, der kurz davor steht, eine Bombe detonieren zu lassen oder eine chemische Waffe einzusetzen, wird TacOPs einwilligen und sofern nötig mehr Agenten zur Überwachung hinzuziehen. In einem solchen Fall „tun wir, was immer wir tun müssen. Wir nehmen alle notwendigen Risiken auf uns, damit man in das Haus kommt", sagt Ramirez.

Wenn keine Gefahr unmittelbar bevorsteht, weisen die Agenten schon einmal höflich darauf hin, dass beim Auftreten von Problemen die Karriere des leitenden Spezialagenten gefährdet sein könnte. Dann schreckt der leitende Spezialagent schnell zurück.

Wenn kein verdeckter Einbruch stattfindet, machen die Technikagenten der Außenstelle ihre Einsätze allein. Beispielsweise begannen die örtlichen Technikagenten in Cincinnati am 26. April 2007, ein GPS-Aufspürgerät in einem Mercedes-Benz zu installieren, der Gerardo Mulato gehörte. Mulato war ein illegaler Einwanderer aus Mexiko und wurde verdächtigt, Mitglied einer Bande zu sein, die „Black Tar"-Heroin von Mexiko nach Cincinnati transportierte. Da das GPS-Gerät an der Außenseite des Autos unter dessen Boden angebracht wurde, war es eigentlich kein verdeckter Einbruch.

Mulato parkte sein Auto auf einem Parkplatz an 1995 Waycross Road vor dem Mehrfamilienhaus, in dem er wohnte. Zum Schutz vor Diebstahl hatte er eine Überwachungskamera mit Mikrofon in einem Fenster installiert, das auf den Parkplatz hinausging. Diese sandte Bilder und Töne in sein Schlafzimmer in seiner Wohnung auf der Rückseite des Gebäudes.

Mulato war um 4.20 Uhr morgens wach und sah, wie Männer um sein Auto herum kauerten. Er griff nach seiner 9-Millimeter-Ruger-Pistole und rannte hinaus. Nur mit einem T-Shirt und einem Paar Shorts bekleidet, stellte er die Fremden zur Rede, bei denen es sich um Technikagenten aus der örtlichen FBI-Außenstelle handelte.

„Er sah, wie diese Typen an seinem Auto rummachten", sagt Price. „Er zieht also seinen riesigen Revolver raus und geht dorthin, um zu sehen, was los ist. Er richtet seine Waffe auf einen Agenten. Der Agent sagt: ‚FBI! Lassen Sie die Waffe fallen!' Er ließ die Waffe nicht fallen und der Agent erschoss ihn."

Aufgrund dieses tragischen Ergebnisses hat das FBI seine Richtlinien für sogenannte „Schnell"-Installationen geändert.

„Wir verlangen nun die Benachrichtigung der lokalen Polizeibehörde, wenn nicht ein zwingender Grund genannt wird", sagt Grever. „Die Technikagenten müssen Schutzkleidung tragen und sich ohne Umschweife offiziell ausweisen können. Es muss einen dokumentierten Einsatzplan geben, der Notfälle berücksichtigt. Abriegelungsteams müssen bereitstehen und zwar nahe genug, um eine Zielperson daran zu hindern, ungeschützten und verletzlichen Agenten entgegenzutreten."

Solche Einsätze werden nun nicht mehr auf einer Straße oder auf einem Parkplatz durchgeführt, sondern an einem Ort, den Grever beschönigend „ein kontrolliertes Umfeld" nennt. Wenn das FBI zum Beispiel aufgrund einer gerichtlichen Anordnung die Telefonanrufe einer Zielperson abhört, erfahren es die Agenten, wenn er plant, sein Auto in die Werkstatt zu bringen. Wenn sie der Autowerkstatt vertrauen, können sie mit ihr zusammenarbeiten und ein GPS-Aufspürgerät installieren, wenn das Auto abgegeben wird.

„Eine weitere Möglichkeit besteht im Diebstahl des Autos", sagt Grever. „Eigentlich stehlen wir das Auto gar nicht, da wir eine gerichtliche Anordnung erwirken, die es dem FBI genehmigt, das Auto so lange zu beschlagnahmen, dass wir jedes Gerät installieren können, für dessen Installation wir eine rechtmäßige Genehmigung haben." Nach nochmaliger Überlegung sagt Grever: „Vielleicht ist ‚ausleihen' das bessere Wort. Wenn wir ein Auto ausleihen, parken wir normalerweise genau das gleiche Auto am selben Ort während der kurzen Zeit, in der wir den echten Wagen haben, für den Fall dass die Zielperson oder deren Komplize zufällig nach dem Auto sehen sollte."

In einem Fall in New York City tauchte die Zielperson auf und sah in das Auto hinein, das sie für ihr eigenes hielt. Dann fuhr der Mann mit dem Wagen seiner Frau fort. Sein Auto war tatsächlich etwas weiter entfernt in derselben Straße in der Parkbucht einer Feuerwache, wo ein Aufspürgerät in ihm installiert wurde. Aber um in einem solchen Fall einen möglichen Verdacht zu zerstreuen „gehört es zu unseren speziellen Methoden, dass wir sichtbare Gegenstände, wie Handtaschen oder Aktentaschen, immer aus dem Auto der Zielperson entfernen und sie in unserem gleich aussehenden Auto platzieren", sagt Grever.

TacOps hat auch in Erwägung gezogen, die Schlösser und das Zündschloss in dem Ersatzauto zu erneuern, sodass sie dem des Autos der Zielperson entsprechen, aber die Fahrer würden wahrscheinlich merken, dass das Ersatzauto ein anderes verräterisches Quietschen oder einen anderen Geruch hat. Grever sagt, glücklicherweise habe „bisher noch nie jemand versucht, mit einem unserer Doppelgänger-Autos eine Spritztour zu machen".

21

DIE JAGD

NACH DEM 11. SEPTEMBER 2001 KAM REFLEXARTIG DIE Kritik auf, dass das FBI und die CIA sich kein richtiges Bild gemacht hätten. Dem lag die stillschweigende Annahme zugrunde, dass die beiden Behörden Attentatspläne aufdecken könnten, indem sie einfach nur einen Cursor auf einem Computerbildschirm hin- und herbewegen. Dies hätte jedoch in keiner Weise die Art von sorgfältig gegliedertem Plan aufgedeckt, wie ihn Osama bin Laden und einige seiner Stellvertreter erdacht hatten.

Sicher hätte ein Zusammentragen aller vorhandenen Daten und deren fachgerechte Auswertung wahrscheinlich zu aggressiveren Ermittlungen geführt, durch die möglicherweise mehr Spuren aufgedeckt worden wären.

Ob diese Ermittlungen jedoch die Ausführung der Pläne verhindert hätten, sei dahingestellt. Außer Frage steht jedoch, dass solche Ermittlungen notwendig sind, um zukünftige Pläne aufzudecken. Das Problem vor dem 11. September bestand darin, dass die Informationen, durch die Attentatspläne aufgedeckt werden konnten, überhaupt nicht vorhanden waren. Es gab wenig Anhaltspunkte, um sich ein richtiges Bild zu machen.

Art Cummings' Job war es, Geheimdienstinformationen zu gewinnen, um diese Anhaltspunkte aufzudecken. Nach Cummings Ansicht lief Terrorismusabwehr auf eine Jagd hinaus.

„Ich weiß, dass er da ist, ich weiß, dass er versucht, jemanden zu töten. Wie finde ich ihn?", sagte er. „Es geht darum, das Verhalten und die Aktivität zu verstehen, wie der Verbrecher aussieht und riecht und atmet, und dann muss man ein System zusammenfügen, um Jagd darauf zu machen."

Schon früh hat Cummings den Verhörbetrieb in Guantánamo aufgebaut und aus erster Hand gelernt, wie man Terroristen zum Kooperieren bringt, ohne Zwangsmaßnahmen anzuwenden. Als Cummings erstmals in Guantánamo auftauchte, sagte der leitende amerikanische General: „Ich weiß nicht, warum Sie hier sind. Sie werden keinen von diesen Leuten verhaften."

„Herr General, Sie verstehen nicht im Mindesten, was der Job des FBI ist", sagte Cummings zu ihm. „Wir kommen nicht mit Handschellen hierher. Mein Job ist es, Geheimdienstinformationen zu gewinnen. Ich muss herausbekommen, was in ihren Köpfen vorgeht."

Als Cummings und andere Agenten während der Verhöre in Guantánamo ein ungeheuerliches Verhalten beobachteten, meldeten sie es der FBI-Zentrale. Im Oktober 2002 hockte ein Marine-Kapitän während eines intensiven Verhörs eines muslimischen Gefangenen auf einem Exemplar des Koran. Im selben Monat wickelten die Vernehmenden den Kopf eines bärtigen Gefangenen in Klebeband, weil er nicht aufhörte, aus dem Koran zu zitieren. Ein Vernehmender prahlte gegenüber einem FBI-Agenten, er habe einen Gefangenen gezwungen, sich stundenlang satanische Black-

Metal-Musik anzuhören, dann habe er sich als katholischer Priester verkleidet und ihn „getauft“. Ein solches Verhalten entsprach nicht den beim Militär geltenden Regeln.

Zwangsmaßnahmen waren für Cummings nichts Neues. Während seiner Schulungszeit als Navy SEAL musste Cummings sich solchen Methoden unterziehen, darunter die Foltermethode des Waterboarding beziehungsweise des simulierten Ertrinkens, die man im Falle einer Gefangennahme vielleicht bei ihm hätte anwenden können. Er vertrat jedoch den Standpunkt, dass Zwangsmaßnahmen und Erniedrigungen bei abgebrühten, militanten Islamisten wahrscheinlich nicht funktionieren würden.

„O.k., damit wir uns richtig verstehen“, sagte er. „Sie wollen also irgendwie einen jungen Dschihadisten zu etwas zwingen, der gerade Tausende von Kilometern durch die Wüste und unbekannte Gebiete gereist ist, um seinen Arsch zu riskieren, indem er, der vielleicht total untrainiert ist, unter wirklich harten, schmutzigen, scheußlichen und schwierigen Umständen stirbt. Glauben Sie etwa im Ernst, Sie können diesen Typen irgendwie gefügig machen? Sie haben diesen Typen halb verhungert in einer Höhle gefunden, wo er nur noch etwas Wasser zu trinken hatte. Was wollen Sie ihm denn zufügen, um ihn zu zwingen, irgendetwas zu tun, außer dass er Sie noch mehr hassen wird?“

„Wenn man andererseits gegen irgendeinen Otto Normalverbraucher von der Straße vorgeht, der in der amerikanischen Mittelschicht aufgewachsen ist, ja, dann funktioniert es wahrscheinlich“, sagt Cummings. „Wenn es aber um einen Dschihadisten geht, dann funktioniert es vielleicht, vielleicht auch nicht.“

Cummings räumt ein, dass man mit Zwangsmaßnahmen Informationen schneller hervorlocken kann. Er sagt jedoch: „Man kann damit tatsächlich auch Täuschung fördern. In dem Sinne, dass der Gefangene denkt: Was immer nötig ist, um meinen Kopf aus diesem Eimer Wasser rauszukriegen – ich werde dir etwas erzählen, damit das geschieht."

Cummings wusste, was funktioniert. Vielleicht konnten andere nicht verstehen, wie FBI-Agenten aus Mördern kooperierende Informanten machten, ohne aggressive Taktiken zu benutzen. Tatsache sei aber, sagt Cummings, dass „wir nach dem 11. September einen Fall nach dem anderen hatten, wo echte, wirkliche Verbrecher sich wochenlang mit uns in Hotelzimmern zusammensetzten und mit allem herausrückten".

Auch wenn das FBI gerne denkt, dass es eine moralisch überlegene Position einnimmt, „ist das eigentlich nicht der treibende Grund", sagt Cummings. „Der treibende Grund ist ehrlich gesagt folgender: Wir denken, dass wir als Organisation viel effizienter sind, wenn wir auf diese Weise arbeiten. Und es erfordert gar nicht so viel Zeit. Man lernt es direkt bei der Arbeit. Man arbeitet mit jemandem und sieht dann, was ihm wichtig ist. Treibt ihn die Familie an? Sind ihm seine Kinder wichtig? Geht es ihm um die Karriere? Oder um seine Freiheit? Was ist es, das ihn antreibt, und wodurch wird seine Motivation aufrechterhalten?"

Der Ansatz ist derselbe wie bei der Bearbeitung eines Kriminalfalls.

„Man hat einen betrunkenen Fahrer vor sich, und dann geht man alles mit ihm durch, angefangen bei der Suche nach vernünftigen Erklärungen bis hin zu allen möglichen Themen", sagt Cummings. „Man sagt zu ihm: ‚Ich weiß, dass Sie es nicht wollten. Natürlich nicht. Sie haben Fahrerflucht begangen, das war irgendwie dumm, wir haben das alle schon mal getan' – auch wenn es in Wahrheit nicht zutrifft. Wenn man einen kleinen Funken in seinen Augen sieht, dann bearbeitet man dieses Thema."

Andererseits konnte die CIA darauf verweisen, dass Attentatspläne vereitelt wurden, indem sie Hinweisen auf einzelne Terroristen nachging, die durch Zwangsverhörmethoden gewonnen worden waren. Die CIA-Beamten sagen, dass sie unabhängig von der verwendeten Methode versuchen würden, alle Informationen zu bestätigen, die sie von einem Terroristen bekommen hätten. Selbst die Aufnahmen von Gesprächen seien nicht unfehlbar, bemerken sie. Ein Gespräch könnte inszeniert sein – die CIA muss also versuchen, alle gewonnenen Informationen zu überprüfen.

Wenn Cummings versuchte, einen Terroristen in Guantánamo zur Kooperation zu bewegen, dann probierte er verschiedene Themen aus.

„Man versucht, den Kerl zu verstehen, wer immer er auch ist", sagt er. „Die meisten von ihnen sind sehr jung. Man versucht, herauszufinden, was ihn antreibt, was auf der Grundlage seiner Kultur wichtig für ihn ist. Das könnten zum Beispiel Ehe und Kinder sein."

Cummings sagte in etwa: „Du wirst deine Mutter nie wieder sehen." Er erklärt: „Die Kerle sind hartgesotten, aber man sollte gewisse Werte wahren und nie sein Mitgefühl verlieren. Man ist nie grob aus bloßem Selbstzweck. Das gilt für uns nicht deshalb, weil wir einfach ein Haufen toller Leute sind, sondern weil Mitgefühl wirklich funktioniert. Wir setzen uns vor einen Bankräuber hin und sagen zu ihm, dass sein Leben völlig die Spur verloren hat und dass er es wieder in die Spur bringen muss, wenn er jemals wieder das Leben eines normalen Menschen führen will. Das ist ein zwingendes Argument."

Cummings hat herausgefunden, dass Terroristen am stärksten auf einen Blick in ihre Zukunft reagieren.

„Verstehst du, du wirst in diesem Stahlkasten sterben", sagte Cummings „Und wenn du tot bist, dann ist dein Leben futsch. Du wirst sterben, und du wirst für niemanden eine Bedeutung haben. Wenn du stirbst, dann kommst du in ein anonymes Grab, und niemand wird wissen, wie du gestorben bist, wann du gestorben bist oder wo du begraben bist."

Cummings achtete auf die Körpersprache des Gefangenen und auf Hinweise, ob sein Ansatz funktionierte. Wenn nicht, probierte er vielleicht einen anderen Weg.

„Ich sah einen Kerl, der nur dasaß und sich nicht bewegte", sagt Cummings. „Die Tränen strömten ihm nur so übers Gesicht, als ich zu ihm sagte, dass er nie ein Kind haben würde", erinnert er sich. „Er heulte nicht, aber ich wusste, dass ich ihn so weit hatte. Vielleicht dauert es noch ein paar Tage, aber ich werde ihm keine Ohrfeigen geben. Damit wird er nur gestählt – sein Mut wird gestählt. Es verstärkt seinen Hass gegen mich."

Stattdessen bietet Cummings ihm einen Hoffnungsschimmer. „Wenn du jemals willst, dass ich mich für dich einsetze, dann werde ich der Kanal sein, durch den du hier rauskommst", sagte er. „Ich bin es. Sieh mir direkt in die Augen! Ich bin es! Niemand sonst in der Welt. Das ist alles. Du musst mir aushelfen, und ich werde dir hier raushelfen."

Die meisten sind auch für Genussmittel empfänglich.

„Das ist die eine Sache, die mit viel Zeit immer funktioniert", sagt Cummings. „Irgendwann haben diese Kerle es einfach satt, unter harten Bedingungen zu leben, und der Staat bietet ihnen verschiedene Unterkünfte, je nach dem Niveau ihrer Kooperation. Ich bekam diesen Kerl, der in Guantánamo Bay war und versucht hatte, in den Dschihad zu ziehen.

Er sah etwas Schnupftabak auf meiner Lippe – heute schnupfe ich nicht mehr. Er bat mich um etwas Schnupftabak, also sagte ich: ‚Klar.' Und ich gab ihm davon."

Die Ärzte in dem Lager „drehten durch, weil ich ihm Schnupftabak gab", sagt Cummings. „Ich sagte: ‚O.k., klärt mich bitte mal auf. Wo liegt hier das Problem?' ‚Nun ja, es ist ungesund.'"

„Der einzige Grund, warum er mit mir spricht, ist der, dass ich ihn mit Schnupftabak versorge", sagte Cummings zu den Ärzten. Ich werde diesem Kerl also jedes Mal eine Dose Copenhagen mitbringen, wenn ich ihn vernehme", sagte Cummings. „Und ich garantiere euch, dass er jedes Mal, bevor er anfängt zu reden, eine richtig fette Prise davon nehmen wird."

Schließlich redete der Terrorist mit Cummings.

Als Cummings aus Kuba zurückkehrte, fragte Mueller ihn, was er gelernt habe.

„Wir haben ein allgemeines Verständnis dieser ganzen Denkweise gewonnen", sagte Cummings zu ihm.

„Bekommen wir irgendwelche taktischen Antworten", fragte der Direktor.

„Nun ja, das Taktikzeug taugt nur ein oder zwei Wochen nach ihrer Gefangennahme etwas", sagte Cummings. „Diese Kerle saßen schon seit Monaten ein. Aber sie können uns alles darüber beibringen, wie die Organisation ihr Geld und ihre Leute hin- und herbewegt, wo sie ihre Ausbildung erhielten, wann sie radikalisiert wurden, wann und in welchem Alter dies geschah."

Cummings stellte fest, dass religiöser Fanatismus nicht notwendigerweise die treibende Kraft bei allen Terroristen war.

„Islamistischer Extremismus war ein Faktor", sagt er. „Aber viele dieser Leute waren einfach jung und abenteuerlustig. Viele wurden auch von ihren Familien dazu gedrängt, diesen Weg zu gehen: Sie wollten die Dschihad-Ehrenplakette. Aber der Glaube, dass im Todesfall 72 Jungfrauen auf sie warten würden und dass es einfach wunderbar sei, im Dienste Allahs zu sterben, war nicht der treibende Faktor."

Ebenso wie Gefangene betrachtete Cummings auch Verdächtige als Basis zur Informationsgewinnung. Dieser Ansatz funktionierte bei Iyman Faris im Jahr 2002 gut. Faris war von Khalid

Sheikh Mohammed (bekannt als KSM), dem Drahtzieher des Attentatsplans vom 11. September, beauftragt worden, die Brooklyn Bridge einstürzen zu lassen. Die Pakistanis wollten damals einen Verwandten Mohammeds verhaften, aber Cummings bat die CIA, bei den Pakistanis dahingehend zu intervenieren, dass sie abwarteten, bis eine Überwachung anderer Verdächtiger eingerichtet worden war, von denen eine Reaktion auf die Verhaftung des Mannes zu erwarten war.

Die Pakistanis „gaben uns insgesamt vier Stunden", sagt Cummings. „Wir haben im Grunde in vier Stunden die Komplizen dieses Mannes in den Vereinigten Staaten identifiziert – einige davon waren uns bereits bekannt gewesen – und Methoden zur Informationsgewinnung [elektronische Überwachung] eingerichtet, die uns zu Faris führten."

Nachdem ein FISA-Antrag genehmigt worden war, fing das FBI an, Faris abzuhören.

„Faris war jemand, der nach Übersee gegangen war und sich der Al Kaida ergeben hatte", sagt Cummings. „Er hatte ein paar Verbindungen in Pakistan. Er traf KSM, der ihm den Auftrag gab, in die Vereinigten Staaten zurückzugehen und zu studieren, wie man die Brookyln Bridge zum Einstürzen brachte."

Faris „war tatsächlich auf der Suche nach ein paar Schneidgeräten, um Stahlseile zu schneiden", sagt Cummings. „Können Sie sich vorstellen, dass irgendso ein Idiot rittlings da oben auf einem 45 Zentimeter dicken Stahlseil sitzt und versucht, es mit einem Schneidbrenner durchzuschneiden?", fragt Cummings. „Die New Yorker hätten ihn angegriffen und wahrscheinlich zu Tode geprügelt, bevor er sehr weit gekommen wäre. Aber er hat gleichzeitig auch ein paar andere Dinge angesehen. Das Problem bestand darin, dass er ein direkter Recherchekanal für die Al-Kaida-Zentrale war. Am Ende wäre er also wahrscheinlich an einen Punkt gekommen, wo sie ihm nützliche Informationen gegeben hätten. Er kannte auch viele Leute."

Vor dem 11. September, sagt Cummings, „hätten wir ihn angeklagt, ihn ins Gefängnis gebracht und mit seinem Anwalt zusammengearbeitet, um zu sehen, ob er kooperieren will. Absolut. Nach dem 11. September? Auf keinen Fall. Wir lassen raffinierte Agenten mit viel Erfahrung an ihn herantreten, um ihn zu überzeugen, dass es in seinem eigenen Interesse ist, mit uns zusammenzuarbeiten."

Faris war schnell zur Kooperation bereit.

„Wir bearbeiteten ihn über einen Monat – bearbeiteten ihn und bearbeiteten ihn und bearbeiteten ihn noch etwas mehr", sagt Cummings. „Wir hatten die CIA und das Militär und alle anderen mit uns an Bord."

Im Juni 2003 bekannte Faris sich schuldig, materielle Unterstützung und Ressourcen an Al Kaida gegeben zu haben. Ebenso bekannte er sich der Verschwörung schuldig, insofern er die terroristische Vereinigung mit Informationen über mögliche Attentatsziele in den USA versorgt hatte. Im Oktober wurde er zu 20 Jahren Haft verurteilt.

Cummings wandte dieselbe Methode bei Mohammed Junaid Babar an, einem amerikanischen Bürger, der seinen Wohnsitz in London hatte, aber regelmäßig in die Vereinigten Staaten und nach Pakistan reiste. Das FBI fing an, ihn zu verdächtigen, als die NSA feststellte, dass er Al-Kaida-Agenten von einer New Yorker Bibliothek aus E-Mails schickte. Justizminister Ashcroft bezeichnete den Babar-Fall später als ein Beispiel dafür, warum das FBI in der Lage sein müsse, Computer in Bibliotheken zu überwachen. Unterdessen hatten die Briten Informationen über einen Plan gewonnen, Sprengstoffanschläge an bestimmten Orten Londons zu verüben. Hinweise aus dieser Terrorzelle führten zu Babar.

„Wir arbeiteten mit ihnen zusammen und sie gaben uns Geheimdienstinformationen über die Zelle, die sie im Vereinigten Königreich hatten, und über die Verbindungen zu Babar", sagt Cummings. „Wir nahmen das alles und ließen es durch alle unsere Systeme laufen – CIA, FBI, NSA. Dann verfolgten wir seine Spur. Er flog in die Vereinigten Staaten. Anfangs gab es einen allgemeinen Impuls aufseiten der Geheimdienste, direkt auf ihn zu reagieren, wenn er in die Vereinigten Staaten käme. Sie sagten: ‚O.k., was sollen wir jetzt mit diesem Kerl anfangen? Wir können ihn nicht ins Land lassen.'"

Cummings vertrat den Standpunkt, dass das FBI ihn als Basis zur Informationsgewinnung nutzen solle.

„Haltet euch alle fern von dem Typ!", sagte Cummings. „Wir haben sein Foto, wir wissen, wann er ins Land kommt, welchen Flug er nimmt, wir haben das alles. Es nützt der US-Regierung und der Mission der Terrorismusabwehr nichts, wenn man ihn von der Straße wegholt. Es nützt uns nichts. Ich weiß nicht, warum er hierher kommt, ich kenne seine Verbindungen nicht. Aber ich muss so viel Zeit wie nötig damit verbringen können, Informationen gegen ihn zu sammeln."

Bei seiner Zusammenarbeit mit den anderen Behörden tat das FBI genau das.

„New York hatte den Fall und die Zentrale hat uns so richtig fertiggemacht mit ihrem autoritären, detailverliebten Führungsstil", sagt Cummings. „Wir haben alles gegen Babar eingesetzt, was ging. Wir haben ihn mit allem umzingelt – mit einem kompletten Informationsgewinnungsnetz. Technisch, physisch, mit Flugzeugen, mit Überwachungsteams, mit allem." Er betont: „Viel davon scheint übertrieben, aber das ist es nicht. Babar war eine raffinierte Person. Er hatte einige Leute ins Training geschickt und sie beabsichtigten nun, Leute umzubringen."

Cummings musste beim Justizminister und beim FBI-Direktor dahingehend Vertrauen erwecken, dass das FBI diese Sache unter Kontrolle hatte und Babar auf freiem Fuß lassen konnte, während die Agenten Informationen gegen ihn sammelten.

„Es ging um diese Abwägung, die bei einem solchen Einsatz an jedem einzelnen Tag auf uns lastete", sagt Cummings. „Die tägliche Diskussion lautete: ‚Was gibt es für aktuelle Informationen über Babar? Wie ist die aktuelle Bedrohung? Können wir dem Justizminister und dem Direktor sagen, dass wir zu 100 Prozent sicher sind, dass er nicht abhaut und jemanden tötet?' Wir konnten nur eine Zuversicht von 99,9 Prozent bieten. Es besteht immer die Möglichkeit, dass etwas passiert."

Sobald das FBI alles über Babar wusste, kamen die Agenten hinzu. Im April 2004 verhaftete das FBI, das mit der New Yorker Gemeinsamen Terrorismusabwehr-Einsatzgruppe zusammenarbeitete, ihn auf Long Island. Angesichts einer möglichen lebenslangen Gefängnisstrafe kippte er schnell um und war zu einer Kooperation bereit.

„Babar wollte einfach nur seinen Arsch retten", sagt Cummings. „Babar wusste ganz einfach, dass er in einem amerikanischen Gefängnis sterben würde. Und wir müssen einen Deal anbieten, oder? Man muss einen Anreiz zum Reden anbieten."

Babar bekannte sich im Hinblick auf fünf Anklagepunkte schuldig, Geld und Vorräte für Al-Kaida-Terroristen, die in Afghanistan gegen internationale US-Truppen kämpften, beschafft zu haben beziehungsweise sich zu deren Beschaffung verschworen zu haben.

Im März 2006 sagte Babar gegen die Männer aus, die angeklagt waren, im März 2004 in London Bombenanschläge geplant zu haben – ein Plan, der in der sogenannten Operation Crevice vereitelt wurde. Aufgrund seiner von den Staatsanwälten als „außergewöhnlich" bezeichneten Kooperation mit dem FBI wurde Babar im Dezember 2010 aus dem Gefängnis entlassen.

22

BEWAFFNET UND GEFÄHRLICH

DIE FBI-AKADEMIE BEFINDET SICH AUF EINEM ZWEI QUADRAT-kilometer großen Gelände an der Fernstraße I-95 in Quantico, Virginia. Pinkfarbene und weiße Begonien blühen neben der mit Bäumen gesäumten Zufahrtsstraße und um den freundlichen Campus herum, auf dem 21 braune Ziegelgebäude stehen. Im Schatten eines Durchgangs zwischen zwei Gebäuden wartet ein kleines Rehkitz mit gepunktetem Fell auf die Rückkehr seiner Mutter.

Von einer Anhöhe jenseits der Parkplätze tönen Gewehrsalven wie von einem Erschießungskommando. Niemand zuckt zusammen. Die Trainees und die Angestellten, die an das Trommelfeuer von den auf dem Gelände stattfindenden Schießübungen gewöhnt sind, gehen zielstrebig durch den 9/11 Memorial Courtyard. In der FBI-Akademie ist das Geräusch von Gewehrkugeln so gewöhnlich wie Vogelgezwitscher.

An der Flurwand in der Abteilung für Führungskräfteentwicklung hängt ein handgeschriebenes Schild mit folgendem Text zur freundlichen Erinnerung: „Seien Sie liebenswürdiger als nötig, denn jeder, dem sie begegnen, kämpft in irgendeiner Schlacht."

Zurückgehend auf die Hoover-Ära war dies immer der Ansatz des FBI: Verdächtige respektvoll zu behandeln und sie dann einzusperren. Hoover würde die heutige Akademie und ihr 20-wöchiges Schulungsprogramm, das aus normalen Männern und Frauen FBI-Agenten und -Agentinnen macht, jedoch nicht wiedererkennen.

Es war eine der ersten Amtshandlungen von Robert Mueller, dass er ein Schulungsprogramm für Analysten in der Akademie sowie zusätzliche Schulungen in Data-Mining und Personalführung einführte.

Im Jahr 2008 gründete er die FBI School of Intelligence, in der die Parole „Prävention" lautet. Die Trainees lernen, dass es darauf ankommt, „nicht nur zu wissen, was wir wissen, sondern auch zu wissen, was wir nicht wissen", sagt Agent Jeffrey Mazanec. „Man muss wissen, was man nicht weiß, um entsprechende Informationen zu gewinnen. Wir müssen proaktiv handeln; wir können es uns nicht erlauben, nur zu reagieren."

Jedes Jahr bewerben sich 70.000 Leute darum, Agenten zu werden. Weniger als 1.000 werden angenommen und schließen das Schulungsprogramm erfolgreich ab. Das Durchschnittsalter der Absolventen beträgt 30 Jahre und für die meisten ist dies ein zweiter Beruf. Viele der Trainees haben ein Jurastudium abgeschlossen oder einen anderen akademischen Grad erworben.

Während ihrer Schulung wohnen die neuen Agenten in Wohnheimen. Sie lernen, wie man in einer kleinen nachgebauten Stadt mit einer alarmierend hohen Verbrechensquote die Straftäter verhaftet. Die Stadt heißt Hogan's Alley und die nichts ahnenden

Besucher werden von einem Schild mit der Aufschrift „Willkommen in Hogan's Alley" begrüßt.

Eine große Besonderheit ist die Bank of Hogan, die in dem – nicht erwiesenen – Ruf steht, die am meisten überfallene Bank in Amerika zu sein. Wenn die Bank nicht zweimal in der Woche überfallen wird, könnte es sein, dass sie zumachen muss. Und es gibt einen Briefkasten. Er wurde versiegelt, weil die Leute dort oft ihre Post einwarfen, und da es sich nur um eine fiktive Stadt handelt, würde kein Postbote sie jemals abholen. Allerdings würde man angesichts all der Schießereien, die um ihn herum stattfinden, durchaus einen toten Briefkasten erwarten.

Besucher passieren das Tall-Pines-Gebiet, einen Park, der nach der ersten Begegnung des FBI mit dem notorischen Bankräuber John Dillinger im Jahr 1934 benannt wurde. Während die Agenten Little Bohemia Lodge in Wiscinson umstellten, wo er sich aufhielt, flüchtete er durch den Wald mit hohen Kiefern. Doch drei Monate später, am 22. Juli 1934, wurde Dillinger von den Spezialagenten Clarence Hurt und Charles Winstead vor dem Chicagoer Biograph-Kino erschossen. An dem nachgebauten Biograph-Kino in Hogan's Alley bewirbt das Schriftdisplay immerzu den Film „Manhatten Melodrama" mit Clark Gable und Myrna Loy. Der Film wird nie abgesetzt, da es der letzte war, den Dillinger jemals gesehen hat.

In dieser Attrappe einer kleinen Stadt gibt es auch ein paar falsche Boutiquen und Bars, eine Imbissbude, wo echte Sandwiches verkauft werden, und Politt's Computer Repair Center. Der Slogan, der auf das Schaufenster gemalt wurde, spricht alle computergeplagten Passanten an: „Es ist, was es ist."

John Wilson, der Bürgermeister von Hogan's Alley, der zugleich der Manager für praktische Anwendungen ist, erklärt, dass momentan in dem Motel Erpressungsgeld abgelegt wird. Von den

Trainees wird erwartet, dass sie die Straftäter überwinden. Die Verdächtigen sind bewaffnet und gefährlich. Reifen quietschen, Sirenen heulen. Den ganzen Tag über werden in Hogan's Alley Verbrechensszenarien geprobt, und viele davon enden in dem Motel, wo die Ausbilder und ein Rechtsexperte das Verhalten der Agenten-Trainees auswerten.

Hogan's Alley wird größer und erstreckt sich nun über 28.000 Quadratkilometer. Dazu gehören auch die drei Häuser, die kürzlich zu taktischen Schulungszwecken am Memorial Drive erbaut wurden. Am 102 Memorial Drive sitzt eine matronenhaft grauhaarige Frau auf einem Sofa in einem Wohnzimmer und blättert durch einen Stapel Zeitschriften. Polly Raines, eine Schauspielerin, die vom FBI angestellt wurde, lehnt sich mit einem Mona-Lisa-Lächeln zurück. Ihr wurden schon Handschellen angelegt, und es wurde auf sie geschossen. Sie sagt, dass auch ihr Ehemann an Rollenspielen teilnehme, und lässt die Besucher wissen: „Er ist heute ein Bösewicht. Er wurde schon tausende Male verhaftet."

Um die Ecke befindet sich das große Motel, wo niemand jemals eincheckt oder auscheckt und bei den Gästen keine Waffenkontrolle stattfindet. Als das Erpressungsgeld-Szenario endet, werden Schüsse abgefeuert und ein Übeltäter bricht vor seinem Zimmer zusammen. Die blauen Waffen, die die Trainees tragen, sind nur mit Platzpatronen bestückt, aber die Schauspielerei ist gut.

Ein anderer Bösewicht ruft: „Kann jemand einen Notarzt rufen!" Die Trainees beachten ihn nicht. Es könnte ein Ablenkungsmanöver sein. Unterdessen liegt der Übeltäter mit dem Gesicht nach unten auf dem Betonboden und bewegt sich nicht. Wieder ruft sein Freund: „Verdammt noch mal, ruft einen Notarzt!" Kein Notarzt kommt. Das Szenario endet mit Verhaftungen; dann beginnen die Auswertungen. Drüben im Fahrzeugbetriebszentrum für taktische und Notfallzwecke zeigt unterdessen Agent Stanley

Switala, der eine Baseballmütze und eine Sonnenbrille trägt, voller Stolz, wie Agenten geschult werden, durch unwegsames Gelände zu fahren. Als er in einem Geländewagen mit Allradantrieb, einem Jeep Grand Cherokee Laredo, auf einem Streifen Gras losfährt, begreift man, dass dies keine gewöhnliche Fahrt im Gelände sein wird. Als er „Front End Swing“[1] und „Rear Wheel Cheat“[2] erwähnt, spricht er nicht von Untreue, sondern vom Drehen der Radachsen beim schnellen Wenden eines Autos.

Switala fährt eine Anhöhe mit 25-prozentigem Gefälle in ein Waldgelände hinauf, wo junge Ulmen, Ahorne, Eichen, Tulpenbäume, Buchen und Kiefern die matschigen Wege des Geländeparcours säumen, der sich über fast zwei Kilometer erstreckt. Das ist es, was Switala „Fahren in einem engen Umfeld“ nennt, wo „man die vier Ecken des Fahrzeugs spürt“. Auf keiner Seite gibt es mehr Spielraum, aber er manövriert das Auto, als würde er das jeden Tag tun, was wahrscheinlich auch zutrifft.

„Im Wald hat man keine Wahrnehmung der Tiefe“ wegen all der Bäume und weil das Sonnenlicht zu manchen Tageszeiten alles gesprenkelt aussehen lässt, sagt er. „Ich finde es sogar besser ohne meine Sonnenbrille, wenn ich im Gelände fahre“, sagt er, als er an einem Wegzeichen scharf abbiegt. Er spricht über die aus Pfählen gebaute Brücke, über die er gerade fährt. Man blickt zurück und da sind buchstäblich zwei Pfähle, einer für jeden Reifen. Die vorher noch angenehme Fahrt unter dem grünen Baldachin dreht einem nun den Magen herum, während man in einem schiefen Winkel die Hänge hinauffährt. Es ist wie der atemlose Aufstieg in einer Achterbahn, bevor sie in die Tiefe stürzt.

1) Bedeutet, dass das Einschlagen des Lenkrads beim Rückwärtsfahren dazu führt, dass der vordere Teil des Autos auf einer Seite nach außen schwingt.
2) Bedeutet, dass in einer Kurve die Hinterräder eine engere Kurve als die Vorderräder fahren.

Das Geländetraining ist für taktische Einheiten wie das Geiselrettungsteam und die SWAT[3]-Teams, aber alle Trainees müssen einen Hindernisparcours mit FBI-Limousinen fahren. Dieser Hindernisparcours ist ein riesiger Übungsplatz, auf dem orangefarbene Kegel nahe beieinander in Schlangenlinien stehen. Jeder umgefahrene Kegel kostet den Trainee fünf Punkte Abzug von einer Anfangspunktzahl von 100. Man hat die Übung mit 75 Punkten bestanden. Eine andere Übung besteht darin, dass die Trainees denselben Parcours enger Kurven mit einem angehängten Wohnwagen fahren müssen.

Die Trainees müssen auch eine Unfallvermeidungsübung bestehen. Dabei soll der Trainee sicher fahren, während er Karten liest, über Funk befragt wird und aus dem Fenster blickt, um Merkmale eines Bösewichts – tatsächlich handelt es sich um eine Schaufensterpuppe – auf der Straße zu identifizieren.

In einem Klassenzimmer, in dem sich der Schusswaffentrainings-Simulator befindet, sehen die Trainees auf einem großen Bildschirm verschiedene Verhaftungsszenarien. Während das interaktive Video auf dem Bildschirm zu sehen ist, verhalten sich die Trainees so, als wären sie Teil des Szenarios, indem sie in einer sich schnell entwickelnden Situation Entscheidungen treffen, bei denen es um Leben und Tod geht. Wenn nötig, sind sie bereit, mit ihrer digitalen Pistole zu schießen. Greift ein Verdächtiger nach einer Waffe oder nach einem Handy? Die Trainees müssen es nicht sicher wissen, aber sie müssen eine begründete Vermutung haben, bevor sie schießen. Sie können nicht warten, bis der Bösewicht sie erschießt.

Der Schusswaffentrainings-Simulator wirkt für die zukünftigen Agenten wie eine Schutzimpfung gegen Stress: Es geht darum,

3) Special Weapons and Tactics. Bezeichnung für taktische Spezialeinheiten.

einen kühlen Kopf zu bewahren, wenn die anderen den Kopf verlieren. Nimm dich in Acht vor dem Mitleidsreflex – lass den Finger vom Abzug weg, bis du bereit zum Schießen bist. Und wenn du schießen musst, ziele auf die Körpermitte oder auf den Kopf.

Und hüte dich vor „Tina", einem heiklen Szenario, wo die Verdächtige auf dem großen Bildschirm eine Frau in einem karierten Hemd und Jeans ist, die in einer Lagerhalle arbeitet. Du und ein anderer Agent versuchen, sie zu vernehmen. Sie wird jedoch immer wütender, schlägt deinen Partner nieder und geht mit einem Karatestoß auf dich los. Es ist zu spät, um mit ihr zu sprechen. Zu deiner Überraschung greift sie nach deiner Dienstwaffe und erschießt dich.

„Wir wenden tödliche Gewalt an, um eine unmittelbare Bedrohung abzuwenden", sagt Agent Jonathan Rudd. „Wenn die Bedrohung anhält, wenden wir weiter Gewalt an. Wir geben keine Warnschüsse ab, wir schießen nicht, um jemanden zum Invaliden zu machen. Wenn man auf den Brustbereich schießt, hat man die größte Chance, jemanden außer Gefecht zu setzen. Nur weil wir auf die Körpermitte von jemandem schießen, heißt das aber nicht, dass ihn das töten wird."

Neben dem körperlichen Training und dem Waffentraining werden die Rekruten auch in Ethik geschult.

„Wenn man den Rasen mäht, ist man immer noch das FBI", meint Agent James T. Reese. Es kommt vor, dass Agenten von Nachbarn gebeten werden, in Situationen einzugreifen, die sie meiden sollten. „Man sollte ihnen sagen, dass sie die Polizei rufen sollen", sagt Reese. „Am besten gibt man ihnen eine logische Erklärung dafür, warum man nicht Batman ist."

In dem Schulungsprogramm werden Rollenspiele gemacht, mit denen die Trainees lernen sollen, wie man Befragungen durchführt. Sekretärinnen, Agenten und Köche werden herangezogen, um den Straftäter oder die Straftäterin zu spielen. Bis zum Bau von Hogan's Alley im Jahr 1987 jagten die Trainees jedoch FBI-Agenten, die sich an der Akademie als Verbrecher ausgaben. Eines Tages zeigte Vincent P. Doherty, der damalige resolute Buchprüfer der Akademie, offiziellen Gästen die Einrichtungen. Dohertys Aussehen passte zufällig zu der Täterbeschreibung, die man einer Schulungsklasse im Zusammenhang mit einem Bankbetrug gegeben hatte. Ein weiblicher Trainee erspähte Doherty und gab die übliche Warnung ab: „FBI, keine Bewegung!"

Doherty wies darauf hin, dass er eine Führung mache, und sagte: „Verschwinde!"

Daraufhin drehte sie Doherty herum, sodass dieser auf dem Boden lag.

Etwa zwei Prozent der Trainees fliegen raus, werden wegen Regelverstößen von der Akademie verwiesen oder kommen zu dem Schluss, dass der Agentenberuf nicht das Richtige für sie ist. Oft geschieht dies, weil sie erkennen, dass sie vielleicht einen anderen Menschen töten müssen, und sie sich einfach nicht vorstellen können, dies jemals zu tun.

Kürzlich flog ein Trainee raus, weil er während der Teilnahme an der Schulung wegen Trunkenheit am Steuer verhaftet wurde. Als James D. McKenzie als stellvertretender Direktor die Schulungen leitete, ging er einmal durch die Akademie und sah, wie ein Trainee einen Schokoriegel aus einem Automaten kaufte, ihn aufriss, den Schokoriegel wegwarf und die Verpackung aß. McKenzie ließ ihn in sein Büro kommen.

„Ich ging diesen Flur entlang und habe gesehen, wie Sie einen Schokoriegel gekauft haben, den Schokoriegel weggeworfen und das Papier gegessen haben", sagte er zu dem Trainee.

„Ja", erwiderte der Mann.

„Warum haben Sie das getan?"

Der Trainee sagte, dass seine Eltern es ihm als kleines Kind nicht erlaubt hätten, Süßigkeiten in seinem Zimmer zu essen. Also hätte er es heimlich gemacht. „Ich habe die Süßigkeiten gegessen und dann das Papier, damit es keine Spuren gab. Nach einer Weile schmeckte mir das Papier", sagte er zu McKenzie.

„Können Sie sich vorstellen, dass dieser Typ ein FBI-Agent ist?", fragt McKenzie. „Der Typ ist also draußen bei einer Überwachung und kriegt Hunger und isst den Überwachungsbericht. Der Typ ist nicht ganz dicht. Solche Leute werden verständlicherweise keine FBI-Agenten. Er hat deshalb auch gekündigt."

Am Ende ihres Trainings erhalten die frisch gebackenen Agenten die 40-kalibrige Glock 23, mit der sie geschult wurden, zusammen mit einem Colt-M4-Karabiner, einer 12-kalibrigen Remington-870-Flinte und einer Heckler & Koch-MP5-10-mm-Maschinenpistole.

„Das ist tatsächlich eine Berufung, die ich seit dem Anfang meiner Studienzeit empfunden habe", sagt Ryan, ein Trainee aus Indianapolis, der kurz vor dem Abschluss steht. „Ich spüre, dass das etwas ganz Entscheidendes ist: Ich helfe dabei, Amerika zu schützen."

23

DEN DSCHIHAD PREDIGEN

ALS DER LEITENDE AGENT FÜR DIE TERRORISMUSABWEHR verkündete Art Cummings, unterstützt von Mueller, dass man keine Spur übersehen werde. Wenn vor dem 11. September eine E-Mail mit der Mitteilung eingegangen wäre, dass jemand einen Bombenanschlag auf den Sears Tower machen würde, dann „hätten wir sie angesehen und gesagt: ‚Das ist einfach nicht realistisch.'", sagt Cummings. „Nun fangen wir an, jeder Sache nachzugehen. Ein Hinweis erscheint vielleicht mit einer Wahrscheinlichkeit von 99 Prozent als absoluter Müll. Aber wir können uns keinen Fehler erlauben, auch wenn die Wahrscheinlichkeit nur ein Zehntel Prozent beträgt. Das könnte den Tod von jemandem zur Folge haben."

Es kamen Hunderte von Hinweisen auf arabische Männer herein, die sich verdächtig verhielten – indem sie beispielsweise in einer Bar über terroristische Handlungen sprachen. „Nun ja, ist es denn realistisch, dass arabische Männer, die Englisch sprechen und Bier trinken, in der Öffentlichkeit, wo andere Leute sie belauschen können, über terroristische Handlungen sprechen?", fragt Cummings. „Ich würde gerne sagen können: ‚Nein, tut mir leid, das kann man vergessen.' Aber vielleicht könnte es ja sein, dass jemand gerade einen dummen Moment hatte und über etwas sprach, was sie tatsächlich planten. Die meisten unserer Kollegen würden wegen so etwas auf keinen Fall rausgehen. Vielleicht macht uns das besser, vielleicht auch nicht. Auf jeden Fall haben wir so mehr Arbeit. Weil keiner dieser Hinweise sich gelohnt hat."

Sogar als Kritiker das FBI als kaputt und seine Agenten als dämliche Bullen bezeichneten, fing das FBI an, alle paar Monate Terroristen auszuheben. Cummings stellte fest, dass es öfter Dschihadisten gab, die nicht von bin Laden kontrolliert wurden, sondern einfach nur von ihm inspiriert waren.

Zum Beispiel forderte Ali Al-Timimi, ein geistlicher Führer in einer Moschee in der Region Nord-Virginia, andere Personen bei einem Treffen auf, nach Pakistan zu gehen, um dort ein militärisches Training bei Lashkar-e-Taiba, einer im Aufbau befindlichen ausländischen terroristischen Organisation, zu absolvieren. Deren Ziel war es, die US-Truppen in Afghanistan zu bekämpfen. Als die Personen in die Vereinigten Staaten zurückkehrten, wurden sie vom FBI überwacht.

Am 13. September 2002 verhaftete das FBI fünf weitere einheimische Terroristen in Lackawanna, New York, weil sie der Al Kaida materielle Unterstützung geleistet hatten. Ein sechster Mann wurde aus Bahrain hergeholt. Der Fall begann mit einem anonymen Brief an das FBI und dem folgte der Aufbau eines Informanten innerhalb der Gruppe, die sich dazu bekannte, bin Laden zu unterstützen.

Die Männer waren US-Bürger jemenitischer Herkunft, die in einer eng miteinander verbundenen ländlichen Gemeinschaft lebten. Die Gruppe flog im Sommer 2001 nach Afghanistan, um in Osama bin Ladens al-Farouq-Dschihad-Ausbildungslager zu trainieren. Dort lernten sie, wie man Sprengstoff, raketenangetriebene Granatwerfer, Landminen und anderes militärisches Gerät herstellt.

Niemand verdächtigte sie terroristischer Aktivitäten. Tatsächlich war Yasein Taher in seiner High-School-Abschlussklasse von 1996 zur freundlichsten Person gewählt worden. Als früherer Kapitän des High-School-Fußballteams heiratete er seine High-School-Liebe, eine ehemalige Cheerleaderin. Ein anderer der verhafteten Männer, Sahim Alwan, war Arbeitsberater im Iroquois Job Center in Medina, New York.

„Es gab viel Rhetorik, aber man weiß, dass Rhetorik nur Rhetorik ist", sagt Cummings. „Dschihadisten-Draufgängertum nennen wir das. Aber wenn es um die Strafverfolgung geht, dann sagt uns Dschihadisten-Draufgängertum nichts anderes, als dass jemand in dieser Weise denkt. Allerdings ist das für uns aussagekräftig genug, dass wir uns die Leute näher ansehen." Als das FBI weiter zu ermitteln begann, fand es dann heraus, dass sie es todernst meinten.

„Sie wollten wirklich etwas machen", sagt Cummings. „Sie gingen in Ausbildungslager in Übersee, sie kamen zurück, sie lebten in äußerst bescheidenen Umständen, wohnten in Wohnwagen. Aber sie waren Amerikaner der zweiten Generation."

Im März 2003 waren alle Verdächtigen bereit, sich schuldig zu bekennen und mit dem FBI zu kooperieren. Sie wurden zu Haftstraßen zwischen acht und zehn Jahren verurteilt.

Zwar gab sich der Schreiber des Briefs, der dem FBI einen Hinweis bezüglich des Lackawanna-Falls gab, nie zu erkennen, aber er war ganz klar ein Muslim und ein Freund oder Familienmitglied der Terroristen. In einem anderen Fall, in dem ein Muslim dem FBI Hinweise gab, handelte es sich um den Vater von Mohamed Osman Mohamud, der das FBI im Hinblick auf die extremistischen Neigungen seines Sohnes warnte. Es stellte sich heraus, dass der Sohn beabsichtigte, einen gewaltsamen Dschihad zu führen, indem er 2010 einen Bombenanschlag bei einer Weihnachtsfeier in Portland, Oregon, plante. Das FBI hat Kontaktprogramme, mit denen es versucht, Informanten in der muslimischen Gemeinschaft aufzubauen und Hinweise zu gewinnen, aber Cummings stieß auf wenig Entgegenkommen. Er stellte fest, dass Muslime zwar einige Fälle an das FBI herantrugen, insbesondere die muslimischen Führer jedoch die Tatsache oft ableugnen, dass die Terroristen, die die Vereinigten Staaten bedrohen, Muslime sind.

„Ich hatte diese Diskussion mit dem Direktor einer sehr bekannten muslimischen Organisation hier in Washington, D.C.", sagt Cummings. „Und er sagte: ‚Warum schaut ihr immer auf die muslimische Gemeinschaft?'" Cummings fing an zu lachen.

„O.k., wissen Sie, was ich tun werde?", sagte Cummings. „Ich werde eine irische Spezialeinheit gründen, oder wie wäre es mit einer japanischen Spezialeinheit? Wollen Sie, dass ich meine Zeit und das Geld der Steuerzahler verschwende, indem ich die Iren beobachte? Sie töten keine Amerikaner. Jetzt sofort werde ich mein Geld und meine Leute da verwenden, wo die Bedrohung ist."

Dann forderte Cummings ihn auf, sich die Terrorzellen anzusehen, die das FBI in den Vereinigten Staaten ausgehoben hatte.

„Ich kann Ihnen die einheimischen Zellen nennen, die alle muslimisch sind und die alle versuchten, Amerikaner zu töten", sagte Cummings. „Es sind nicht die Iren, es sind nicht die Franzosen, es sind nicht die Katholiken, es sind nicht die Protestanten, es sind die Muslime."

Als Reaktion auf solche Standpunkte haben muslimische Gruppen zu ihm gesagt, dass er ungehobelt sei.

„Ich bin nicht ungehobelt“, sagt Cummings zu ihnen. „Ihr seid es einfach nicht gewöhnt, dass man Tacheles redet.“

Dies führt bei ihnen zu einer wütenden Reaktion gegen ihn.

Die Muslime verurteilen zwar gelegentlich Al Kaida, aber „nur selten kommen sie zu uns und sagen: ‚Da gibt es drei Leute in unserer Gemeinschaft, über die wir sehr beunruhigt sind‘“, sagt Cummings. „Sie wollen das Problem innerhalb der Gemeinschaft lösen. Sie sind eine geschlossene Gruppe, eine sehr, sehr geschlossene Gruppe. Es gehört zu ihrer Kultur, dass sie das Problem innerhalb ihrer eigenen Gemeinschaften lösen wollen. Sie haben uns das tatsächlich gesagt, worüber ich dann stinksauer werde.“

Einerseits „wollen sie nicht, dass jemand weiß, dass sie Extremisten in ihrer Gemeinschaft haben“, sagt Cummings. „Na schön. Aber lest ihr auch die Zeitung? Jeder weiß es bereits. Dieser Zug ist schon abgefahren. Es wird also viel über Einbindung geredet, aber realistisch betrachtet haben wir noch einen sehr langen Weg vor uns.“

Bei einem Treffen schlug eine muslimische Gruppe vor, ein Foto von ihren Mitgliedern und Bob Mueller zu machen, um zu zeigen, dass ihre Gemeinschaft kein Terroristenpack sei und sie Partner im Kampf gegen den Terror seien.

Cummings erwiderte: „Ich mache euch einen Vorschlag: Wenn ihr mich auf echte Extremisten aufmerksam macht, die hier sind, um etwas zu planen und zu machen, die hier den Terrorismus unterstützen und wenn ich dem aufgrund eurer Informationen nachgehe, dann verspreche ich euch, dass der Direktor selbst sich öffentlich mit euch präsentiert.“

Zu Cummings Erstaunen lautete die Antwort: „Das wird nie passieren. Wir würden unsere Anhängerschaft verlieren. Wir könnten nie zugeben, dass wir jemanden dem FBI ausgeliefert haben.“

„Nun ja, wir haben das Problem gerade auf den Punkt gebracht, nicht wahr?", sagte Cummings zu ihnen.

Cummings sagt, nach dem 11. September hätten Imame in zehn Prozent der 2.000 Moscheen in den Vereinigten Staaten den Dschihad und Hass gegen Amerika gepredigt. Laut einer Umfrage des Pew Research Center glaubt etwa ein Viertel der Muslime in Amerika im Alter von 18 bis 29 Jahren, dass Selbstmordattentate gerechtfertigt werden können. Doch in den letzten Jahren „ist das offene Predigen des Dschihad und des Hasses gegen die USA seltener geworden, und es geschieht nun mehr im Privaten", sagt Cummings. Stattdessen „hat sich nun ersatzweise die Radikalisierung im Internet verstärkt", sagt Cummings.

„Wenn Sie sich die Websites des Council on American-Islamic Relations, des Muslim Public Affairs Council oder des Arab-American Anti-Discrimination Committee ansehen, dann sehen Sie einen passiven, fast obligatorischen Ansatz in der Verurteilung des Terrorismus", sagt Cummings.

„Die bedeutendste Krise für die arabischen und muslimischen Gemeinschaften ist diese Wahrnehmung von außen, dass sie Terroristen sind, obwohl es in Wahrheit nur ein kleiner Bruchteil von ihnen ist. Warum kann man nicht ein sehr lautes, aktives Programm haben, das besagt, dass die Ermordung eines Menschen unmoralisch und illegal ist und sich nicht mit dem Islam vereinbaren lässt – und dass jeder, der Terrorismus unterstützt oder Terroristen beherbergt ein Problem darstellt?"

Natürlich haben einzelne Muslime dem FBI Hinweise gegeben. Das hat zu FBI-Fällen in Lackawanna, New York, Lodi, Kalifornien, sowie Atlanta, Georgia geführt.

„Aber ich sehe nicht, dass die Gemeinschaft dies tut", sagt Cummings. „Ich habe mit einem sehr bekannten Imam in den USA gesprochen. Wir hatten unser süßes Gebäck und unseren süßen Tee.

Wir sprachen viel über den Islam. Ich sagte, wir verstehen den Islam und ihre Erfahrungen. Wir sagten ihm, was unsere Aufgabe ist: Wir versuchen, Leute daran zu hindern, dass sie Amerikaner oder wen auch immer ermorden."

Monate später fand das FBI heraus, dass in der Moschee des Mannes zwei Extremisten gewesen waren, die so radikal waren, dass man sie hinausgeworfen hatte. Zweifellos wären diese Extremisten für das FBI interessant gewesen. Wenn sie sich nur in antiamerikanischer Rhetorik ergehen würden, würde das FBI sie in Ruhe lassen. Es war aber wahrscheinlicher, dass sie zu ihrer Rhetorik passende Handlungen planten.

Cummings fragte den Imam: „Was ist passiert?"

„Was meinen Sie?", fragte der Imam.

„Warum haben Sie mir nichts davon gesagt?", fragte der Agent.

„Warum hätte ich Ihnen etwas davon sagen sollen?", fragte der Imam. „Sie sind keine Terroristen. Sie hassen nur die US-Regierung."

Trotz des Erfolgs des FBI bei der Aushebung von Terroristen und bei der Verhinderung eines weiteren Anschlags sah Cummings sich einer neuen Bedrohung gegenüber: ein zunehmendes Bestreben, die Terrorismusabwehr des FBI abzuschaffen und sie durch eine neue Terrorismusbekämpfungsbehörde ähnlich der britischen MI5 zu ersetzen. Eine solche Behörde hätte Ermittlungskompetenzen, aber keine Strafverfolgungskompetenzen wie das FBI.

Die Idee wurde erstmals von William E. Odom progagiert, einem General im Ruhestand und früheren Leiter der NSA. In einer Kolumne der *Washington Post* mit dem Titel „Warum kann das FBI nicht reformiert werden?" schrieb Odom, dass die Schwächen des FBI bei der Bekämpfung der terroristischen Bedrohung systemischer Natur seien.

„Niemand kann eine Strafverfolgungsbehörde in eine effiziente Geheimdienstbehörde verwandeln", sagte er. „Die Vermischung von Polizeiarbeit und Geheimdienstarbeit funktioniert nicht. Die Kompetenzen und organisatorischen Anreize für beide Bereiche sind antithetischer Natur. Man könnte ebenso gut erwarten, dass das Baseball-Team der Washington Nationals den Super Bowl im Football gewinnt, wie zu glauben, dass das FBI einen kompetenten Beitrag zur Geheimdienstarbeit leisten kann."

Diese und ähnliche Vorschläge, das FBI zu entflechten, kamen von Leuten, die nie in Terrorismusfällen ermittelt hatten und anscheinend keine Ahnung hatten, wie das FBI seit dem 11. September gegen den Terrorismus ermittelt. Das hinderte jedoch Kongressabgeordnete nicht daran, die Idee zu unterstützen, was ihnen eine weitere Gelegenheit zu einem Fernsehauftritt gab.

Tatsächlich ergab die MI5-Idee wenig Sinn. Es bedeutete, dass eine neue Mauer gebaut wurde, durch die die Terrorismusabwehr gespalten wurde. Wenn in Großbritannien eine Verhaftung durchgeführt werden muss, legt die MI5 den Fall einer Polizeibehörde wie der Metropolitan Police vor, die ihren Sitz bei New Scotland Yard hat. Die MI5 muss dann versuchen, die Polizeibehörde davon zu überzeugen, dass sie den Fall weiterverfolgt. Anstatt Mauern niederzureißen, die die Kooperation und den Informationsaustausch behindern, würde eine amerikanische Behörde nach dem Muster der MI5 daher eine neue Mauer schaffen.

Noch wichtiger, ohne Strafverfolgungskompetenzen kann die MI5 nicht mit einem Gerichtsverfahren drohen, um Personen zur Kooperation zu bewegen oder Informanten zu rekrutieren. Da Terroristen ihre Aktivitäten oft durch Zigarettenschmuggel, den Verkauf gestohlener Designerkleidung oder durch Drogenhandel finanzieren, erleichtert es die Struktur des FBI, dass Hinweise von Agenten, die diese Fälle verfolgen, an Agenten, die sich auf die Terrorismusabwehr konzentrieren, weitergegeben werden. Während der Schaffung einer neuen Behörde wäre das Land gegenüber einem Terroranschlag verletzlich, da die Ermittler erst einmal rekrutiert und ausgebildet werden müssen und versuchen müssen, Kontakte mit ihren Kollegen im Ausland aufzubauen. Die Presse hat eingehend über das Chaos im Ministerium für Innere Sicherheit berichtet, zu dem 22 Behörden und Abteilungen gehörten, und es zeigt deutlich, was am Anfang passieren kann, wenn eine neue Behörde geschaffen wird.

Das Schöne am FBI ist, dass es sich auf Verstöße gegen das Strafrecht konzentriert und somit seine Agenten daran gehindert werden, die bürgerlichen Freiheitsrechte zu verletzen. Ohne diesen Rahmen könnten Agenten anfangen, sich so weit zu versteigen, dass sie politische Überzeugungen oder abweichende Meinungen untersuchen oder sogar persönliche Informationen sammeln, um damit führende Politiker zu erpressen, wie es unter dem Direktor J. Edgar Hoover der Fall war. Auf diese Weise würden sie ihren Kompass verlieren, ihr eigentliches Ziel vergessen und Ermittlungen vermasseln, weil ihnen die richtige Schwerpunktsetzung fehlt.

Cummings betrachtete die Idee als verrückt, solche herausragenden Kompetenzen an eine neue Behörde abzugeben, die nicht in der Strafverfolgung geschult war. Cummings und andere Agenten, die mit der MI5 in Großbritannien zusammenarbeiteten, wussten, dass die Arbeit der britischen Agenten kontinuierlich durch ihre unzureichenden Kompetenzen im Bereich der Strafverfolgung behindert wurde, wenn auch durch Veränderungen in jüngster Zeit die Koordination zwischen der MI5 und der Polizei verbessert worden war.

„Ich kann es kaum fassen, dass jemand die Position einnimmt, man solle im Grunde die Strafverfolgungskompetenzen abstreifen und zu den Leuten sagen: ‚Nun bekämpft mal den Terrorismus'", sagt Cummings. „Es ist verrückt, zu meinen, dass man einen Inlandsgeheimdienst aus dem Boden stampfen könnte und das in weniger als zehn Jahren, bevor das Kind auch nur kriechen und schon gar nicht laufen kann. Und meiner Meinung nach ist es ebenso verrückt, zu denken, dass man das tun könnte und die Organisation dann immer noch auf dem Boden der Verfassung und der von ihr garantierten bürgerlichen Freiheitsrechte stünde."

Richard A. Posner, ein Richter an einem US-Berufungsgericht, der ein Buch über den Geheimdienst schrieb, schürte die Bewegung zur Schaffung einer MI5, indem er in einer Kolumne der *Washington Post* schrieb, das FBI sei eher auf „Verhaftung und strafrechtliche Verfolgung statt auf das geduldige Sammeln von Geheimdienstinformationen mit Blick auf das Verstehen und das Durchdringen eines terroristischen Netzwerks" ausgerichtet.

„Der Tag, an dem wir jemanden verhaften, ist der Tag, an dem ich keine Informationen mehr gegen ihn sammeln kann", bemerkt Cummings. „Ich weiß nichts über ihn, ich tappe im Dunkeln. Und der Tag, an dem ich jemanden einsperre und einen anderen frei herumlaufen lasse, der mich morgen töten wird, das ist der Tag, an dem ich meinen Job nicht gemacht habe."

„Mit uns verbundene Geheimdienste, darunter auch der britische, beneiden uns um das FBI-Modell, das Geheimdienst- und Strafverfolgungsaufgaben miteinander verbindet", sagt John Martin, der 25 Jahre lang als Leiter der Spionageabwehrabteilung des US-Justizministeriums tätig war und in dieser Zeit sehr viel mit der MI5 zu tun hatte.

„Tatsächlich", fügt er hinzu, „wird die MI5 andauernd dadurch behindert, dass sie unfähig ist, Geheimdiensttätigkeiten in Verhaftungen und Anklageerhebungen umzusetzen. Eine MI5 in den Vereinigten Staaten aufzubauen würde eine bedeutende und unnötige Beschränkung für eine Bekämpfung des Terrorismus und der Spionage darstellen zu einem Zeitpunkt, da dieses Land die Kommunikation zwischen den Behörden verbessern und schnell auf terroristische Bedrohungen reagieren muss."

24

DAS JAHR DES SCHNEEBALLSYSTEMS

NACH DEM 11. SEPTEMBER VERSETZTE MUELLER 2.000 Agenten, die Kriminalfälle bearbeiteten, zur Terrorismusbekämpfung. Damit wurde die Zahl der Agenten, die Terroristen verfolgten, auf 4.000 verdoppelt, wobei die Gesamtzahl der Agenten 11.000 betrug. Ebenso erhöhte er die Zahl der Vorgesetzten, die in der FBI-Zentrale in der Terrorismusabwehr tätig waren, von 30 auf 850. Dies hatte zur Folge, dass gute Kriminalfälle, in denen es um Wirtschaftsverbrechen oder politische Korruption ging, nicht verfolgt wurden.

„Ich war in Treffen mit Bundesanwälten, wo sie nach mehr Agenten für Betrugsfälle schrien", sagt Thomas Fuentes, ein früherer stellvertretender FBI-Direktor, der für internationale Einsätze zuständig war. Agenten – von denen viele zunächst einmal keine Veränderungen mochten – murrten über Muellers Führungsstil.

Als jedoch der Konjunkturabschwung dazu führte, dass wacklige Banken und andere Finanzunternehmen, die schlampig gearbeitet hatten, entlarvt wurden, begann Mueller, die Zahl der Agenten zu erhöhen, die mit der Kriminalarbeit betraut waren. Er konnte dies tun, da die Zahl der Agenten im FBI jedes Jahr stieg.

Die treibende Kraft hinter diesen Bemühungen war Thomas J. Harrington, der geschäftsführende stellvertretende Direktor, der für den Criminal, Cyber, Response and Services Branch des FBI zuständig war. Harrington hatte Agent werden wollen, seit er seinen Vater, der FBI-Agent war, in seine Kindergartengruppe in Fitchburg, Massachusetts, mitgenommen hatte und dieser dort von seinem Beruf erzählt hatte. Er sah, wie beeindruckt und aufgeregt die Gruppe war.

Als gelernter Buchhalter stieg Harrington im FBI die Karriereleiter empor, indem er eine leitende Funktion in der Terrorismusabwehr und im Bereich Finanzbetrug einnahm. Ebenso beteiligte er sich an der Verbesserung des FBI-Managements und der FBI-Computersysteme. In Denver stellte er ein Team für einen verdeckten Einsatz zusammen, in dem zwei durch das FBI kontrollierte Unternehmen an die Börse gebracht wurden, um Korruption im Penny-Stock-Markt aufzudecken. Harrington führte ein Team von Ermittlern, die Missbrauchsfälle bei Gefangenen in Guantánamo Bay aufdecken sollten, und er schrieb im Namen des FBI einen Brief an das Pentagon, in dem er sich gegen einige der brutalen Verhörmethoden aussprach.

Als Leiter des Kriminalbereichs des FBI hat Harrington die Auswirkungen der Rezession auf die Finanzkriminalität aus nächster Nähe gesehen.

„Die Wirtschaft ist leider über uns zusammengebrochen", sagt Harrington. „Die letzten paar Jahre kann man als Jahr des Schneeballsystems bezeichnen. Wir hatten einen großen Finanzbetrug nach dem anderen. Ich denke, Warren Buffet hat es am besten ausgedrückt: ‚Erst wenn die Ebbe kommt, sieht man, wer nackt schwimmt.' Und genau das ist geschehen."

Nachdem seine beiden Söhne ihn verpfiffen hatten, bekannte der 70-jährige Bernard Madoff gegenüber zwei FBI-Agenten, die sich mit ihm in seiner Wohnung in Manhattan trafen, dass der Investmentzweig seines Unternehmens „im Grunde ein riesiges Schneeballsystem" und seit Jahren schon insolvent sei. Das Unternehmen nahm 22,5 Milliarden US-Dollar ein, behauptete aber gegenüber den Anlegern, dass seine Konten einen Gegenwert von 60 Milliarden US-Dollar hätten. Madoffs Ruin war der dramatische Kurssturz am Aktienmarkt, der ihn daran hinderte, Geldforderungen von Kunden zu bedienen. Es war das größte bekannte Schneeballsystem in der Geschichte, durch das die lebenslangen Ersparnisse von Tausenden von Anlegern vernichtet wurden. Viele stellten fest, dass sie keine Millionäre waren, sondern von Sozialhilfe leben mussten.

„Die Leute trauten diesem Mann wegen dem, was er innerhalb seiner Gemeinschaft darstellte", sagt Patrick Carroll, der leitende Agent, der für die Ermittlungen zuständig war. „Die Opfer haben ungeheure Geldsummen und noch dazu ihre Würde verloren, weil sie glaubten, sie müssten nicht darauf schauen, wer er eigentlich war. Sie haben ihm einfach vertraut."

Fälle, bei denen es um Finanzbetrug ginge, seien am zeitaufwendigsten, sagt Harrington. „Die durschnittliche Bearbeitung eines Betrugsfalls im Zusammenhang mit einer Bankenpleite dauert mindestens zwei Jahre – vom Zeitpunkt der Ermittlungseröffnung bis zum Zeitpunkt, wo wir ein belastendes Dokument haben."

Auch die Zahl der beteiligten Unternehmen hat zugenommen.

„Am 11. September 2001 betrug die Zahl der Fälle, in denen es um weniger als 100.000 US-Dollar ging, wahrscheinlich 70

Prozent unseres Arbeitsvolumens“, sagt Harrington. „Das hat sich völlig umgekehrt. Tatsächlich habe ich mittlerweile kaum noch Betrugsfälle bei Finanzinstitutionen mit Summen unter 100.000 US-Dollar. 68 Prozent der Arbeit im Bereich Hypothekenbetrug beziehen sich auf Fälle, bei denen es jeweils um Summen über eine Million US-Dollar geht.“

Die Reaktion des FBI auf die zunehmende Zahl von Fällen bestand darin, einen zielgerichteteren Ansatz bei der Entscheidung, welche Fälle verfolgt werden sollen, zu entwickeln.

„Wir sind heute strategischer ausgerichtet, das heißt, dass wir nicht unbedingt einzelne Ereignisse per se kartografieren, sondern eher nach Bedrohungen in einem bestimmten Gebiet Ausschau halten“, sagt Harrington. „Man setzt sich mit leitenden Spezialagenten zusammen, und sie sagen einem deutlich, welche Bedrohungen in ihrem Gebiet bestehen. Früher hätten sie versucht, einem etwas über ihre Fälle zu erzählen. Wenn man sie heute über Banden befragt, sprechen sie über die Größe ihres Gebiets und darüber, wie viele Banden mit wie vielen Mitgliedern es in diesem Gebiet gibt und welche Stadtgebiete sie kontrollieren. Der Fall ist dann ein Werkzeug, das sie verwenden, um diese Organisation zu infiltrieren oder zu unterwandern und sie schließlich auseinanderzunehmen.“

Die Treffen werden mit Mueller abgehalten. „Wenn er Dinge hört, die ihm nicht gefallen, spricht er dies gegenüber den Agenten an und fordert sie heraus“, bemerkt Harrington.

„Ich habe immer noch Agenten, die sagen werden: ‚Als ich der Truppe beitrat, wollte ich Leute einsperren.‘ Sie haben das Gefühl, dass sie zu viel Zeit auf diese anderen Dinge verwenden“, sagt Harrington. „Meine Reaktion lautet normalerweise: ‚Nun ja, mit welchen Bedrohungen habt ihr denn zu tun? Wenn es sich um Gewaltverbrechen handelt, ist es dann heute besser geworden?‘

Die meisten werden einem sagen, dass es im Gegenteil schlimmer geworden ist. Und ich denke dann: ‚O.k., dann müssen wir unsere Strategie ändern, und wir müssen zielgerichteter arbeiten.' Man kann nicht einfach jeden verhaften, der Verbrechen begeht. Wir sind hinter den Allerschlimmsten her und versuchen, diese Gemeinschaften so gut wie möglich zu verbessern."

Heute bearbeitet das FBI 60.000 laufende Kriminalfälle, angefangen bei Entführungen bis zu Mafia-Verbrechen. Die Reaktion auf Banküberfälle wird weitgehend der örtlichen Polizei überlassen. Stattdessen zählt mittlerweile die Internetkriminalität zu den Bereichen mit höchster Priorität, sowohl was deren kriminelle Aspekte als auch deren Aspekte im Zusammenhang mit der nationalen Sicherheit angeht.

„Teilweise wird dies in jüngster Zeit durch Google illustriert: Das Unternehmen trat nämlich an die Öffentlichkeit und sagte zu den Leuten, dass es Quellcode verliere und glaube, ihn an chinesische Agenten verloren zu haben", sagt Harrington. „Es gibt eine Herausforderung unter dem Aspekt der nationalen Sicherheit. Täglich werden staatliche Computer von Agenten ausländischer Mächte oder von kriminellen Netzwerken angegriffen, die versuchen, möglichst viele Daten abzugreifen und diese dann zu ihrem Vorteil zu nutzen."

Kriminelle, die die Kontrolle über Zehntausende von privaten und beruflich genutzten Computern über sogenannte Botnets übernehmen, stellen eine dramatisch zunehmende Bedrohung dar. Ein Botnet – kurz für „Roboter-Netzwerk" – ermöglicht es einem Kriminellen, eine beliebige Zahl von Computern zu steuern, indem er über seine Internetverbindung Malware wie Spyware, Viren, Würmer oder Trojaner in die Computer einschleust.

Mit einem einzigen Befehl kann der Master des Botnet jeden Slave-Computer anweisen, Kontakt zu einem bestimmten

Computernetzwerk aufzunehmen, und dieses aufgrund der Vielzahl der Zugriffe auf seine Ports zum Absturz bringen. Ein Unternehmen kann dadurch Umsätze in Höhe von mehreren Millionen Dollar verlieren. Wenn das Zielobjekt eine Polizeiwache oder ein Krankenhaus ist, kann das Ausschalten seines Computersystems die öffentliche Sicherheit oder Gesundheit gefährden.

Zudem können Slave-Computer dazu verwendet werden, noch mehr Computer für das Botnet zu infizieren oder an Phishing-Angriffen teilzunehmen, sodass Personen dazu veranlasst werden, in Reaktion auf betrügerische, angeblich von Banken geschickte E-Mails ihre persönlichen Daten preiszugeben.

Harrington erwähnt eine Gruppe, die durch den Diebstahl von Geldautomaten-Kartennummern und PINs die Royal Bank of Scotland um 9,5 Millionen US-Dollar erleichtert hat. Ein Sicherheitsfehler im Computer der Bank ermöglichte den Zugriff.

„Wir glauben, dass die Nummern dann an Mitglieder einer organisierten Bande in Osteuropa weitergeleitet wurden, und diese haben dann Geldautomaten-Karten hergestellt", sagt Harrington. „Innerhalb von 12 bis 24 Stunden zogen sie buchstäblich Millionen von Dollar aus Hunderten von Geldautomaten in Dutzenden von Ländern. Das Geld wurde dann an einem bestimmten Punkt gesammelt und an die organisierten kriminellen Syndikate ausbezahlt."

Eine weitere Spielart der Internetkriminalität besteht darin, das Computersystem eines Unternehmens lahmzulegen und Geld zu verlangen im Austausch für einen Code, mit dem es wieder entsperrt werden kann.

„Wir hatten kürzlich einige Erpressungsfälle, bei denen Leute sich in das Computersystem eines Unternehmens hineingehackt haben und es dann praktisch lahmgelegt haben, indem sie es mit einem Passwortschutz versehen haben", sagt Harrington. „So kam das Unternehmen nicht einmal an seine eigenen Daten heran. Und dann beginnt die Erpressung, indem eine Geldzahlung für das Passwort verlangt wird."

Einige Unternehmen haben bezahlt. In einigen Fällen konnte die Cyber Divsion des FBI die Codes knacken und das System entsperren.

Im Jahr 2009 hat das Kriminaldezernat der Cyber Division Ermittlungen zu 2.600 Angriffen auf Computer und zu 7.300 mithilfe von Computern begangenen Verbrechen geführt, die zu 1.900 Verurteilungen geführt haben.

Gleichzeitig hat das FBI eine explosive Zunahme bei Korruptionsfällen in der öffentlichen Verwaltung erlebt. Harrington erwähnt die Ermittlungen gegen den ehemaligen Gouverneur von Illinois, Rod Blagojevich, und gegen das ehemalige Mitglied des US-Repräsentantenhauses, William J. Jefferson, einen Demokraten aus Louisiana, der 90.000 US-Dollar in bar in seiner Tiefkühltruhe aufbewahrte.

In Bezug auf solche Fälle sagt Harrington, leider würden „Staatsdiener oft ihre Dienste an denjenigen verkaufen, der das höchste Gebot abgibt". Das FBI habe „heutzutage mehr Agenten mit der Korruptionsbekämpfung betraut als jemals zuvor in seiner Geschichte", sagt Harrington, der im Folgenden zum stellvertretenden Direktor des FBI ernannt wurde. „Wir haben 3.400 laufende Ermittlungen und über 700 Agenten arbeiten gerade an Korruptionsfällen in der öffentlichen Verwaltung. Und das ist meiner Meinung nach ein zweischneidiges Schwert. Einerseits ist es gut, dass wir da draußen sind und diese Arbeit tun; andererseits ist es bedauerlich, dass es in diesem Bereich so viele Zielpersonen für unsere Ermittlungen gibt."

Trotz der dramatischen Zunahme bei den aktuellen Fällen entschloss Mueller sich, eine Initiative der Agentin Cynthia Deitle zu unterstützen, die versuchen will, Mitglieder des Ku-Klux-Klans zu verfolgen, die in den 1960er-Jahren Schwarze ermordet haben. Zu diesen Bemühungen kam es im Zuge der erfolgreichen Wiederaufnahme der Ermittlungen zu dem Bombenanschlag auf die Sixteenth Street Baptist Church in Birmingham, Alabama, am 15. September 1963.

An diesem Tag trugen die 11-jährige Denise McNair sowie die drei 14-jährigen Mädchen Carole Robertson, Cynthia Wesley und Addie Mae Collins weiße Festtagskleider und Lacklederschuhe bei einem Jugendgottesdienst. Neunzehn gebündelte Dynamitstangen, die unter einem Treppenabsatz versteckt worden waren, explodierten nur wenige Zentimeter von ihnen entfernt. Alle vier starben und ein weiteres Mädchen namens Sarah Collins erblindete auf einem Auge. Der Bombenanschlag schockierte das Land und trug zur Verabschiedung des Civil Rights Act von 1964[1] bei.

Damals wurde niemand angeklagt, aber aufgrund der jüngsten Bemühungen des FBI wurden die ehemaligen Mitglieder des Ku-Klux-Klans, Thomas E. Blanton Jr. und Bobby Frank Cherry, 2001 beziehungsweise 2002 verurteilt. Der Fall wurde durch den Scharfsinn und die Beharrlichkeit des FBI-Agenten William L. Flemming erfolgreich abgeschlossen. Flemming bearbeitete den Fall, nachdem G. Robert „Rob" Langford, der leitende Spezialagent in Birmingham, entschieden hatte, den Fall wieder zu eröffnen und neue Ermittlungen aufzunehmen.

Seit 2007 haben Deitle, die die Civil Rights Unit des FBI leitet, und ihre Agenten in 122 jahrzehntealten Fälle ermittelt. Bei etwa 20 Prozent davon stellte sich heraus, dass es weder ein Mord war noch es einen rassistischen Hintergrund gab. In vielen anderen

1) Mit dem Civil Rights Act von 1964 wurde die Trennung von Schwarzen und Weißen in den USA aufgehoben.

Fällen ließ sich kein damals schon bestehendes Staats- oder Bundesgesetz anwenden oder die Verdächtigen waren von einem nur mit Weißen besetzten Geschworenengericht bereits freigesprochen worden oder die Beweislage war einfach zu dünn. Selbst bei einem aktuellen Mordfall ist es sehr schwierig, Beweismaterial zu finden. Dennoch gelang es Deitle, sechs Fälle an staatliche Behörden für eine mögliche strafrechtliche Verfolgung zu verweisen, und sie rechnet damit, schließlich sechs weitere Fälle weiterverweisen zu können.

„Viele dieser Typen wurden damals vor ein Geschworenengericht gestellt, das ausschließlich mit Weißen besetzt war, und von diesem freigesprochen. Sie können daher nicht noch einmal vor Gericht gestellt werden, denn es gilt die Regel, dass niemand zweimal in derselben Sache angeklagt werden darf", sagt Deitle. „Selbst wenn keine strafrechtliche Verfolgung möglich ist, sagen wir dennoch der Familie, was wir herausgefunden haben."

Die Reaktionen waren unterschiedlich. Sie reichten von Dankbarkeit bis zu offener Feindseligkeit. Einige ziehen die Gründlichkeit der FBI-Ermittlungen in Zweifel. Andere können nicht akzeptieren, dass ein Selbstmord oder ein Autounfall kein Auftragsmord des Ku-Klux-Klans war.

„Wir hatten alles: von ‚Wir schätzen Ihre Arbeit, danke' bis hin zu Familienmitgliedern, die sagen, sie wollen keinen Brief von uns, in dem wir erklären, warum der Fall ohne Anklageerhebung abgeschlossen wurde", sagt Deitle.

25

STOLPERDRÄHTE

UM TERRORISTEN ZUR STRECKE ZU BRINGEN, HAT DAS FBI etwas erfunden, was Art Cummings „Stolperdrähte" nennt, die dem FBI einen Hinweis auf terroristische Aktivitäten geben könnten. Beispielsweise werden Chemieunternehmen vom FBI aufgefordert, Profile zu entwickeln, mit deren Hilfe sich große oder verdächtige Käufe von Chemikalien feststellen lassen, die zur Herstellung von Sprengstoff verwendet werden können.

Zudem hat Cummings ein 350.000-Dollar-Projekt initiiert, mit dem man einen terroristischen Anschlag nachkonstruieren kann. Bei dem Projekt wird ein möglicher terroristischer Anschlag angeschaut und dann rückwärts abgewickelt, um all die Bestandteile zu finden, die ein Terrorist vielleicht brauchen könnte, um sein Ziel zu erreichen. Auf diese Weise kann das FBI nach solchen Hinweisen Ausschau halten.

„Wir spannen diese Stolperdrähte, und wenn die Leute darauf stoßen, sind wir in der Lage zu melden, dass jemand, Moment mal,

Technologie mit doppeltem Verwendungszweck oder die Grundstoffe zur Herstellung von Nervengas oder industrietaugliches Wasserstoffperoxid kauft", sagt Cummings. „Jemand macht das und: knall! Dann haben wir eine Warnung, entweder eine HUMINT-Warnung[1] durch einen Menschen oder eine automatische Warnung."

Um ein Terrorist zu sein, „braucht man eine Kommunikationsstrategie, man muss Geld sammeln können, man muss Geld verschieben können, man braucht eine Organisationsstruktur, die dies ermöglicht, und man braucht ein Kommunikationssystem, das zur Zentrale zurückführt", sagt Cummings. Ihm zufolge sieht sich das FBI also diejenigen Leute genauer an, die beim Zoll mit Bargeld über 10.000 US-Dollar erwischt worden sind.

„Ich bringe diese Person, die das Land mit Geld verlässt, mit ihren Kontakten in Verbindung", sagt Cummings. „Wenn jemand Geld für die Hamas sammelt und mit Leuten in den besetzten Gebieten kommuniziert, dann ist das von Interesse."

Er fährt fort: „Dann bekommt man die persönlichen Transaktionsberichte von der Bank und stellt fest, dass er Geldsummen einzahlt oder abhebt, die knapp unter der Meldegrenze von 10.000 US-Dollar liegen. Man stellt fest, dass er ein Palästinenser ist, eine Moschee besucht, die von Hamas-Anhängern und Palästinensern beherrscht wird, und dass er regelmäßig Geld in die besetzten Gebiete überweist. Jetzt habe ich gerade das Bild eines Hamas-Fundraisers gezeichnet."

In gleicher Weise hat das FBI Kosmetiksalons und Kosmetikläden gebeten, sich an das FBI zu wenden, um den Kauf von Chemikalien wie Wasserstoffperoxid in hohen Konzentrationen zu melden.

1) Akronym für Human Intelligence – bezeichnet im Nachrichtendienst die Erkenntnisgewinnung aus menschlichen Quellen.

„Sie werden gebeten, das FBI anzurufen, wenn sie irgendeinen Verdacht haben im Hinblick auf Leute haben, die große Mengen solcher Chemikalien in industrietauglicher Form kaufen", sagt Cummings. „Unsere Richtlinien sehen so aus, dass wir nicht die bürgerlichen Freiheitsrechte von jemandem verletzen, weil die betreffende Person einfach nur eine bestimmte Menge Wasserstoffperoxid gekauft hat."

Pressekanäle berichteten, dass das FBI über solche Käufe auf die Spur von Najibullah Zazi gekommen sei, der einen Bombenanschlag auf die New Yorker Untergrundbahn für die Al Kaida geplant hatte. Doch der Fall begann laut Cummings eigentlich damit, dass Geheimdienstinformationen der CIA und anderer Geheimdienstbehörden miteinander verknüpft wurden.

„Wir hatten die Leute, die in Übersee arbeiteten und genau das taten, was von ihnen erwartet wurde, aber wir sind erst kurz vor Torschluss draufgekommen", sagt Cummings. „Zazi hatte bereits Sprengstoff hergestellt. Das wäre beinahe schiefgegangen."

Zudem handelte das New York City Police Department voreilig.

„Die Nachrichtendienstabteilung des NYPD ging hinaus und stellte ein paar Fragen, zeigte ein paar Fotografien, und diese Person erzählte es Zazis Vater und sagte: ‚Hey, die suchen deinen Sohn'", sagt Cummings. „Der Vater rief Zazi an. Aber Zazi war bereits gewarnt, denn er hatte vermutlich bereits gemerkt, dass er überwacht wurde."

Zwar denkt Cummings nicht, dass vonseiten der Polizei irgendeine Böswilligkeit im Spiel war, aber „es gab eine Übereinkunft zwischen dem New York City Police Department und dem FBI New York, dass alle Aktionen auf Grundlage der von uns gelieferten Informationen koordiniert werden müssen", sagt Cummings. „Und das war nicht der Fall, das ist einfach nicht geschehen." Die Presse bekam Wind von der Geschichte und ließ Zazis Familie wissen, dass Ermittlungen stattfanden. Dies hatte zur Folge, dass das FBI früher als von Cummings gewünscht zu Verhaftungen schreiten musste.

„Die Presse hat uns völlig überrascht", sagt er und fügt hinzu: „Ich bin absolut überzeugt von der freien Presse. Aber ich glaube auch, dass sie sich verantwortungsbewusster verhalten sollte, als sie es tut. Ich höre dauernd, die Öffentlichkeit habe ein Recht auf Informationen. Und dann schaue ich auf das, was der Presse zufolge die Öffentlichkeit wissen muss und frage mich bloß: Was nützt das der Öffentlichkeit? Wir müssen regelmäßig ein Wettrennen mit der Presse im Hinblick auf unsere Einsatzstrategie veranstalten. Wir finden heraus, dass die Presse an einer Sache dran ist, und wir müssen dann unsere Strategie komplett ändern, weil wir wissen, dass eine Story über etwas herauskommt, und wenn sie erscheint, verlieren wir Informationsquellen. Und wenn wir zu einem Großteil der Mainstream-Presse darüber reden, arbeiten einige von uns ein bisschen mit uns zusammen, aber das hält sich in Grenzen. Das macht unseren Job schwieriger und kann Menschenleben gefährden."

An dem Zazi-Fall waren über 1.000 FBI-Agenten beteiligt. Dazu gehörte auch, dass Bombenschnüffelhunde durch Lagerräume rannten. Wie auch während anderer Fälle, bei denen sich die Ereignisse überschlugen, schlief Cummings auf dem schwarzen Ledersofa in seinem Büro, umgeben von Fotos seiner Frau und seiner drei Kinder.

Stolperdrähte führten auch zur Verhaftung von Khalid Ali-M Aldawsari, eines 20-jährigen College-Studenten aus Saudi-Arabien, der angeblich plante, das Haus des ehemaligen Präsidenten George W. Bush in Dallas in die Luft zu sprengen. Das FBI erhielt am 1. Februar 2011 einen Bericht von Carolina Biological Supply, dass Aldawsari versucht habe, große Mengen von konzentriertem

Phenol zu kaufen, das zur Herstellung von hochexplosivem Sprengstoff verwendet werden kann. Die Bestellung wurde an ein Speditionsunternehmen geschickt, das die Polizei in Lubbock anrief, wo Aldawsari wohnte, und die Polizei benachrichtigte auch das FBI.

Bei zwei verdeckten Einbrüchen in seiner Wohnung in Lubbock fand ein TacOPs-Team einen Chemikalienschutzanzug sowie Chemikalien zur Sprengstoffherstellung und Zubehör zum Bombenbau. In seinem Tagebuch fand das Team folgenden Eintrag: „Und jetzt, nachdem ich die englische Sprache beherrsche, gelernt habe, wie man Sprengstoff herstellt, und kontinuierlich geplant habe, die ungläubigen Amerikaner anzugreifen, ist es Zeit für den Dschihad." In dem Tagebuch stand, dass er ein Stipendium erhalten habe und in die Vereinigten Staaten mit der Absicht gekommen sei, den Dschihad zu führen.

Die Betreffzeile einer E-Mail-Botschaft, die Aldawsari angeblich an sich selbst schickte, lautete „Das Haus des Tyrannen" und enthielt die Adresse Bushs in Dallas. In anderen E-Mails waren „nette Ziele" aufgeführt, darunter Staudämme, Atomkraftwerke und Wasserkraftwerke. Zudem schickte er sich selbst per E-Mail Anleitungen für den Bau eines Sprengkörpers und für den Umbau eines Handys, sodass man mit diesem einen Sprengkörper explodieren lassen kann. Der Verdächtige bekundete Sympathien für den Dschihad in einem extremistischen Blog, das er eingerichtet hatte, und stellte klar, dass er von Osama bin Laden inspiriert worden war.

Neben der Anwendung von Stolperdrähten änderte das FBI auch das Paradigma, nach dem eine Spur oder ein Hinweis für gegenstandslos erklärt wurde. Wenn eine Spur sich nun als hinfällig erweist, verlangt das FBI von den Agenten, die abschließende Feststellung zu treffen, dass „Informationen gewonnen wurden, die darauf hinweisen, dass keine Bedrohung besteht, anstatt nur zu sagen, dass die Informationen sich nicht bestätigen ließen", sagt Cummings.

Immer wenn Agenten einen Fall abschließen, werden sie nach dem Grund gefragt.

„Die Antwort sollte besser nicht lauten: ‚Ich habe nichts gefunden, was darauf hinweist, dass sie Terroristen wären', sagt Cummings. „Stattdessen sollte die Antwort besser lauten: ‚Ich habe mir aufgrund der von mir gewonnenen Informationen ein sachkundiges Urteil gebildet, dass sie keine Terroristen sind. Es gibt keine Telefonverbindungen zu Terroristen, keine finanziellen und keine familiären Verbindungen. Und ich habe ausdrücklich die Kontakte dargelegt.'" Laut Cummings ist dies etwas ganz anderes, als wenn man sagt: „Ich kann es nicht finden, also ist es nicht vorhanden."

Mit dem neuen Paradigma „steigt das Arbeitsvolumen um das Fünf- bis Zehnfache", sagt Cummings. „Man muss also weiter Informationen sammeln, bis man selbst zu dem Urteil gekommen ist, dass jemand kein Terrorist ist? Wenn es im Grunde keine CIA-Akten, keine NSA-Akten, keine FBI-Akten gibt. Er scheint nicht in einer Position zu sein, in der er ein Terrorist sein könnte. Er sieht wie ein normaler Typ aus. Er ist ein Lebensversicherungsvertreter und er war nie im Ausland."

Ein Beispiel für den neuen Ansatz: Als das FBI im Hinblick auf einen Mann ermittelte, der zur Sprengstoffherstellung verwendbare Chemikalien kaufte, hätte es die Käufe als harmlos einstufen können, da der Mann die Bestände von einem Swimmingpool-Hersteller kaufte und er selbst eine Speditionsfirma für Swimmingpools hatte.

„Diese Erklärung reichte uns jedoch nicht aus", sagt Cummings. „Es ist nicht o.k. zu sagen: ‚Es sieht wie Pool-Zubehör aus, damit sind wir fertig.' An diesem Punkt hört man nicht auf. Von wem genau hat er es bei dem Swimmingpool-Hersteller gekauft?

Wie sah die Transaktion genau aus und was geschah danach? Ist es ein Freund, ein Geschäftspartner oder jemand, der uns schaden will? Es gab mal eine Zeit, wo wir einfach gesagt hätten: ‚Das ist nur eine Handelstransaktion, mach dir darüber keine Gedanken.' Heute gehen wir jedem einzelnen Hinweis bis zum Schluss aufs Genaueste nach."

Es frustriert die Agenten, dass sie diese zusätzlichen Vorsichtsmaßnahmen treffen müssen, die man vor dem 11. September nie befolgt hätte.

„Sie sagen: ‚Ach, komm schon, es ist doch nur eine Poolzubehörfirma – der Typ liefert Poolelemente aus'", sagt Cummings. „Wir sagen: ‚Großartig. Dann seht euch mal die Geschäftsbücher der Firma an und findet heraus, wer was gekauft hat, wohin es geliefert wurde, worum es sich genau handelte und ob es einen doppelten Verwendungszweck hatte.' Und wenn man mit all dem fertig ist, dann kann man ein sachkundiges Urteil abgeben."

Vor dem 11. September „wäre es wahrscheinlich nie zu der Aldawsari-Verhaftung gekommen", sagt Cummings ausdruckslos.

Cummings zufolge haben die neuen Richtlinien des Justizministeriums, die 2008 unter dem Justizminister Michael Mukasey entwickelt wurden, dem FBI die nötige Freiheit gegeben, um nach potenziellen Terroristen zu suchen, bevor sie zuschlagen. Das FBI braucht einen richtigen Grund, bevor es eine Überwachung durchführt, aber es muss kein Verdacht auf einen Gesetzesverstoß bestehen.

„So wie die Richtlinien zuvor lauteten, erlaubten sie es den FBI-Agenten nicht, nach etwas zu suchen, was bisher eigentlich nicht gesehen wurde", sagt Cummings, der sich für die Änderungen einsetzte. „Klar, die Ermittlungen sind sehr weitreichend und die Hinweise führen uns in viele verschiedene Richtungen. Aber sie beginnen mit einem Hinweis, sie beginnen mit konkreten

Informationen – ob sie nun aus Finanzplänen oder Einsatzplänen stammen, ob sie aus einem Telefonanruf oder von einem Informanten gewonnen werden –, aus denen hervorgeht, dass die betreffende Person sich an Terrorismus beteiligt."

Die Richtlinien wiederum unterstützten das neue Paradigma der Prävention, das „uns erlaubt, Informationen zu sammeln, bevor wir das Problem sehen", sagt Cummings.

Der Justiziar des FBI, Val Caproni, formuliert es folgendermaßen: „Die Richtlinien ermöglichen es uns, zu schauen, ob wir ein Problem haben, anstatt dass wir warten, bis jemand uns etwas darüber erzählt, und bevor es Tote gibt."

Für den Zazi-Fall gilt laut Cummings auch Folgendes: „Die ganze Mission wird durch eine Reihe von Werkzeugen ergänzt. Ohne die Informationsgewinnung der NSA könnten wir nicht als Präventionsorganisation gegen den Terrorismus wirken. Das ginge einfach nicht. Ohne diese Unterstützung wären wir blind bei allem, was sich außerhalb der Vereinigten Staaten abspielt."

Bei einer Verhaftung „sieht man nicht die Rolle der CIA und der anderen Geheimdienstbehörden", sagt Cummings. „Wenn ein Attentatsplan in Deutschland, in Österreich oder der Schweiz, in Norwegen oder Italien, wo auch immer, durchkreuzt wird, spielt dabei meistens die CIA eine wesentliche Rolle."

Vor dem 11. September „hatte ich immer Auseinandersetzungen mit der NSA", sagt Cummings. „Wenn der Name eines Amerikaners im Spiel war und er ins Ausland ging, dann gaben sie die Info nicht an uns weiter."

Durch Präsident Bushs NSA-Abhörprogramm hat sich das insofern geändert, als die NSA nun sehr viel flexibler ist, wenn es darum geht, an Amerikaner gehende Anrufe aus dem Ausland abzuhören. Das ursprüngliche Programm sei jedoch so breit angelegt gewesen, dass dadurch nichts Nutzbringendes enttarnt worden sei, sagen FBI-Beamte. Im Lauf der Zeit wurde das Programm verfeinert und konzentrierte sich mehr auf potenzielle Terroristen, wobei nützliche Spuren aufgedeckt wurden. Der Kongress nahm dieses Programm in das bestehende FISA-Gesetz auf.

Da terroristische Einzeltäter eine wachsende Bedrohung darstellen, hat die Bedeutung von Stolperdrähten weiter zugenommen. Einzeltäter haben keine Verbindungen zu bestehenden terroristischen Organisationen oder Netzwerken. Bei Einzelkämpfern „gibt es keine Finanznetzwerke, sodass man bei sehr genauem Hinsehen feststellen könnte, dass 1.000 Dollar an einen Gauner irgendwo gehen", bemerkt Cummings. „Wir sehen das nicht, ganz einfach deshalb, weil einem Einzelkämpfer niemand 1.000 Dollar schickt. Das ist sehr schwierig. Daher sind wir sehr von Stolperdrähten und HUMINT abhängig. Das sind die Augen und Ohren auf der Straße. Und wir sind sehr darauf angewiesen, dass die Einzeltäter aus ihrer totalen Isolierung ausbrechen. Sie tun das auch, da dies nun einmal der menschlichen Natur entspricht. Kürzlich haben wir ein paar geschnappt, die ziemlich isoliert waren, aber sie wollten dennoch reden und ihre Ideologie mit den Leuten teilen."

Dies führte im Oktober 2010 zur Verhaftung des 34-jährigen Farooque Ahmed aus Ashburn, Virginia, weil er zusammen mit Leuten, die er für Al-Kaida-Agenten hielt, geplant hatte, terroristische Bombenattentate in Bahnhöfen der U-Bahn Washington Metro auszuführen. Agenten, die sich als islamistische Extremisten ausgaben, trafen sich erstmals im April mit Ahmed, einem aus Pakistan stammenden, eingebürgerten US-Amerikaner. Bei den Treffen, die in Hotels in der Region Nord-Virginia stattfanden, erklärte er sich angeblich bereit, Videoüberwachungen der Bahnhöfe durchzuführen, und schlug die beste Zeit für ein Attentat vor sowie die besten Orte zur Platzierung von Sprengstoff, um eine größtmögliche Anzahl an Opfern zu erreichen.

Dennoch bestehen weiterhin Probleme. Das FBI hätte Nidal Malik Hasan, einen Militärpsychiater der U.S. Army im Rang eines Majors, der auf dem Militärstützpunkt Fort Hood 13 Menschen erschoss, ins Visier genommen, wenn es alles gewusst hätte, was die Army über seine Aktivitäten und Neigungen wusste, sagt Cummings.

Hasan sagte beispielsweise zu seinen Kollegen, dass das islamische Recht der Scharia besser sei als das Recht der USA, und er belehrte andere Ärzte, dass Ungläubige geköpft werden sollten und man ihnen kochendes Öl in den Hals schütten solle. Das FBI hatte keine Ahnung davon, wohingegen die Army über Hasans bedrohliche Kommentare und seine extremistischen Überzeugungen voll Bescheid wusste. Tatsächlich gab die Army ihm trotz seiner Äußerungen in Meetings gute Leistungsbewertungen.

„Die Leute sagen: ‚Warum habt ihr ihn nicht gestoppt, als er mit dem radikalen Geistlichen Anwar al-Awlaki redete? Es ist doch klar, dass er ein Terrorist ist'", sagt Cummings. „Nun ja, es ist nicht klar, dass er ein Terrorist ist. Es gibt allerdings ein Kontinuum zwischen seinen Sympathien und seinem Auftreten als militanter Amokläufer."

Oberflächlich sah es so aus, als sei Hasan in Kontakt mit al-Awlaki, dem radikalen Imam im Jemen, um im Rahmen der Terrorismusbekämpfung über Muslime beim Militär zu recherchieren, sagt Cummings.

„Seine Kontakte mit al-Awlaki, bei denen er ihn gezielt um Rat fragte, erschienen jedem Beobachter als Teil der Recherche für die Studie, die er im Auftrag des US-Militärs schrieb und die auch von diesem finanziert wurde", sagt Cummings. „Er stellte bohrende Fragen in folgendem Stil: ‚Wie verhält es sich damit? Und wie rechtfertigen Sie das?' Wo war also der Knackpunkt?", fragt Cummings. „An welchem Punkt wurde er militant?"

Was Hasan offenbar zum Äußersten trieb, war sein Einberufungsbefehl nach Afghanistan, wo er andere Muslime hätte bekämpfen müssen.

Laut Cummings hat die Army, da sie die Anklage gegen Hasan leitet, bis heute noch keine Akten an das FBI weitergeleitet, aus denen sich entnehmen ließe, dass es Warnsignale im Hinblick auf seine Überzeugungen und Sympathien gab.

26

DIE JACHT-PARTY

AN EINEM FRISCHEN HERBSTTAG ERSCHIEN EIN HALBES Dutzend toller junger Frauen bei einer Champagner-Party an Bord einer Jacht, die an der Ostküste kreuzte. Die Männer bei der Party waren Bandenmitglieder in einem Fall organisierter Kriminalität; die weiblichen Gäste waren alle verdeckt agierende FBI-Agentinnen.

Die Männer befanden sich an Bord auf Einladung eines anderen verdeckten Ermittlers, der sich mit ihnen angefreundet hatte. Die Idee war gewesen, die Männer abzulenken, während TacOps einen verdeckten Einbruch bei zwei Unternehmen des organisierten Verbrechens durchführte. In diesem Fall gehörte die Jacht dem FBI, das es in einem Antidrogeneinsatz beschlagnahmt und dem Stagehand-Programm des FBI zur Verfügung gestellt hatte.

Die Agentinnen flogen für die Jacht-Party von einer Außenstelle an der Westküste ein, um die Gefahr, wiedererkannt zu werden, zu verringern. Wenn einer der Männer versuchen sollte, die

Party mit einem Boot zu verlassen, sollten die Agentinnen eine vorher vereinbarte verschlüsselte SMS an die Einsatzzentrale schicken, um die TacOps-Agenten, die die verdeckten Einbrüche durchführten, zu warnen, dass sie sofort verschwinden müssten.

Beide verdeckten Einbrüche, bei denen Abhörgeräte installiert und Festplatten kopiert wurden, funktionierten einwandfrei. Es gab jedoch einen Haken: Die Männer waren von den freundlichen Agentinnen so angetan, dass sie darauf bestanden, weiterzufeiern, lange nachdem die TacOps-Agenten in dieser Nacht ihre Arbeit beendet hatten.

„Damit unsere Zielpersonen sich wohl fühlten und keinen Verdacht schöpften, musste die Party noch etliche Stunden weitergehen, selbst nachdem das TacOps-Team die beiden Zielorte geräumt hatte", sagt Louis Grever, der an einem der beiden Einbrüche teilnahm. „Diese Episode war einer der seltenen Fälle, in denen das Einbruchsteam in unseren Hotelzimmern zu Bett gehen konnte, bevor die Überwachungs- und Undercover-Teams nach Hause gehen konnten."

Angesichts der dramatischen Zunahme der Kommunikationsmöglichkeiten mag die Verwanzung eines Zimmers weniger wichtig als in den vergangenen Jahren erscheinen. Doch die Zunahme an Kommunikationsmethoden und die Verfügbarkeit von Verschlüsselungssoftware hat es für das FBI schwieriger gemacht, Gespräche mitzuhören. Dies hat zur Folge, dass Abhörgeräte sogar noch wichtiger wurden.

„Eine der Begleiterscheinungen der heutigen Vernetzung besteht darin, dass wir manchmal keine Informationen von außen gewinnen können, selbst wenn wir die Berechtigung dazu haben", sagt Grever in einem Interview in der FBI-Zentrale. „Die Daten sind verschlüsselt, wir haben größte Mühe, herauszufinden, welches Kommunikationsmittel sie benutzen, und sie verstecken sich hinter den Störgeräuschen heutiger Kommunikationsformen. Folglich müssen wir zu ihnen nach Hause gehen und ein Mikrofon installieren, um ihre Kommunikation aufzuzeichnen."

Grever geht an seinen Schreibtisch und kommt mit einer hochmodernen FBI-Wanze zurück, die er mir in die Hand legt. Es handelt sich um eine Leiterplatte von der Größe einer Briefmarke und der Dicke von zwei aufeinandergelegten 25-Cent-Stücken.

„Es ist ein Sender und ein Stereorekorder", sagt Grever. „Es nimmt etwa 21 Stunden lang auf und sendet die Aufnahme in verschlüsselter Form an einen örtlichen Empfänger. Die Sendefunktion wird die meiste Zeit nicht aktiviert sein. Warum sollten wir senden, wenn dies ein weiterer Umstand ist, der den Einbruch entlarven könnte? Dieses Teil ist gegenüber den meisten unserer Wanzen tatsächlich groß."

Grever zeigt, wie die Wanze in einem Handyakku versteckt werden kann. Alternativ könnte das FBI ein Handy so programmieren, dass es Gespräche aufnehmen und senden kann.

Die Wanzen werden in der Technischen Forschungseinrichtung des FBI hergestellt und anschließend in dem externen TacOPs Center in einem sogenannten „Wirt" oder „Versteck" versteckt. Das kann eine Batterie, ein Namensschild, ein Taschenrechner oder sogar ein Buch sein. Um einen etwaigen Verdacht zu zerstreuen, stellt sich das TacOPs Center nach außen hin als ein gewerbliches Testunternehmen dar.

„Wir lassen es wie ein funktionierendes Unternehmen aussehen: mit Leuten, die rein- und rausgehen und Maschinen, die die ganze Zeit laufen, sodass der Briefträger und der Lieferant und der Bauaufsichtsinspektor vorbeikommen und es für ein rechtmäßiges Unternehmen halten", sagt Grever.

Neben TacOps-Agenten beschäftigt das TacOPs Center 50 Techniker, Holzbearbeitungsspezialisten, Mechaniker und Hilfskräfte.

Es gibt eine Maschinenwerkstatt, eine Hochgeschwindigkeits-Graviermaschine und eine Stereolitografie-Maschine zur Herstellung von Plastikgegenständen, wie zum Beispiel eines Kruges, in dessen Boden eine Wanze versteckt werden kann. Die Tactical Operations Section, zu der das Center gehört, verfügt über ein Jahresbudget von 62 Millionen US-Dollar innerhalb des Jahresgesamtbudgets des FBI in Höhe von 8,3 Milliarden US-Dollar. Die FBI-Abteilung erhält außerdem zusätzliche Geldmittel aus dem National Intelligence Program.

Um TacOPs-Agenten zu verstecken, während sie das Schloss an einem Stadthaus in Baltimore knackten, fotografierten die Agenten zuerst die Backsteinfassade des Hauses. Dann druckte das TacOps Center das Bild auf eine Abdeckplane, die den Eingang und dessen Umgebung bedecken sollte. Die eine Seite der Abdeckplane hatte einen Plastiküberzug und die andere Seite hatte eine Stoffoberfläche, auf die das Bild gedruckt war. Die Abdeckplane war an einem leichten Plastikschlauch befestigt, sodass sie wie ein Schirm zusammen- und auseinandergefaltet werden konnte. Die Agenten trugen sie in einer länglichen Sporttasche. Mitten in der Nacht stellten sie die Abdeckplane in einer Entfernung von 60 Zentimetern zum Eingang auf. Dann arbeiteten sie dahinter, um einen Schlüssel für das Haus herzustellen, ohne von Passanten beobachtet zu werden.

„Unsere TacOps-Maschinenwerkstatt stellte leichtgewichtige Rahmen her, um die Fassade zu halten, und unsere TacOps-Druckerei fertigte einen Behang in Originalgröße mit der Vorderseite des Stadthauses an“, sagt Grever. „

Wir haben das Verhängen der Fassade ein paar Mal geübt, um es richtig und schnell zu machen. Aus sechs Metern Entfernung bei Schummerlicht konnte man nicht erkennen, dass es einfach nur ein Bild war. Der Einsatz lief wie am Schnürchen, und die vielen Leute, die in dieser Nacht vorbeikamen, haben nichts gemerkt."

Für einen anderen Einsatz, bei dem es um ein Zielobjekt des organisierten Verbrechens in Las Vegas ging, stellte das TacOps Center einen Busch her, um zwei TacOps-Agenten zu tarnen, sodass diese die Schlösser an einer Garagentür knacken und Wanzen im Haus installieren konnten. Das Bild eines Busches wurde auf Stoff gedruckt. Wie das Bild des Stadthauses wurde es an einem Plastikschlauch befestigt und konnte wie ein Schirm auseinander- und zusammengefaltet werden. Auseinandergefaltet hatte der Busch die Form einer umgekehrten Tasse. Im Schutz einer dunklen Nacht arbeiteten die Agenten sich Zentimeter für Zentimeter zu der Garage vor, während sie sich gleichzeitig vor den Blicken der Passanten auf der Straße abschirmten, die etwa 30 Meter von dem Haus entfernt war. Die Agenten hätten sich zwar in dem Busch verstecken können, aber sie zogen es vor, den Busch vor den Körper zu halten, sodass sie im Notfall schnell wegrennen konnten.

„Der einzige Unterschied zwischen diesem Busch und anderen in der Umgebung des Zielobjekts bestand darin, dass er alle paar Minuten, wenn alles ruhig war, Beine bekam und ganz langsam auf das Gebäude zuging", sagt Grever. „Gott sei dank hat uns niemand gesehen. Wir wären sonst vielleicht bei *America's Funniest Home Videos* gelandet."

Bevor die Agenten Wanzen in einer Jacht installieren, üben sie den Einbruch an einem identischen Modell. Beim Eindringen in äußerst heikle Orte wie Botschaften oder andere Niederlassungen ausländischer Regierungen, können die TacOPs-Agenten schrittweise vorgehen.

„Man kann in die erste Reihe Türen einbrechen und diese fotografieren", sagt Grever. „Man macht Messungen, und dann versucht man in der nächsten Nacht, etwas weiter zu gehen und Sensoren ausfindig zu machen. Zwischen den einzelnen Schritten warten wir wochenlang, um sicherzustellen, dass es keinen Aufruhr gibt."

Zwar mag der einfachste Weg, sich Zutritt zu verschaffen, in der Zuhilfenahme eines internen Informanten liegen, aber dieser Informant könnte ein Doppelagent sein.

„Das ist ein Balanceakt, den die zuständigen Agenten bewerten werden", sagt Grever. „Soll ich einen Informanten aufbauen oder soll ich alles verdeckt tun? Es gibt Fälle, in denen wir beides tun. Wir entwickeln einen internen Informanten und dann dient der Einbruch wirklich der Überprüfung dieses Informanten: um sicherzustellen, dass er uns alles sagt, was er weiß, und um seine Informationen zu überprüfen."

TacOps prüft Wetterberichte, was bei der Auswahl der richtigen Nacht für einen Einbruch helfen soll.

„Ob Sie es glauben oder nicht, wir arbeiten am liebsten bei schlechtem Wetter", sagt TacOps-Chef Jimmy Ramirez. „Wir mögen Nebel, Kälte, Regen und Schnee, weil bei diesem Wetter die Leute nicht draußen herumlaufen und sich amüsieren."

Schnee bringt jedoch ein besonderes Problem mit sich. „Man muss darauf achten, keine Häschenspuren, wie wir es nennen, zu hinterlassen, wenn man in das Zielobjekt hinein- und wieder herausgeht", sagt Ramirez. „Wenn es stark schneit und wir Spuren hinterlassen würden, die auf unsere Anwesenheit hinweisen, dann würden wir den Einsatz abbrechen. Wenn es unvermeidlich ist, dass wir den Einbruch machen, dann werden wir zuerst dafür sorgen, dass auf den Straßen und Bürgersteigen der Schnee weggekehrt wird."

FBI-Mitarbeiter werden sich als gute Nachbarn ausgeben und von den Wegen des Zielobjekts sowie der Nachbarhäuser den Schnee wegschaufeln.

Eine andere Herausforderung besteht darin, mit Agenten aus den örtlichen Außenstellen zusammenzuarbeiten.

„Ich bin wirklich vorsichtig, wenn ich mit jemandem zusammenarbeite, den ich nicht kenne", sagt Ramirez. „Wird er ein Stück Draht auf dem Boden zurücklassen? Lässt mein Türschloss-Experte ein paar Feilenspäne zurück, wenn er an einem Schlüssel arbeitet?"

Der Letzte, der das Gebäude verlässt, trägt die größte Verantwortung.

„Man ist dafür verantwortlich, die Alarmanlage wieder einzuschalten, die Türen abzuschließen, sicherzustellen, dass niemand Schraubenzieher und Drähte zurückgelassen hat", bemerkt Grever. „Man hat eine große Verantwortung und manchmal hat man sehr wenig Zeit zur Verfügung und hat auch nur sehr wenig geschlafen. Vielleicht habe ich die ganze Nacht nicht geschlafen, und jetzt ist es vier oder fünf Uhr morgens. Das kann ganz schön unheimlich sein."

TacOps-Agenten betrachten das, was sie als den „Mrs.-Kravitz-Faktor" bezeichnen, als die größte Bedrohung ihrer Arbeit.

„Wir wissen von der technischen Seite her, dass es diese Geräte gibt, hinter denen wir her sind, und dass wir unsererseits die Geräte haben, um diese auszuschalten", sagt Ramirez. „Aber man kann nicht im Voraus einplanen, dass Mrs. Kravitz mitten in der Nacht aufsteht, auf die gegenüberliegende Straßenseite schaut und sagt: ‚Da stimmt heute Nacht etwas nicht mit dem Haus der Joneses.'"

Um 4.30 Uhr morgens hatten die Agenten einen Einsatz in einem Einfamilienhaus in der Gegend von San Francisco beendet und waren bereit zum Gehen. „Da kamen die beiden Nachbarn aus den angrenzenden Häusern rechts und links heraus und fingen an, Tai-Chi zu machen, ihr Morgenritual", sagt Ramirez.

Eine andere Komplikation ist ein Nachbar, der sich früh am Morgen dazu entschließt, Gartenarbeit zu machen, indem er zum Beispiel seine Hecken schneidet.

„Wir gehen dann vielleicht an die Haustür der Leute und klingeln immer wieder, bis sie zumindest so lange von der Hecke weggehen oder mit dem Tai-Chi aufhören, dass die Letzten aus dem Zielobjekt rauskommen", sagt Ramirez.

Die Agenten planen eine solche List sorgfältig, da sie leicht auffliegen kann. Ein Agent erzählt zum Beispiel jemandem, dass er ein High-School-Lehrer sei, weil er dies für eine harmlose Äußerung hält.

„Entweder ist der andere selbst ein High-School-Lehrer oder er kennt einen High-School-Lehrer von der Schule, an der man zu unterrichten behauptet hat, und jetzt muss man noch mehr lügen", sagt Ramirez. „Man muss also mit seiner Tarngeschichte wirklich vorsichtig sein. Sie muss gut durchdacht sein. Wenn sie das nicht ist und wenn man irgendwie stottert und stammelt, dann ist es nicht glaubwürdig."

TacOPs kann einen Agenten zu einem Haus schicken, der sich als Pizzalieferant ausgibt. Wenn die Haustür offen ist, kann er sehen, ob es ein Alarm-Tastenfeld gibt und was es für eines ist.

„Die Leute haben keine Pizza bestellt. Aber was ist, wenn sie dann doch eine wollen?", fragt Ramirez. „Man kann nicht nur einen Karton dabeihaben. Es sollte schon eine Pizza drin sein, sonst schöpfen sie Verdacht."

Sich als Telefontechniker auszugeben, kann problematisch werden, wenn echte Techniker auftauchen.

„Einmal waren wir an einem Telefonverteilerkasten im Freien und einige Leute von der Telefongesellschaft tauchten auf", erinnert sich Ramirez. „Zum Glück waren wir in New York, wo ein Mitglied aus dem Team den Sicherheitsbeamten für diese Gegend kannte. Der Sicherheitsbeamte sagte im Wesentlichen zu ihnen: ‚Macht bloß, dass ihr hier wegkommt!' Und das taten sie auch."

Bei der Prüfung eines Zielobjekts versuchen die Agenten, sich eine List auszudenken, die sich auf niemanden zurückführen lässt. „Wir haben Plakate mit Fotos eines vermissten Hundes herumgetragen", sagt Clay Price. „Der Hund könnte einem von uns gehören. Wenn irgendjemand uns angesprochen und gefragt hat: ‚Was macht ihr hier?', haben wir geantwortet: ‚Wir haben unseren Hund verloren. Haben Sie diesen Hund gesehen?' Dann haben wir uns einfach vom Acker gemacht."

In einigen Terrorismus- oder Spionageabwehrfällen kann es vorkommen, dass TacOPs das Zielobjekt zwei Jahre lang prüft. Es kann noch einmal zwei Jahre dauern, bevor ein Fall erfolgreich zu Ende gebracht wird. Wenn es um eine Entführung oder ein vermisstes Kind geht, gibt es unmittelbarere Ergebnisse. TacOPs-Mikrofone haben das Gespräch von Eltern aufgenommen, die sich darüber unterhielten, wie sie die Leiche ihres Kindes beseitigt hatten.

Im Fall einer Motorrad-Bande in Reno war es zu riskant, in deren Klub einzubrechen. Die Agenten warteten. Schließlich kam ein Mitglied bei einem Verkehrsunfall ums Leben.

„Sie gingen alle zu der Beerdigung, wodurch wir eine Gelegenheit bekamen, uns ihr Klubhaus vorzunehmen. Alle waren dort", sagt Ramirez.

Ähnlich lief es in einem Mafia-Fall in Cleveland, wo die Agenten Wanzen installierten, während der Mann, der die Zielperson war, an der Hochzeit seiner Tochter in einer nahe gelegenen Kirche teilnahm.

Dennoch kommt es immer wieder vor, dass die Einsätze von TacOPs-Agenten beinahe schiefgehen. Bei einem Einbruch in New Haven hatte das Überwachungsteam die Tatsache übersehen, dass ein Restaurant, das einer Figur des organisierten Verbrechens gehörte, nachts mit Brot beliefert wurde.

„Wir gehen dorthin, wir sind drin, wir haben die Alarmanlage abgeschaltet, und da erscheint um vier Uhr morgens der Brotlieferant", sagt Ramirez. „Der Restauranteigentümer vertraut dem Lieferanten, gibt ihm die Schlüssel, gibt ihm den Alarmcode."

Als Agenten hörten, wie der Brotlieferant das Restaurant betrat, suchten sie schnell ein Versteck. Als er ging, schaltete er die Alarmanlage wieder ein. Wärme- und Bewegungssensoren hätten normalerweise die Anwesenheit der Agenten beim Verlassen ihrer Verstecke erfasst. Die Agenten hatten jedoch elektronische Informationen aus der Steuerung der Alarmanlage gewonnen und konnten sie durch kabellose Technologie aus der Ferne ausschalten. Dann beendeten sie die Installation von Mikrofonen im Büro des Mafioso.

In einem Spionagefall in San Francisco kam eine Putzkolonne herein, während die Agenten in einem Bürogebäude Wanzen installierten. Die Agenten gaben vor, in das Gebäude zu gehören, und die Raumpfleger taten ihre Arbeit und gingen wieder, ohne Verdacht zu schöpfen.

Bevor die Agenten ein Geschäft in Cleveland betraten, mussten sie eine schwere Rolltür aus Stahl an dessen Vorderseite öffnen. Es war kein Problem, an den Schlüssel zu kommen. Als die Agenten jedoch die Tür hinunterrollten, machte dies Lärm. Das Überwachungsteam dachte, dass in der Wohnung im ersten Stock niemand sei, aber das stellte sich als falsch heraus. Der Nachbar streckte seinen Kopf aus einem Fenster und rief: „Was zum Teufel ist da draußen los?" Ein Einsatzleiter rief nach oben: „Polizeiarbeit. Gehen Sie einfach vom Fenster weg."

Der Nachbar hatte etwas mit der Sache zu tun und meldete den Vorfall dem Kriminellen. Dabei sagte er, er habe gedacht, dass die

Männer vielleicht einen Durchsuchungsbefehl zustellten. Ramirez zufolge wurde die Zielperson infolge des Anrufs „so nervös, dass sie einen Anwalt beauftragte, in die örtliche FBI-Außenstelle ging und sagte: ‚Ich will den besten Deal, den ich kriegen kann. Ich weiß, dass ihr mich in der Hand habt. Ich weiß, dass ihr Tonbandaufzeichnungen von mir habt.' Er wurde so paranoid, dass er hereinkam und die ganze Geschichte ausspuckte."

In einem Mafia-Treff in New York wurde die Haustür mit einem Stahltor mit einem Vorhängeschloss geschützt. Es gab ein Problem, als man den Zylinder des Schlosses herausziehen wollte, und die Agenten mussten daraufschlagen, sodass es Lärm machte. In diesem Fall überwachte das FBI bereits die Mafia-Mitglieder in einer Wohnung über dem Geschäft, wo diese Karten spielten. Die Mafiosi hörten den Lärm.

„Wir bekamen eine Tonbandaufnahme von ihnen, wie sie sagten: ‚Nein, das kann nicht das FBI sein. Sie würden nicht so viel Lärm machen, wenn sie einbrechen'", sagt Ramirez.

Die Männer spielten weiter Karten.

Damals, als Hoover noch FBI-Direktor war, trug das Programm für Einbrüche in Spionageabwehrfällen den Codenamen Anagram. Beim Einbruch in eine Botschaft des Ostblocks hatte ein Agent einen Herzinfarkt und starb im Büro des Botschafters. Die Agenten brachten ihn hinaus, aber seine Ausscheidungen landeten auf einem Orientteppich in dem Büro. Die Agenten brachten den Teppich zu einer Reinigung, die über Nacht offen hatte, und ließen ihn reinigen. Trotzdem war er immer noch nass, als sie ihn wieder auslegten. Daher brachten sie Farbe an der Decke an, damit es so aussah, als wäre Feuchtigkeit durch die Decke gedrungen.

Die Agenten stellen manchmal fest, dass sie bei ihrer Überwachung auf Verbrechen stoßen, die sich gerade in Vorbereitung befinden. In einem schaurigen Fall nahm eine FBI-Wanze die

Geräusche von Zein Isa, eines Amerikaners palästinensischer Herkunft, bei der Ermordung seiner 16-jährigen Tochter auf. Zwei Jahre lang hatte das FBI den Gesprächen zugehört, die in der winzigen Wohnung in St. Louis stattfanden, die er mit seiner Frau namens Maria teilte. Das FBI glaubte, dass Zein Isa an terroristischen Aktivitäten beteiligt sei.

Isa billigte es nicht, dass seine Tochter Palestina einen Job bei der Fast-Food-Kette Wendy's angenommen hatte und sich ohne seine Erlaubnis mit einem jungen Mann traf. Als das Mädchen mit dem Spitznamen Tina am Abend des 6. November 1989 von der Arbeit nach Hause kam, fragte ihre Mutter sie auf Arabisch: „Wo warst du, du Schlampe?"

„Arbeiten!", antwortete Tina schnippisch, wie aus dem FBI-Tonband hervorging.

„Wir akzeptieren es nicht, dass du arbeiten gehst", unterbrach Isa.

„Warum tust du uns das an?", fragte ihre Mutter wütend.

„Ich tue euch nichts an", sagte Tina.

„Du bist eine Teufelin", zischte ihr Vater. „Hör mal, meine liebe Tochter: Weißt du, dass heute dein letzter Tag ist? Du wirst heute sterben."

Als sie begriff, dass er es ernst meinte, gab Tina einen lang gezogenen Schrei von sich. Es gab ein krachendes Geräusch und Tinas Schreie wurden erstickt. Ihre Mutter drückte sie nieder, während Isa auf Tinas Brust mit einem 18 Zentimeter langen Ausbeinmesser einstach.

„Stirb! Stirb schnell! Stirb schnell!", schrie ihr Vater, der vor Anstrengung keuchte.

Tina schrie noch einmal. In diesem Moment hatte Isas Messer ihre Lunge durchlöchert. Es war nur noch das Ausatmen des jungen Mädchens zu hören.

Als das Band am nächsten Tag übersetzt wurde, rief das FBI die Polizei in St. Louis an, die das Paar verhaftete. Auf dem Tonband war sogar aufgenommen, wie Isa den Notruf wählte und behauptete, er habe seine Tochter in Notwehr getötet.

Im Gegensatz zu dem Eindruck, der durch das Tonband erweckt wurde, ermordete Isa seine Tochter, weil sie rebellisch war und zu viel über die Aktivitäten seiner Gruppe wusste. Einer der anderen Terroristen hatte vorgeschlagen, sie zu töten, um zu verhindern, dass sie redete.

Ihr Vater war einverstanden und sagte zu einem Verwandten: „Die da sollte unter dem Erdboden sein."

Auf der Grundlage des Tonbandes wurden Isa und seine Frau des schweren Mordes für schuldig befunden und zum Tode mittels einer tödlichen Injektion verurteilt. Während seines Aufenthalts im Todestrakt wurden Zein Isa und drei andere beschuldigt, die Ermordung von Tausenden von Juden, ein Bombenattentat auf die israelische Botschaft in Washington sowie Geldschmuggel zu Mitgliedern der terroristischen Abu-Nidal-Organisation geplant zu haben.

Zein Isa starb im Todestrakt an Diabetes. Bei seiner Frau wurde die Todesstrafe in eine lebenslängliche Gefängnisstrafe ohne die Möglichkeit der bedingten Haftentlassung umgewandelt.

In einem anderen Fall in Philadelphia installierten die Agenten Videokameras in einem Restaurant, das einem Mafia-Mitglied gehörte. Fünfzehn Minuten nachdem sie gegangen waren, brach eine rivalisierende Mafia-Bande ein und erschoss den Mann. Es wurde alles auf dem Videoband aufgezeichnet.

Einbrüche in italienische Restaurants, die der Mafia gehörten, hatten durchaus ihre Vorteile. Ein TacOps-Agent gibt zu, dass er in einem solchen Etablissement in Brooklyn ein paar köstliche Scampi aus dem Kühlschrank probierte.

In Häuser und Büros einzubrechen erfordert wohl Mut, aber ein Agent fürchtete sich vor Hunden und weigerte sich, an Orte zu gehen, wo man ihnen begegnen konnte. Ein anderer Agent wollte über Silvester 1999 nicht zu einem Einsatz nach Houston fliegen. Er hatte Angst, dass die digitalen Fluginstrumente mit Beginn des neuen Jahrtausends ausfallen würden. Für beide Agenten mussten andere TacOPs-Agenten einspringen.

Bei der Überwachung von Abhörgeräten stoßen die Agenten oft auf Verbotenes. In einem Fall öffneten sie einen Wäscheschrank und fanden darin zwei Millionen US-Dollar in bar. In einem anderen Fall sahen die Agenten, wie der Verdächtige – ein Mitglied des organisierten Verbrechens – Sex mit seiner kleinen Tochter hatte.

„Das Überwachungsteam von der gegenüberliegenden Straßenseite brach ein, verschaffte sich gewaltsam Zugang, nahm das Kind in Gewahrsam und wartete auf die Polizei", sagt Grever.

Am lohnendsten ist es jedoch, wenn durch einen von TacOps durchgeführten Einbruch ein terroristischer Anschlagsplan vereitelt wird, wie es bei Khalid Ali-M Aldawsari der Fall war, der vorhatte, das Haus des ehemaligen Präsidenten George W. Bush in die Luft zu sprengen. In ähnlicher Weise mischte Najibullah Zazi bereits Chemikalien, um Sprengstoff für ein Bombenattentat auf die New Yorker U-Bahn herzustellen, als die TacOps-Agenten genug Beweismaterial für eine Verhaftung gewonnen hatten. Dazu gehörten neun Seiten mit Notizen, die sie auf seinem Laptop in seinem Mietwagen fanden. Diese enthielten Rezepte und Anleitungen für die Herstellung von und den Umgang mit Initialsprengstoffen, Hauptsprengladungen, Sprengzündern und Bestandteilen eines Sicherungssystems.

Wenn auch verdeckte Einbrüche in Aldawsaris Wohnung in Lubbock ein Kinderspiel für TacOps waren, „bestand allerdings das größte Hindernis darin, dass es nur begrenzte Informationen über den Grundriss der Wohnung gab sowie Unwägbarkeiten im Hinblick darauf, wie freundlich und aufmerksam seine Nachbarn waren und wie wachsam er selbst im Hinblick auf eine mögliche Überwachung war", sagt Grever. „Er hatte einen sehr unregelmäßigen Lebensstil – typisch für Zielpersonen in seinem Alter – und das Einbruchsteam musste ganz in der Nähe der Wohnung mehrere Tage lang auf Abruf bereitstehen."

TacOps spielte auch eine entscheidende Rolle bei der Verhaftung von 120 mutmaßlichen Mafia-Mitgliedern aus sieben Mafia-Clans der Ostküste im Januar 2011. Es handelte sich dabei um die größte Razzia gegen die Mafia in der Geschichte, wobei die Verhaftungen nach zwei gerichtlich angeordneten verdeckten Einbrüchen durch das TacOps-Team stattfanden.

Wie andere FBI-Agenten amüsieren sich auch TacOps-Agenten oft über den Unterschied zwischen dem, was sie in den Medien sehen, und was wirklich beim FBI geschieht. Ramirez, Grever und ein paar weitere TacOps-Agenten gingen mit ihren Frauen ins Kino, um den Film *Enttarnt – Verrat auf höchster Ebene* zu sehen, in dem allein dem FBI-Angestellten Eric O'Neill die Lösung des Robert-Hanssen-Spionagefalls zugeschrieben wird.

„Wir haben uns köstlich amüsiert", sagt Ramirez. „Es war lustig, weil wir wussten, was wirklich passiert ist und was nicht passiert ist."

Doch die Arbeit als Einbrecher fordert ihren Tribut.

„Einige Agenten verlassen schließlich die Einheit, weil es zu viel Stress für sie ist", sagt Ramirez. Diejenigen, die bleiben, werden normalerweise enorm von ihrer Familie unterstützt. „Wir können unseren Job nur machen, wenn wir eine Frau haben, die sagt: ‚Ich weiß nicht, was du da draußen machst, aber ich unterstütze dich'", sagt Ramirez. Da die Arbeit geheim ist, können die Agenten keine Auszeichnungen vom Justizminister erhalten. „Man kann es nicht aufschreiben, weil man damit so viele Dinge preisgeben würde", sagt Price.

„Wir haben in diesem Land ganz viele schlimme Dinge verhindert", sagt Ramirez. „Wir wollen keine Anerkennung dafür, wir bekommen keine und wir brauchen auch keine. Oft rufen die Spezialagenten mich an und sagen: ‚Dein Team war letzte Nacht hier draußen und es war schon wieder weg, bevor ich mich bedanken konnte.' Der Grund dafür ist, dass sie entweder auf dem Weg zum nächsten Einbruch sind oder zwei bis drei Tage nicht ausgeschlafen haben. Wir brauchen solche Streicheleinheiten nicht. Aber diese Jungs und Mädels sind die Besten in ihrem Job."

27

AM WEIHNACHTSTAG

NACHDEM CUMMINGS ERFAHREN HATTE, DASS UMAR FAROUK Abdulmutallab versucht hatte, ein Flugzeug der Northwest Airlines in die Luft zu sprengen, kam er am Nachmittag in sein Büro in der FBI-Zentrale. An die Flurtür, die zu seinem Büro führte, hatte Cummings ein 1 x 1,5 Meter großes Foto der amerikanischen Flagge aufgehängt, die auf dem Gelände des World Trade Center gehisst worden war. Auch wenn er sie nie benutzte, hing eine blaue FBI-Einsatzuniform an einem Kleiderständer neben seinem Schreibtisch.

Abdulmutallab hatte versucht, das Flugzeug mit einer Bombe zu sprengen, die aus Pentaerythrit, auch als PETN bekannt, sowie aus Triaceton-Triperoxid, auch als TATP bekannt, bestand. Beides sind hochexplosive Sprengstoffe. Die Bombe war in seine Unterhose neben den Schritt genäht und war so gestaltet, dass er den Zeitpunkt der Detonation frei wählen konnte. Wäre Abdulmutallab, ein nigerianischer Bürger, erfolgreich gewesen, dann hätte er 253 Passagiere und 11 Crewmitglieder an Bord getötet. Er vermasselte jedoch irgendwie das Zünden der Bombe, sodass diese nicht explodierte. Als die Passagiere die Flammen und den Rauch sahen, überwältigten sie ihn und hielten ihn mit Gewalt fest.

Cummings – er war früher als Spezialagent im Bereich Bombentechnik tätig gewesen – sprach zunächst mit Mike Leitner, einem ehemaligen Bundesanwalt, der nun die Nationale Anti-Terror-Zentrale [1] leitet, auf einem sicheren Telefonanschluss. Dann organisierte er eine sichere Videokonferenz, an der neben Leiter auch John Brennan, der Chef der Terrorismusabwehr im Weißen Haus, sowie Jane Lute, die stellvertretende Ministerin des Ministeriums für Innere Sicherheit der Vereinigten Staaten, und einige andere teilnahmen.

Die sicheren Videotelefonkonferenzen finden in der Nationalen Anti-Terror-Zentrale in einem Raum statt, der an den Film *Dr. Strangelove* erinnert. Auf einem ovalen Eichentisch, an dem mindestens 20 Personen Platz finden, befinden sich Computermäuse, die zu acht unsichtbaren Computern gehören. Ein Befehl auf einem Touchscreen bewirkt, dass die Computer sich wie das versunkene Atlantis von irgendwo aus der Mitte des Tisches erheben. Auf einer Wand am Kopfende des Tisches zeigen die obligatorischen Uhren die Zeit in New Delhi, Stockholm, Schanghai, Sarajewo, Jerusalem, Paris, Teheran und New York an.

Auf der anderen Seite des Tisches befinden sich Plasmabildschirme. Während täglicher sicherer Videotelefonkonferenzen zeigen sie bestimmte hochrangige Mitglieder des Geheimdienstes im FBI, in der CIA, in der NSA, im Pentagon und im Ministerium für Innere Sicherheit sowie im Weißen Haus, die alle über eine Sicherheitsunbedenklichkeits-Bescheinigung verfügen.

1) National Counterterrorism Center (NCTC).

Die sichere Videotelefonkonferenz über den Versuch, das Flugzeug zu sprengen, begann, direkt nachdem Agenten Abdulmutallab über sein Recht auf Aussageverweigerung und die Hinzuziehung eines Anwalts belehrt hatten. Die Konferenz dauerte zwei Stunden und es ging darum, „was wir wussten, wer was tat, mit wem wir uns kurzschließen mussten und wer informiert werden musste", sagt Cummings.

Das Thema Miranda-Warnung sei während der Konferenz nie angesprochen worden, sagt er.

Brennan sagte später, er habe die republikanischen Fraktionsführer im Kongress – die Senatoren Kit Bond und Mitch McConnell sowie die Mitglieder des Repräsentantenhauses John Boehner und Peter Hoekstra – in der Heiligen Nacht über die Verhaftung von Abdulmutallab und den folgenden Umgang mit ihm informiert.

„Keine dieser Personen hat zu diesem Zeitpunkt irgendwelche Bedenken mir gegenüber geäußert", sagte Brennan in der NBC-Sendung *Meet the Press*. „Sie fragten nicht: ‚Wird er in Militärgewahrsam genommen? Bekommt er eine Miranda-Warnung?' Sie schätzten unsere Informationen sehr. Wir sagten zu ihnen, wir würden sie weiterhin auf dem Laufenden halten. Und genau das haben wir auch getan."

Doch allen vier Fraktionsführern zufolge sagte Brennan nur, dass Abdulmutallab verhaftet worden sei und nichts darüber, wie man mit dem Fall umgehen würde. Einige der republikanischen Fraktionsführer drängten darauf, dass solche Fälle einem Militärtribunal vorgelegt werden sollten. Dadurch lässt es sich vermeiden, einen ausländischen Verdächtigen über die Rechte zu belehren, die amerikanischen Bürgern garantiert werden.

Cummings sagt, an dem Fall sei ungewöhnlich gewesen, dass Abdulmutallab anders als bei den meisten FBI-Fällen bereits von

Beamten der U.S. Customs and Border Protection[2] in Gewahrsam genommen worden sei. Das FBI konnte ihn daher gar nicht befragen, bevor er in Gewahrsam war. Auf Grundlage des Urteils des Obersten Gerichtshofs von 1984 im Fall *New York v. Quarles*, die es erlaubt, solche Warnungen aufzuschieben, wenn die öffentliche Sicherheit bedroht sein könnte, wurde jedoch eine Miranda-Warnung zunächst aufgeschoben.

„Normalerweise verhaftet man einen Verdächtigen einfach nicht", sagt Cummings. „Wir reden ein wenig mit ihm, erklären ihm die harte Wirklichkeit und in welche Richtung sein Leben geht. Das geschieht regelmäßig und deshalb müssen wir uns nicht hinsetzen und sagen: ‚Sie haben ein Recht auf dieses und jenes.'"

Im Fall des 23-jährigen Verdächtigen sprach dieser zunächst offen. „In der ersten Stunde gab er uns wirklich gute Informationen über die Anfangssituation", sagt Cummings. „Ja, ich habe das im Namen von Al Kaida getan. Ja, es war im Jemen." Er verriet Namen, Orte, Ausbildungslager. Dann wurde er zum University of Michigan Medical Center gebracht und einem medizinischen Verfahren unterzogen. Danach wollte er nicht mehr reden.

„Er stand unter dem Einfluss von Schmerzmitteln, und sie haben seine Haut weggekratzt, um die Verbrennungen zu entfernen", sagt Cummings.

Als die Betäubungsmittel nicht mehr wirkten, gingen zwei neue Agenten zu ihm hinein. Sie waren angewiesen, sich mit den Bedingungen vor Ort zu befassen und sich ein Urteil darüber zu bilden.

Die Agenten sahen den Nigerianer an dem Tag nach seiner Verhaftung. Er betete gerade. Sie fingen an, ihm grundlegende Fragen zu stellen, die er bereits beantwortet hatte. „Entweder log er

2) Auf Deutsch etwa: Zoll- und Grenzschutzbehörde der Vereinigten Staaten.

oder gab ihnen keine Antwort", sagt Cummings. „Und an diesem Punkt dachten sie: ‚Der ist erledigt.' Also gaben sie ihm die Miranda-Warnung."

In den nächsten fünf Wochen wurde er vom FBI bearbeitet. Der Schwerpunkt lag darauf herauszufinden, was ihm wichtig war. „Ist es seine Mutter, ist es seine Familie, ist es seine Zukunft?", sagt Cummings. „Ist es Schande, die auf seine Familie fällt? Wir geben ihnen die Chance, dass sie, anstatt in einem amerikanischen Gefängnis zu sterben, vielleicht irgendwann einmal in ihrem Leben tatsächlich nach Hause gehen und ihre Familie wiedersehen können, und dass sie nicht hingerichtet werden und durch die Hand jener Nation sterben, die sie so sehr hassen."

Ebenso wie der gescheiterte Autobomber vom Times Square, Faisal Shahzad, war Abdulmutallab ein Terrorist, der aus eigenem Antrieb handelte, aber von der Al Kaida unterstützt worden war.

„Man gelangt also wirklich zu der Frage, was zum Teufel eigentlich los ist", sagt Cummings. „Was geschieht wirklich, um einen jungen Mann [Shahzad], der in diesem Fall im Wesentlichen in den Vereinigten Staaten aufwuchs, so zu beeinflussen, dass er diesen Weg geht? Das ist nicht sehr weit entfernt von Jugendlichen, die sich gewalttätigen Banden anschließen. Stattdessen schreiten diese Leute in der Al Kaida zum Kampf."

Cummings schickte zwei Agenten nach Nigeria, um möglichst viel über Abdulmutallabs Herkunft und Familie zu erfahren. „Sie gingen auf seine Familie los und erklärten: ‚Das ist wirklich sehr ernst, und es ist im eigenen Interesse Ihres Sohnes, dass wir irgendeinen Deal machen", sagt Cummings.

Ein Agent zog bei Abdulmutallabs Onkel ein und flog dann mit ihm nach Detroit. Später flog auch sein Vater nach Detroit. Beide sagten zu Abdulmutallab, es sei in seinem Interesse, dem Agenten zuzuhören. Unterdessen sagten die Agenten laut Cummings zu dem

Verdächtigen: „Sie haben ein langes Leben vor sich. Sie können es so oder so verbringen. Es liegt alles bei Ihnen."

Fünf Wochen nachdem er aufgehört hatte zu sprechen, kooperierte Abdulmutallab wieder.

Cummings sagt, dass bei einer Gefährdung der öffentlichen Sicherheit die Miranda-Warnung im Ausnahmefall zwar für einen relativ kurzen Zeitraum aufgeschoben werden könne, es aber hilfreich sein könnte, ein Gesetz zu verabschieden, das einen noch längeren Aufschub erlauben würde, als es derzeit der Fall ist. Er sagt aber auch, dass das FBI sich in vielen Fällen keine Gedanken über das Abgeben der Warnung machen müsse, da die Person sich nicht in Gewahrsam befände. Laut Cummings kann das FBI, wenn der Verdächtige sich in Gewahrsam befindet, die benötigten Informationen in den meisten Fällen auch nach einer Miranda-Warnung bekommen, solange die Agenten unbeschränkten Zugang haben und Anreize für eine Kooperation anbieten können.

„Offen gesagt kann ich mich an keinen Fall erinnern, wo jemand in einem Terrorismusfall nicht mit uns geredet hat", sagt Cummings. „Man sagt ihnen, worum es geht, und dann sagt man ihnen, welche Rechte sie haben, und man sagt: ‚Bitte unterschreiben Sie einfach hier, und dann können wir unser Gespräch fortsetzen.' In den meisten Fällen sind sie bereit, eine Verzichtserklärung hinsichtlich ihrer Miranda-Rechte zu unterschreiben, und dann sprechen sie weiter. Die Frage ist normalerweise nicht, ob wir sie zum Reden bringen können oder nicht. Die Frage ist, wie lange es dauert."

Wenn das FBI in den Vereinigten Staaten einen Verdächtigen verhaftet, sieht Cummings keine Notwendigkeit für ein Militärgericht. Er weist darauf hin, dass Jose Padilla, ein in Brooklyn geborener Mann, der zum Islam konvertiert war, anfangs als feindlicher Kämpfer in Militärgewahrsam gehalten wurde.

„Keine Miranda-Warnung, keine Rechte, kein Anwalt", sagt Cummings. „Sie brachten nichts aus ihm heraus."

Padilla wurde schließlich in das bürgerliche Gerichtssystem überführt. Er wurde für schuldig befunden, einen Komplott geschmiedet zu haben, um islamistischen Dschihadisten im Ausland zu helfen. Einige andere hochrangige FBI-Beamte bevorzugen insgeheim Militärgerichte.

Auch wenn es in den Zuständigkeitsbereich des FBI falle, habe Janet Napolitano, die Ministerin für Innere Sicherheit, Cummings zufolge gemeint, dass das Ministerium eine Stimme haben sollte bei der Frage, ob ein Verdächtiger eine Miranda-Warnung bekommt oder nicht.

„Das ist der typische Wahnsinn in Washington, wenn Vertreter des Ministeriums für Innere Sicherheit glauben, dass sie ein Mitspracherecht haben könnten bei der Frage, ob das FBI jemandem eine Miranda-Warnung gibt oder nicht", sagt Cummings. „Sie sollten sich nicht in taktische operative Entscheidungen bei der Terrorismusabwehr einmischen."

Unter Bush versuchte das Ministerium für Innere Sicherheit nicht, sich in solche Fragen einzumischen. Unter Michael Chertoff, Bushs Minister für Innere Sicherheit, drängte es jedoch darauf, an örtlichen Gemeinsamen Terrorismusabwehr-Einsatzgruppen teilzunehmen – ein Schritt, gegen den das FBI sich wehrte.

„Ihre Aufgabe ist der Schutz der Infrastruktur, und das tut sonst niemand", sagt Cummings über das Ministerium für Innere Sicherheit. „Dämme verstärken, Kraftwerke und Chemiefabriken schützen, Zielobjekte vor dem Feind retten. Das tut sonst niemand, und offen gesagt bin ich nicht davon überzeugt, dass sie sich ausreichend darauf konzentrieren."

Die Nationale Anti-Terror-Zentrale legt fest, ob eine Person in die Datenbank „Terrorist Identities Datamart Environment", abgekürzt TIDE, aufgenommen wird, in der etwa 550.000 Einzelpersonen, Adressen und Objekte wie Autos und Waffen aufgeführt sind. Aus dieser Liste erstellt das FBI die Terrorist Screening Database (TSDB), aus der Beobachtungslisten für diplomatische Vertretungen, den Grenzschutz und Fluggesellschaften zusammengestellt werden. Auf dieser Liste stehen 430.000 Namen. Die Transportation Security Administration (TSA) [3] hat ihre eigene Flugverbotsliste mit etwa 4.000 Personen, denen es nicht erlaubt ist, an Bord eines einheimischen Flugzeugs oder eines Flugzeugs mit dem Ziel USA zu gehen. Auf einer anderen Liste stehen etwa 14.000 „ausgewählte Personen", die besonders sorgfältig überprüft werden müssen, aber die kein Flugverbot haben. Jede Liste wird für verschiedene Zwecke verwendet und basiert auf unterschiedlichen Kriterien. Die TIDE-Liste ist die umfassendste und enthält alle Personen, die verdächtig sein könnten. Die Flugverbotsliste enthält nur die eindeutigsten Bedrohungen. Wenn die Geheimdienst-Beamten Personen auf diese Listen setzen, bekommen sie ständigen Druck von der American Civil Liberties Union (ACLU) und anderen Bürgerrechtlern, die sich darüber beschweren, dass die hohe Zahl von Namen auf den Listen per se etwas Heimtückisches an sich habe. Timothy Sparapani, der Rechtsberater der ACLU für Datenschutzrechte, hat die Zahlen „schockierend" genannt.

Abdulmutallabs Vater hatte Vertreter der US-Regierung in Nigeria gewarnt, dass sein Sohn sich dem radikalen Islamismus zugewandt und gesagt habe, er werde seine Familie nie wieder sehen. Folglich befand Abdulmutallab sich auf der TIDE-Liste – jedoch nicht auf den spezielleren Listen, die bei ihm zu einer zusätzlichen Prüfung geführt hätten.

3) Amerikanische Bundesbehörde im Geschäftsbereich des Ministeriums für Innere Sicherheit, die für die öffentliche Sicherheit im Verkehr zuständig ist.

„Der Abdulmutallab-Fall war wirklich ein Zusammentreffen von versäumten Gelegenheiten", sagt Cummings.

Es sei fast unmöglich, das Außenministerium dazu zu bringen, dass es ein Visum aufgrund eines FBI-Ersuchens verweigere, sagt Cummings. Er und das FBI versuchten ständig vergeblich, sowohl die Regierung Bush als auch die Regierung Obama zu einer Änderung ihrer Visa-Politik zu bringen.

„Wenn ein Student in dieses Land kommt und vom FBI wegen Terrorismusverdacht überprüft wird, dann können wir ihm nicht das Visum entziehen", sagt Cummings. „Und ich sage ihnen mal was: Haben diese Leute etwa ein Recht darauf, hier zu sein? Seit wann? Wann bitte ist aus dem Privileg ein Recht geworden?"

Cummings begrüßt jedoch die neuen Richtlinien der Regierung Obama für die Flugzeugpassagierkontrolle. Anstatt nur die Nationalität als Kriterium dafür heranzuziehen, welche internationalen Flugreisenden mit dem Ziel USA sich einer zusätzlichen Überprüfung unterziehen müssen, wählt die Regierung die Passagiere nun aufgrund ihrer Übereinstimmung mit bekannten Geheimdienstinformationen über mögliche Bedrohungen aus, darunter auch die Beschreibung ihres Äußeren oder Reisemuster. Zuvor mussten die Passagiere sich einer Zusatzkontrolle unterziehen, wenn sie aus einem von 14 Ländern kamen. Mit den neuen Richtlinien werden die Zusatzkontrollen auf Grundlage der neuesten Geheimdienstinformationen angewandt.

In seiner Funktion als Leiter der Terrorismus- und Spionageabwehr des FBI traf Cummings sich regelmäßig mit Funktionsträgern des Weißen Hauses.

Mehrere Male traf er sich mit Bush und später mit Obama. Der FBI-Agent sah kaum Veränderungen zwischen den beiden Regierungen und auch keine Zunahme bei einer eventuellen politisch motivierten Einflussnahme auf das FBI. „Offen gesagt, wären wir auf eine solche Einflussnahme auch gar nicht eingegangen", sagt Cummings.

Was ihn am meisten frustrierte, war die zusätzliche Bürokratie, die das Amt des Direktors Nationale Nachrichtendienste[4] (ODNI) mit sich brachte. Die 9/11 Commission hatte ursprünglich geplant, dass dieses Amt ein paar Hundert Mitarbeiter haben sollte, um die Arbeit aller Geheimdienstbehörden zu koordinieren, aber es wurde zu einer Behörde mit 1.500 Angestellten aufgebläht. Nur ein kleiner Teil dieser Angestellten arbeitet für die Nationale Anti-Terror-Zentrale, was wichtig ist, während der Rest der Behörde aus Cummings Sicht wenig leistet, was die Arbeit der Geheimdienste fördern würde.

Dies kam symbolhaft zum Ausdruck, als der Direktor der Nationalen Nachrichtendienste, James R. Clapper Jr., im Dezember 2010 in einem Interview mit Diane Sawyer vom Sender ABC zugab, dass er von den Verhaftungen von zwölf Terroristen in London nichts wisse. Die Nachrichten hatten einen Großteil des Tages überall darüber berichtet. Aus Cummings Sicht ist Clapper bisher der bei Weitem qualifizierteste Direktor der Nationalen Nachrichtendienste. Doch das peinliche Versäumnis machte deutlich, wie absurd es war, eine Bürokratie über den operativen Behörden aufzubauen, die sich terroristischer Bedrohungen bewusst sein müssen.

„Die Vermittler zwischen den einzelnen Geheimdienstbehörden leisten gute Arbeit", sagt Cummings. „Es ist die massive Bürokratie um sie herum, die die Dinge verlangsamt und die Bemühungen scheitern lässt. Man hat diese große Planungsmaschinerie, die zu endlosen Meetings führt. Wir haben die Meetings nur kopfschüttelnd verlassen."

4) Office of the Director of National Intelligence.

28

DIE KOFFERATOMBOMBE

IM JAHR 2010 SAH ART CUMMINGS ALLMÄHLICH EINEN Wendepunkt im Kampf gegen den Terrorismus, hauptsächlich wegen der zunehmenden Kooperation mit den Pakistanis und anderen sowie wegen zunehmender Luftschläge durch die Predator-Drohne.

Er führt die Veränderungen bis auf den August 2006 zurück, als die britischen Behörden einen Al-Kaida-Komplott durchkreuzten, neun amerikanische Passagierflugzeuge auf dem Flug von London zu sprengen. Cummings war damals stellvertretender Direktor der Abteilung Terrorismusabwehr. In dieser Eigenschaft ordnete er das Abhören und die physische Überwachung von Terrorismusverdächtigen in den Vereinigten Staaten an. Das Ziel war, Hinweise darauf zu bekommen, wie diese Verdächtigen reagierten, wenn sie die Nachricht von den bevorstehenden Verhaftungen in Großbritannien erhielten. Nachdem dieses Komplott aufgedeckt worden war, erhöhte die Regierung Bush, den Druck auf die Pakistanis, zu kooperieren. Gleichzeitig ordnete Bush eine Verdreifachung der Anzahl an Drohnen an. Da die Produktion eines solchen Luftfahrzeugs mehrere Jahre dauert, begannen Predators erst ab 2010, regelmäßige Schläge gegen hochrangige Al-Kaida-Führer durchzuführen.

Bevor der Druck erhöht wurde, hatte Cummings ein Schaubild an der Wand, das mehrere unheimliche Attentatspläne darstellte.

„Jeder sagte: ‚Verdammter Mist'", sagt er. „Es gab aktuelle Attentatspläne auf der ganzen Welt, die alle von verschiedenen Al-Kaida-Stützpunkten in den Stammesgebieten unter Bundesverwaltung[1] oder anderen Teilen Pakistans ausgingen. Die Pakistanis wussten bereits 2006, dass wir ins Land kommen würden, wenn sie nichts dagegen tun würden, denn es wurde immer schlimmer."

Er sagt: „Nun geht es dort richtig zur Sache. Ich glaube, dass wir ohne das Predator-Programm in Pakistan einen Bodenkrieg führen würden. Denn dieses Land würde erfolgreiche Al-Kaida-Attentatspläne, die in Pakistan geschmiedet wurden, auf keinen Fall dulden. Unsere Frustration war so groß, weil Al Kaida Leute ausbildete und scheinbar einfach niemand in der Lage war, wirklich etwas dagegen zu tun."

Doch als das FBI und die Vereinigten Staaten ihr Konzept änderten, tat dies auch die Al Kaida.

„Auf der arabischen Halbinsel hat die Al Kaida ihren Schwerpunkt, der intern auf den Jemen und Saudi-Arabien gerichtet war, sowohl auf die arabische Halbinsel als auch auf die Vereinigten Staaten verlagert", sagt Cummings.

Die Al Kaida auf der arabischen Halbinsel steckte hinter den gescheiterten Versuchen, Flugzeuge mit Bomben zum Absturz zu bringen, sowohl am Weihnachtstag 2009 als auch im Oktober

1) Federally Administered Tribal Areas (FATA).

2010, als zwei Paketbomben aus dem Jemen in die Vereinigten Staaten transportiert wurden. Obwohl der saudische Geheimdienst genau feststellte, wo die Bomben in den Flugzeugen platziert sein könnten, konnten sie von Bombenschnüffelhunden nicht entdeckt werden. Der radikale Geistliche Anwar al-Awlaki, der ein Al-Kaida-Führer auf der arabischen Halbinsel ist, inspirierte auch Nidal Malik Hasan, den Major der U.S. Army, der 13 Personen in Fort Hood erschoss.

Die Al Kaida hat zwar große Verluste erlitten, wird aber auch immer raffinierter und effizienter in ihren Anwerbemethoden, wobei Facebook und YouTube zur Anwerbung neuer Terroristen genutzt werden.

„Ihr Medienapparat ist wirklich effizient", sagt Cummings. „Daher bekommen sie Freiwillige aus der ganzen Welt. Irgendwie funktioniert das. Ihre Kommunikationsstrategie spricht diese vorwiegend jungen Männer – neuerdings sind auch einige junge Frauen dabei –, die sich auf dem falschen Weg befinden, auf eine laute und effiziente Weise an."

Obwohl die Mitglieder der Al Kaida auf der ganzen Welt verstreut sind, würden sie gern die Vereinigten Staaten mit biologischen, chemischen oder atomaren Waffen angreifen. Doch in Bezug auf Atomwaffen sei festzuhalten, dass „sie diese zwar gerne verwenden wollen, aber sich angesichts von beschränkten Ressourcen, beschränkter Leistungsfähigkeit und der ständigen Notwendigkeit zur Flucht die Frage stellt, wo sie ihr Geld hineinstecken sollen", sagt Cummings.

„Sie stecken es also eher in 5.000 Pfund Ammoniumnitrat als in einen nuklearen Sprengkopf."

Zwar behaupten einige, dass es nicht so schwierig sei, sich eine Atomwaffe zu beschaffen, aber laut Cummings ist sowohl die Beschaffung einer solchen Waffe als auch deren Geheimhaltung mit

„einem sehr hohen Risiko sowie mit einer sehr hohen Wahrscheinlichkeit des Scheiterns“ verbunden.

Laut Dr. Vahid Majidi, dem stellvertretenden FBI-Direktor, der die Direktion Massenvernichtungswaffen[2] leitet, muss ein Terrorist, der darauf aus ist, eine Atomwaffe explodieren zu lassen, eine Reihe von Schritten erfolgreich bewältigen. Zunächst einmal muss der Terrorist einen Experten mit dem entsprechenden Wissen finden. Und er muss entsprechendes Material finden. Ein solcher Terrorist müsste die Bombe zuerst einmal ins Land bringen, und er müsste Aufspürungsprogramme umgehen.

„Einerseits ist die letztendliche Wahrscheinlichkeit unglaublich gering, andererseits hätte eine Bombe mit einer Sprengkraft von zehn Kilotonnen enorme Folgen“, sagt Majidi. „Also müssen wir trotz dieser enorm geringen Wahrscheinlichkeit ein sehr effizientes und vernetztes Konzept haben, wenn wir versuchen, die Möglichkeit zu bekämpfen.“

Neben einem investigativen und einem nachrichtendienstlichen Ansatz gehört dazu auch ein forensischer Ansatz, darunter die Verwendung von Detektoren und anderer Technologie“, sagt Majidi. „Man muss diese drei Ansätze zusammenführen und jeder davon wird einem zu einer bestimmten Zeit eine bestimmte Informationsmenge bringen“, sagt er.

In Fernsehshows wie *24* werden zwar Kofferatombomben gezeigt, aber Majidi – der zugibt, nie eine Folge davon zu versäumen –, sagt, dass dies bloße Fantasie sei.

„Eine der kleinsten Waffen, die wir in unserem Arsenal hatten, ist die spezielle atomare Abrissmunition, die etwa 65 Kilo wiegt und zur Sprengung von Brücken dient“, sagt Majidi. „Das ist, als würde man 65 Liter Milch tragen. Das ist also das Gewicht, über

2) Mass Destruction Directorate.

das wir sprechen. Das ist eine der kleinsten Waffen, die wir haben, die zeitgesteuert werden kann."

Natürlich wäre es einfacher, eine Atombombe von einem Land zu stehlen, als selbst eine zu bauen. Der Iran sei zum Beispiel „wie ein tollwütiger Hund, absolut unberechenbar", sagt Cummings. „Man weiß einfach nicht, was sie tun werden, und sie haben das Potenzial."

Momentan arbeitet Majidi an Methoden, die Entwicklung neuer Organismen zu entdecken, die bei einem biologischen Angriff verwendet werden könnten. Per Definition gibt es keine Methode, einen neuen Organismus zu entdecken oder ein Gegenmittel gegen ihn zu entwickeln, bevor er freigesetzt wird.

„Wir drehen nicht Däumchen und warten darauf, auf der Grundlage dessen, was gestern geschehen ist, vorherzusagen, was morgen geschehen wird", sagt Majidi.

Als Beispiel führt er an: „Man kann einen neuen Organismus schaffen, der vorher noch nicht existiert hat. Auch wenn es in dieser Hinsicht noch keine ausgesprochene Bedrohung gibt, haben wir das Gefühl, dass dies eine Technologie beziehungsweise Wissenschaft ist, die ein Missbrauchspotenzial bietet, sei es nun versehentlich oder absichtlich."

Neben dem Verfolgen anderer Methoden arbeitet das FBI mit Wissenschaftlern zusammen, die im Bereich der synthetischen Biologie tätig sind. Auf diese Weise sollen Methoden entwickelt werden, um jedem Hinweis nachzugehen, dass jemand einen solchen Organismus entwickeln könnte.

„Wir sind nicht dazu da, die Wissenschaft aufzuhalten, sondern wir wollen unsere Aktivitäten innerhalb ihres Tätigkeitsbereichs abstimmen, sodass wir bei diesen Themen der Zeit voraus sind, wenn die Bedrohung sich entwickelt oder sich langfristig entwickeln könnte", erklärt Majidi.

Ein weiteres „riesiges“ Bedrohungspotenzial besteht laut Cummings darin, dass ein Feind eine Atomwaffe hoch oben in der Atmosphäre detonieren lassen könnte, um einen elektromagnetischen Puls (EMP) auszulösen.

Der durch die Explosion erzeugte elektromagnetische Puls würde die ganze Elektronik in Nordamerika verschmoren lassen. Da alles von Mikrochips abhängt – Computer, die Finanzbuchhaltung, Heizkessel, Kühlschränke, Polizei-Dispatcher, Krankenhäuser, Telefone, Autos, Züge und Flugzeuge – würde eine solche Explosion Amerika ins Mittelalter zurückwerfen.

Im Falle eines EMP-Angriffs, sei es nun durch Terroristen oder, was wahrscheinlicher ist, durch eine ausländische Staatsmacht, würde das elektrische Stromnetz zerstört werden, da seine Computer nicht mehr funktionieren würden. Es würde Jahre dauern, bis man die notwendigen Transformatoren ausgetauscht hat. Die Transformatoren, deren Bau über ein Jahr dauert, werden nur von einigen wenigen Ländern hergestellt.

Die große Mehrheit der Amerikaner würde laut Dr. William Graham, dem ehemaligen Vorsitzenden des parteienübergreifenden Kongressausschusses zur Einschätzung der Bedrohung der Vereinigten Staaten durch einen EMP-Angriff[3], verhungern oder an Krankheiten sterben oder erfrieren. Zwar werde das Militär vor einem EMP-Angriff weitgehend geschützt, aber die Regierung habe im Hinblick auf die Auswirkungen eines solchen Angriffs auf die Zivilbevölkerung praktisch nichts unternommen, sagt Graham.

3) Commission to Assess the Threat to the United States from an EMP Attack.

29

CSI: CRIME SCENE INVESTIGATION[3]

ÜBER DEN GRASBEWACHSENEN HÜGELN UND WÄLDERN VON Quantico erhebt sich das neue Gebäude des FBI-Labors. Der lange rechteckige Kasten mit seinen glänzenden Fenstern ähnelt einem Bürogebäude, aber die Belüftungstürme auf dem Dach lassen es mehr wie eine Aufbereitungsanlage aussehen. Was hier aufbereitet wird, ist Beweismaterial: Flecken und menschliche Überreste, Codes und Codierschlüssel, Farben und Polymere, Kugeln und Bomben.

Zeugen sind notorisch unzuverlässig und Dokumente können lügen. Geschickte Anwälte können die Videoaufnahmen von Verbrechen so hindrehen, dass die Schuld des Angeklagten angezweifelt wird. Doch die Sachbeweise, die an einem Tatort gefunden werden – eine abgeschossene Kugel, eine Glasscherbe, ein Spermatropfen oder Blut – sind die sichersten Beweise, die am wenigsten unterschiedliche Interpretationen zulassen. Es kann auf beides hinauslaufen: dass ein Verdächtiger eine lebenslange Gefängnisstrafe erhält oder dass eine unschuldige Person entlastet wird.

Das FBI-Labor begann seine Tätigkeit im Jahr 1932 mit einem Mikroskop, Ultraviolettlicht-Geräten, einem Zeichenbrett zur Identifizierung von Feuerwaffen und einer von den Agenten „Old Beulah"[1] genannten Packard-Limousine, mit der sie zu den Tatorten rasten. Hoover hatte entschieden, das Labor einzurichten, nachdem die wissenschaftliche Verbrechensanalyse in mehreren Fällen erfolgreich angewandt worden war, unter anderem bei der Entführung von Charles A. Lindbergh Jr. In dem Lindbergh-Fall konnte die örtliche Polizei zeigen, dass eine Holzleiter, die Bruno Richard Hauptmann verwendet hatte, um in das Schlafzimmer des Lindbergh-Babys zu klettern, aus Balken von Hauptmanns Dachboden hergestellt war.

Die Haupteinfahrt zum FBI-Labor ist sehr ruhig. Der ausgedehnte Rasen wird durch einen Teich mit einer tröpfelnden Wasserfontäne sowie ein ruhiges, aber volles Parkhaus unterbrochen. Ein Gehweg, der von gepflegten Büschen, gruppenweise gepflanzten, blühenden Begonien und Kreppmyrten gesäumt wird, führt vom Parkhaus zum Eingang. Hin und wieder betritt jemand das Gebäude.

Im Gegensatz dazu trifft an dem belebten Hintereingang an der Laboratory Road den ganzen Tag über eine ununterbrochene Flut von FedExs-Transportern ein, die Kisten mit Beweismaterial anliefern. An jeder Kiste sind die Öffnungen mit durchsichtigem gelbem Plastikklebeband versiegelt. Die Labor-Abteilung führt pro Jahr über eine Million forensischer Untersuchungen sowohl für

1) „Beulah" ist ursprünglich ein hebräisches Wort und bezeichnet im Alten Testament (Jesaja 62,4) das Land Israel. Wörtlich übersetzt heißt es „Liebes Weib".

die Polizei als auch für das FBI durch. Im Inneren des Gebäudes sind die 400 Meter langen beigen Flure leer. Obwohl in dem Gebäude etwa 800 Angestellte arbeiten – 10 Prozent davon sind Spezialagenten und die restlichen 90 Prozent sind Labortechniker, Wissenschaftler, Chemiker, Gerichtsmediziner und Verwaltungsangestellte –, ist es ruhig auf den Fluren. Durch Fenster an den Laboren kann man sehen, dass die weiß bekittelten Techniker in ihrem Labyrinth von Bechergläsern, Phiolen, Waschbecken und Mikroskopen schwer arbeiten.

In der Beweismaterial-Kontrollabteilung[2] entfernen Labortechniker die gelben Plastikklebestreifen, die die Unversehrtheit des Beweismaterials sicherstellen. Dann öffnen sie die Kästen. Sie sichten das Beweismaterial, das von einem Oberschenkelknochen über ein Hemd bis zu einer Autotür reicht, und bewerten es unter Zuhilfenahme der Tatortinformationen, die sie auf einem Computer lesen. Eine der Beweismaterial-Buchten bietet sogar Platz für einen Sattelschlepper.

Hinter den Fenstern einer Beweismaterial-Bucht, die mit einem Schild mit der Aufschrift „Laufende Bestandsaufnahme – kein Zutritt!" versehen ist, legt ein Labortechniker mit violetten Handschuhen und einer Schutzbrille ein Stück Stoff sorgfältig auf Packpapier, das auf einem Tisch ausgebreitet wurde. Auf dem Stoff befindet sich ein Fleck. Man fängt an, zu verstehen, warum es so still ist.

Wenn die FBI-Mitarbeiter hier bei jeder Aufklärung eines Verbrechens herumhüpfen würden, „würden sie das den ganzen Tag über tun, da sie ständig etwas entdecken", sagt Dr. D. Christian Hassell, der stellvertretende FBI-Direktor, der die Labor-Abteilung leitet.

2) Evidence Control Unit.

Das neue Gebäude, das 2003 eröffnete, hat eine Fläche von 141.000 Quadratmetern, und das Labor nimmt damit doppelt so viel Raum ein wie früher in der Zentrale. Jedes Büro hat Tageslicht – wenn ein Büro kein eigenes Außenfenster hat, kann man zumindest zum Flurfenster hinaussehen. Niemand arbeitet mehr in einem dunklen Keller, wie es viele Techniker taten, als das Labor in der Zentrale zwischen dem dritten Stock und dem ersten Kellergeschoss aufgeteilt war.

Um die Kreuzkontamination in einem Notfall oder bei einem Unfall zu minimieren, verfügt das Gebäude über zwei Belüftungssysteme, eines für jede Seite des Gebäudes, wobei die Büros auf der einen und die Labore auf der anderen Seite sind. Entlang einer Wand in einem Flur gibt es eine weitere Erinnerung daran, dass die Bearbeitung des Beweismaterials selbst eine gefährliche Tätigkeit sein kann: Wo sonst vielleicht ein Trinkbrunnen wäre, befindet sich hier eine Augenwaschstation und eine Deckendusche mit einem Handgriff, die im Notfall einen Wasserschwall abgibt.

Im September 2003 streckte Präsident George W. Bush während seines Rundgangs in den neuen Laboranlagen die Hand nach oben und fragte, wofür der Handgriff sei. Der Labordirektor riss hektisch seinen Arm zurück. Als Bush die Erklärung gehört hatte, soll er gesagt haben: „Ich nehme an, dass der Secret Service deshalb verlangt, dass ich immer einen Ersatzanzug mitnehme."

Dr. Hassell, der eine Drahtgestellbrille trägt, einen extrem kurzen Haarschnitt und eine pummelige Figur hat, ist kein Agent, sondern Chemiker. Das Einzige, was er unterwegs dabeihat, ist ein BlackBerry. Vor Jahren wurde das Labor von Agenten geleitet.

Doch als Louis Freeh Personal aus dem Labor abzog, betrug der Arbeitsrückstand bei den Fällen bis zu einem Jahr, und die Arbeit litt. Frederic Whitehurst, ein FBI-Chemiker und Vorgesetzter im Labor, behauptete im September 1995 gegenüber der Presse, dass das Labor nicht nur schlampige Arbeit mache, sondern seine Mitarbeiter auch Meineide geleistet und Beweise gefälscht hätten.

Nach einer Untersuchung kam Michael R. Bromwich, der Generalinspektor des Justizministeriums, zu dem Schluss, dass keine dieser Beschuldigungen bezüglich Meineid und gefälschter Beweise irgendeine Grundlage hatten. Allerdings stellte er fest, dass es Irrtümer bei Zeugenaussagen vor Gericht, unzulängliche Analysearbeit und Probleme mit dem Aktenmanagement gegeben hatte. Immerhin 50 Fälle, die Jahre zurückreichten, waren vielleicht falsch bearbeitet worden. Bei 600.000 Untersuchungen pro Jahr war dies keine hohe Zahl. Trotz der Behauptungen von Anwälten, dass Tausende von Fällen betroffen seien, wurde kein Fall jemals infolge der im Labor festgestellten Probleme revidiert. Allerdings war klar, dass die Verfahren gestrafft werden mussten.

Wie auch die anderen Abteilungen des FBI hatte das Labor eine externe Kontrolle immer abgelehnt. Es war aber notwendig, die Verfahren des Labors in Übereinstimmung mit denen anderer forensischer Labore zu bringen. Das FBI-Labor wird nun durch das Laboratory Accreditation Board der American Society of Crime Laboratory Directors überwacht und kontrolliert. Heute wird das Labor nicht mehr von einem Agenten, sondern von einem Wissenschaftler geleitet. Und obwohl Hassell ein Wissenschaftler ist, versteht er es, sein kompliziertes Fachgebiet, die Wissenschaft vom Verbrechen, in eine allgemein verständliche Sprache zu übersetzen.

Auf die eine oder andere Art ist das Labor an jeder großen Tragödie beteiligt, die sich in den Vereinigten Staaten oder sogar im Ausland ereignet. Weil ein Verbrechen nicht auszuschließen war, arbeitete das Labor an der Untersuchung eines Unfalls in der Washingtoner Metro mit, bei dem neun Menschen ums Leben kamen. Ebenso untersuchte es Beweismaterial zu den Schießereien in Fort Hood und im Holocaust Museum. Für Gerichtsverhandlungen oder Fallrekonstruktionen baute das Labor Modelle der Twin Towers des World Trade Center und des Pentagon sowie des Kofferraums des Autos, das die Heckenschützen von Washington verwendet hatten. FBI-Beweismaterial-Eingreiftruppen unter Führung des Labors halfen beim Auffinden der Triebwerke des U.S.-Airways-Flugzeuges, das in den Hudson River gestürzt war.

Das Labor macht keine alltäglichen Bestimmungen der Todesursache. „Wir haben es mehr mit menschlichen Überresten zu tun, mit Leuten, die bereits lange tot sind", sagt Hassell. Die Überreste von Caylee Anthony, einem Kleinkind, das in Orlando verschwand und 2008 tot aufgefunden wurde, wurden hierhergeschickt. „Wir haben die DNA-Analyse gemacht", sagt er. Das Labor koordiniert die Arbeit der Beweismaterial-Eingreiftruppen in allen 56 FBI-Außenstellen. „Auch wenn man für die Außenstelle in Milwaukee arbeitet, führen wir hier die Schulung durch."

Auf eine Tatsache weist Hassell schnell hin: Die gerichtsmedizinische Arbeit, wie sie in der Fernsehserie *CSI*[3] gezeigt wird, hat wenig Ähnlichkeit mit derjenigen der Labor-Abteilung des FBI. Um verborgene Flecken aufzuspüren, verwenden die Labortechniker hier beispielsweise „keine Spezialbrillen und keine Taschenlampe wie im Fernsehen".

Bei den öffentlichen Besichtigungstouren, die regelmäßig in der FBI-Zentrale durchgeführt wurden, war die Schusswaffen- und Werkzeugspuren-Abteilung immer ein großer Anziehungspunkt. Die Waffensammlung, die nach Quantico verlegt wurde, umfasst nun 6.000 Posten, angefangen bei Selbstladegewehren über Geschütze bis zu Stockflinten, die 1935 im Katalog von Sears, Roebuck & Co. verkauft wurden. Die Hauptattraktionen sind Waffen, die Bonnie und Clyde, Ma Barker, Baby Face Nelson

3) US-amerikanische Fernsehkrimiserie.

und John Dillinger gehörten. Die Waffen sind Millionen wert, aber nicht versichert. „Wir haben ziemlich gutes Wachpersonal", sagt Hassell trocken.

In dieser Abteilung werden auch Kugeln untersucht, um festzustellen, ob sie von einer bestimmten Waffe abgeschossen wurden. In ähnlicher Weise werden Drahtschneider geprüft, indem ein Draht geschnitten wird, um festzustellen, ob die hinterlassenen Streifenmuster die gleichen wie auf dem Beweismaterial sind – zum Beispiel auf einem Draht, der bei der Herstellung einer Bombe verwendet wurde.

Die einzigartige Klebestreifensammlung des FBI wurde von dem Labor im Stadtzentrum hierherverlegt, ebenso der Bestand an Farbmustertafeln. Farbmustertafeln können bei der Aufklärung eines Verbrechens oder eines Unfalls entscheidend sein. „So wussten sie in Frankreich, dass das Auto von Prinzessin Di von einem weißen Fiat angefahren worden war", sagt Hassell.

Drüben in der Abteilung für Kryptoanalyse und Bilanzanalyse illegaler Unternehmen beschreibt Dan Olson, der Abteilungsleiter, seine Arbeit auf einfache Weise: „Wir knacken Codes." Keine computergenerierten, sondern eher die altmodischen, die ebenso anspruchsvoll sein können. Viele der Codes werden von Spionen, Banden und Mitgliedern des organisierten Verbrechens geschrieben. Der Briefbomber Theodore Kaczynski hatte verschlüsselte Tagebücher, in denen Hinweise auf seine Taten sowie Gedanken über seine Verbrechen zu finden waren.

Die Abteilung hat 20 Angestellte, die die ganze Skala des Fachwissens in den Bereichen Geheimdienst, Wirtschaft, Computerwesen und Mathematik abdecken. Dort arbeiten auch ein Mitglied der Sittenpolizei sowie ein ehemaliges Mitglied der Drogenpolizei. „Ich will ein wirklich breites Spektrum", sagt Olson. „Man muss dieses Fachwissen, diese Erfahrungen zusammenbringen."

In der Abteilung versucht man zu jeder Zeit, 50 Codes zu entschlüsseln. Der typische Code komme durch ein BlackBerry herein, sagt Olson. Eine typische Frage lautet: „Habe das gerade in einer Gefängniszelle in Kalifornien gefunden. Plant er einen Mord oder ist es ein Liebesbrief?"

Neun von zehn Botschaften werden noch am selben Tag entschlüsselt, an dem sie empfangen werden. „Wir finden es entweder sehr schnell heraus, oder es ist gar kein Code. Die Regel für das Entschlüsseln eines Codes lautet, dass es normalerweise sehr schnell geht oder nie funktioniert", sagt Olson.

Einige der Nüsse, die am härtesten zu knacken sind, kommen von Verbrechern, die sich gut mit Geschichte auskennen. Sie verwenden vielleicht einen Code, der seit dem Amerikanischen Bürgerkrieg nicht mehr benutzt wurde, oder sie setzen ein System ein, das während der Napoleonischen Kriege entwickelt wurde. Olson sagt: „Man muss nur im Internet nach ‚schwer entschlüsselbare Codes' googeln."

Ebenso wie das FBI seine Liste der Zehn Meistgesuchten Verbrecher hat, hat es auch eine Liste der Zehn Wichtigsten Nicht Entschlüsselten Codes. Nummer 1 ist ein Code, der von dem Zodiac-Killer[4] verwendet wurde. Dieser beging in den späten 1960er - und frühen 1970er Jahren mehrere Morde in Nordkalifornien, und seine Identität blieb bis heute unbekannt.

Im Demo-Raum der Sprengstoffabteilung erzählt Greg Carl, der Abteilungsleiter, wie das FBI neuere Fälle gelöst hat, über die in den Nachrichten berichtet wurde. Er arbeitet seit 1987 beim FBI und hat auch den Fall des Bombenanschlags auf die Pan-Am-Maschine über Lockerbie, Schottland, bearbeitet.

4) Den Namen Zodiac (Tierkreis) gab der Serienmörder sich selbst – er bezieht sich auf von ihm verwendete Tierkreissymbole.

Carl sagt, dass die Sprengstoffabteilung im Labor von Quantico ungewöhnlich sei, weil sie „eine gute Mischung" von Wissenschaftlern und Agenten habe. Tatsächlich „denken die Wissenschaftler nun in etwa wie Agenten, und die Agenten wiederum denken wie Wissenschaftler", sagt er.

In zeitgemäßer Weise treffen sich heute Sprengstoffexperten aus dem russischen SWR mit FBI-Experten aus dem Labor zum Meinungsaustausch. Auch wenn sie sich vielleicht gegenseitig helfen könnten, ist das FBI immer noch auf der Hut. Die Meetings finden in der FBI-Akademie, nicht etwa in dem sicheren Labor statt.

In der Ausstellung von Fragmenten, Zündvorrichtungen, Repliken und Attrappen in einem Demo-Raum befindet sich die 60 Zentimeter lange Sohle eines Sneakers. Es ist ein Querschnitt, der das Innere des Schuhs des Schuhbombers Richard Reid zeigt. Reid, der sich selbst zu seiner Al-Kaida-Mitgliedschaft bekannte, versuchte am 22. Dezember 2001, den Flug 63 der American Airlines auf dem Weg von Paris in die Vereinigten Staaten zum Absturz zu bringen.

Reid versteckte seine Bomben in den waffelförmigen Luftpolstern in den Gummisohlen seiner Schuhe. Da die Bomben in beiden Schuhen versteckt waren, zeigten sich in den Röntgen-Scannern keine Auffälligkeiten.

Doch Reid sah so ungepflegt aus, dass beim Sicherheitspersonal am Pariser Flughafen die Alarmglocken schrillten. Es hinderte ihn so lange daran, an Bord zu gehen, dass er seinen Flug nach Miami versäumte und bis zum nächsten Tag warten musste. Unterdessen trug Reid seine Sneakers zu lange. Seine Füße schwitzten. Kurzum, er hielt sein Pulver nicht trocken.

„Der Zeitzünder, den er verwendete, kam aus Pakistan", sagt Carl. „Ich will damit nicht sagen, dass er nichts taugt, aber in dem Zünder befinden sich Baumwollfasern." Da Baumwolle Flüssigkeit aufsaugt, nutzen viele Sprengstoffhersteller stattdessen Kunstfasern. Der Zünder war im Schuhinneren, ein Stück des Zeitzünders hing heraus, und darüber befand sich Reids Socke. Dies führte dazu, dass das explosive Schwarzpulver für die Bombe feucht wurde. Auf dem Flug versuchte Reid auch, anstelle des Feuerzeugs, das er am Vortag bei sich gehabt hatte, Streichhölzer zu verwenden. Dadurch wurde es schwieriger, den nun feuchten Zünder und das Schwarzpulver anzuzünden. Eine Flugbegleiterin roch das brennende Streichholz, beschuldigte ihn des Versuchs, eine Zigarette zu rauchen, und bald befand Reid sich in Gewahrsam.

Auch die Bombe, die Umar Farouk Abdulmutallab, der Weihnachtsbomber, versteckt hatte, ging nicht hoch, aber er war nicht so blöd, wie es vielleicht den Anschein haben mag. Indem er die Bombe in den Schritt seiner Unterhose nähte, verhinderte er, dass sie entdeckt wurde.

Carl stellt die rhetorische Frage: „Warum sollte jemand wohl eine Bombe am Körper verstecken, im Schritt, wenn man doch weiß, dass man durchsucht werden könnte?" Er beantwortet die Frage selbst: „Das Sicherheitspersonal fühlt sich unwohl, wenn es dorthin greift."

Die Sprengstoffabteilung untersucht unter anderem auch, welche schlimmen Auswirkungen es hätte haben können, wenn ein terroristischer Attentatsversuch erfolgreich gewesen wäre. Im Hinblick auf den Schuhbomber ließ die Abteilung zunächst eine Attrappe des Schuhs explodieren. Sie verschwand. Aber das war nicht dasselbe, wie wenn ein Flugzeug in 11 Kilometern Höhe wegen eines Lochs, das in seine Seite gesprengt wurde, Druck verliert.

Die Abteilung entdeckte, dass eine kleinere Menge Sprengstoff gereicht hätte, um die Aluminiumhaut des Flugzeugs zu zerstören, wenn Reids Schuh sich im Augenblick der Explosion an der Wand der Flugzeugkabine befunden hätte. Wenn das Aluminium anfängt aufzureißen, löst es sich weiter ab beziehungsweise „blättert ab“. Das Loch wird einfach immer größer, wie es bei der Pan-Am-Maschine der Fall war, die über Lockerbie explodierte.

Ahmed Ressam, der Millenium-Bomber, hätte vielleicht unentdeckt in die Vereinigten Staaten gelangen und in Seattle Sprengstoffe detonieren lassen können, aber er war nervös. Als sein Mietwagen am Abend des 14. Dezember 1999 von einer Fähre kam, zeigte er dem Zoll in Port Angeles seine Costco-Karte[5] als Ausweis. Das führte zu einer Befragung, und er versuchte zu fliehen.

Im Reservereifenschacht seines Autos befanden sich 50 Kilogramm Harnstoff, vier schwarze Kisten, die Zeitzündersysteme enthielten, sowie Flaschen, die mit den Etiketten „Oliven“, „Tylenol“ und „Zinktabletten“ versehen waren. Jedes Mal, wenn die Agenten die Olivenflasche in die Hand nahmen, duckte sich der 33-jährige Algerier.

Carl sagt: „In der Strafverfolgung nennen wir das ein Indiz.“

Als Ermittler Ressams Wohnung in Montreal durchsuchten, fanden sie eine Hose mit Säurelöchern. Sie riefen das Gefängnis an, in dem Ressam festgehalten wurde, und baten das Gefängnispersonal, die Beine des Verdächtigen auf Säurespuren zu untersuchen. Die Antwort war positiv, und diese Information wurde als Teil des Beweismaterials gegen ihn vor Gericht vorgelegt.

Was war in den Flaschen? Sicher keine Oliven, kein Tylenol und keine Zinktabletten. Stattdessen fand das FBI-Labor HMTD, einen Initialzündstoff, der durch eine Hitzequelle entflammt wird; außerdem RDX – zwar nicht ganz so leicht entflammbar, aber es lässt Sprengstoff in der Nähe detonieren; und schließlich EGDN, Ethylenglykoldinitrat beziehungsweise Dynamit. Im Demo-Raum befindet sich ein Rucksack, der demjenigen gleicht, den Eric

5) Kundenkarte einer US-amerikanischen Kaufhauskette.

Rudolf, der Centennial-Olympic-Park-Bomber, 1996 bei den Olympischen Sommerspielen in Atlanta verwendete. Im Boden des Rucksacks hatte Rudolf eine Mine zusammengebaut, die einer mit einem Zeitzünder versehenen militärischen Claymore-Mine entsprach. Diese soll bei ihrer Explosion Granatsplitter werfen. Er platzierte den Rucksack so, dass die Bombe bei ihrer Explosion mindestens 500 Nägel in die Menge im Centennial Park schießen würde. Der Rucksack wurde jedoch von Kindern entdeckt, die versuchten, ihn zu stehlen. Als er ihnen zu schwer wurde und sie ihn abstellten, richteten sie die Bombe neu aus, so dass sie nicht in Rudolfs geplanter Todeszone zerbarst. Anstelle von Dutzenden Menschen, die zu Opfern hätten werden können, starb nur eine Person.

Wie Art Cummings spricht auch Carl von Stolperdrähten. Bei der Herstellung von Bomben wird Wasserstoffperoxid in höheren Konzentrationen verwendet, als man es im Arzneischrank findet. Im Unterschied zu der 3-prozentigen Lösung, die man in der örtlichen Drogerie erhält, verkaufen Kosmetikhandelsunternehmen eine 18-prozentige Lösung und Handelsunternehmen für Swimmingpoolzubehör eine 30-prozentige Lösung. Verdächtige oder große Käufe solcher Chemikalien sollten dem FBI oder der örtlichen Gemeinsamen Terrorismusabwehr-Einsatzgruppe gemeldet werden.

„Es ist wichtig, Stolperdrähte zu platzieren", sagt Carl. „Das ist nicht mehr das FBI von früher", fügt er hinzu. „Wir reagieren nicht mehr bloß. Es geht heute viel mehr um Prävention."

30

SPIONAUSTAUSCH

ALS LEITER DER TERRORISMUSABWEHR UND SPIONAGEABWEHR war Art Cummings für den Schutz des Landes vor Spionen und Internetbedrohungen durch andere Länder sowie vor Terroristen zuständig. Als Mueller Cummings ernannte, sagte er zu ihm, dass er in dem Ruf stünde, „spitze Ellbogen" zu haben, und diplomatischer werden müsse.

„Sie müssen lernen, mit anderen Leuten etwas besser zurechtzukommen", sagte Mueller.

„Ich werde nicht dafür bezahlt, keine scharfen Ellenbogen zu haben", erwiderte Cummings. „Sie selbst dulden es ja nicht, dass wir uns bei der Erfüllung unserer Aufgaben ein Versäumnis zuschulden kommen lassen oder dass wir bei allem einfach einer Meinung sind. Ein allgemeiner Konsens ist der sichere Weg zum Misserfolg. Ich suche keine verwässerten Lösungen, mit denen jeder einverstanden ist. Ich suche fundierte Informationen und eine endgültige Entscheidung, die richtig ist, weil bei ihr alles in

Betracht gezogen, aber vieles verworfen wurde." In seiner neuen Position leitete Cummings eine neue Einsatzgruppe gegen Bedrohungen des Präsidenten [1], die geschaffen wurde, um Morddrohungen zu sammeln, zu verfolgen und auszuwerten, die in Bezug zu nationalem oder internationalem Terrorismus stehen könnten. Diese Einsatzgruppe, die erstmals in einem neuen Kapitel der Taschenbuchausgabe meines Buches *In the President" Secret Service* [2] vorgestellt wurde, besteht aus 20 Vertretern entsprechender Behörden, darunter Agenten des FBI und des Secret Service, der CIA, der NSA und des Verteidigungsministeriums sowie Analysten.

Täglich machen ausländische Regierungen wie die chinesische über 10.000 Versuche, in die Computernetzwerke des US-Militärs sowie der Wirtschaft einzudringen.

„Wir werden von vorwiegend chinesischen Internetangriffen überflutet, ja buchstäblich überflutet" sagt Cummings. Sie gingen sowohl von der chinesischen Regierung als auch von chinesischen Unternehmen aus, wobei die chinesische Regierung sehr geschickt darin sei, ihre Urheberschaft zu verschleiern, bemerkt Cummings.

Ihm zufolge macht China sich neben Internetangriffen auch Chinesen zunutze, die in den Vereinigten Staaten arbeiten und gegenüber China loyal sind.

„Es gibt Zehntausende von Schwachstellen, wo die Chinesen und andere Ausländer an wertvollen vertraulichen Informationen oder geistigem Eigentum arbeiten in der Erwartung, dass sie es mit nach China zurücknehmen können", sagt Cummings.

Als Folge der Wirtschaftsspionage stehlen ausländische Unternehmen technologische Durchbrüche von US-Unternehmen.

1) Presidential Threat Task Force
2) Titel der deutschen Ausgabe: *Im Secret Service – die Leibwächter der US-Präsidenten packen aus.* München 2010.

„Geheimnisse, vertrauliche Informationen und Technologien werden einfach aus den USA ausgeflogen", sagt Cummings. „Wenn wir die Fertigungsrechte verlieren und die Gegenstände nicht produzieren, dann haben wir einfach Hunderte von Millionen Dollar Steuererträge verloren."

Bevor Shawn Henry der Nachfolger von Tom Harrington als Leiter der Kriminalermittlungen wurde, hatte er die Cyber-Abteilung des FBI geleitet und danach kurz die Washingtoner Außenstelle. Obwohl er die typische gerunzelte Stirn und die Augenfalten eines sehr beschäftigten Menschen hat, hat er eine freundliche und entspannte Art. In seiner linken Wange hat er ein Grübchen und er ist glatzköpfig wie Bruce Willis.

„Es gibt terroristische Gruppen, die durch einen elektronischen Angriff gerne dieselbe Wirkung auf dieses Land ausüben würden, wie sie es vor zehn Jahren getan haben, indem sie Flugzeuge in die Gebäude steuerten", sagt Henry. „Es geht ihnen darum, unsere Kommunikationssysteme zu stören, unsere wichtige Infrastruktur zu treffen. Wir wissen sicher, dass sie daran interessiert sind, das zu tun. Selbst wenn sie nicht die Fähigkeit dazu haben, können sie Leute anheuern, die über entsprechendes Know-how verfügen und bereit sind, ihre Dienste anzubieten. Daher besteht heute eine erhebliche Bedrohung, der wir vonseiten ausländischer Geheimdienste, terroristischer Organisationen und Organisationen des organisierten Verbrechens ausgesetzt sind."

Terroristische Gruppen, die sich der dschihadistischen Sache verschrieben hätten, hätten in der Tat versucht, Internetangriffe zu starten, sagt Henry. „Sie sind daran interessiert, unseren Lebensstil zu stören. Sie haben sich unsere wichtige Infrastruktur angesehen – elektrische Stromnetze, Wasseraufbereitungsanlagen."

Laut Henry haben gleichzeitig Dutzende von anderen Ländern „als Teil ihres Waffenarsenals einen Plan zur Gewinnung elektronischer Daten", um militärische und betriebliche Geheimnisse zu erfahren.

Zwar hätten die Vereinigten Staaten eine nationale Strategie gegen Cyberkriminalität, aber er sei nicht so sicher, dass diese effizient sei, sagt Cummings. „Ich würde Unternehmen empfehlen, alles, was ihnen wirklich wichtig ist, aus dem Internet zu entfernen. Stellen Sie es in ein geschlossenes System ein. Seien Sie sich darüber bewusst, dass Sie es nicht gegen Verlust schützen können, wenn es ans Internet angebunden ist. Wenn es ans Internet angebunden ist, dann erklären Sie de facto, dass Sie es sich leisten können, diese Informationen zu verlieren."

Mit Ausnahme von Großbritannien, Kanada, Australien und Neuseeland spioniert fast jedes Land, das über eine gewisse Macht verfügt, die Vereinigten Staaten aus, und ebenso spionieren die Vereinigten Staaten im Gegenzug diese Länder aus. Insbesondere die Russen sind jetzt genauso aktiv wie zu Zeiten des Kalten Krieges.

Dies wurde Ende Juni 2010 deutlich, als das FBI zehn russische Spione verhaftete, die versucht hatten, Informationen über die US-Politik und Staatsgeheimnisse auszuforschen, indem sie Verbindungen zu Thinktanks und Regierungsbeamten aufbauten. Ein elfter Spion wurde in Zypern von den Behörden festgenommen. Die Russen waren sogenannte Illegale, Offiziere oder Agenten eines Geheimdienstes, die zur Spionage in ein anderes Land geschickt wurden, ohne eine Tarnung als Mitglied des diplomatischen Dienstes oder irgendeine offensichtliche Verbindung zu ihrer Regierung zu haben.

Im November 2010 berichtete die russische Zeitung *Kommersant*, dass ein SWR-Funktionär, der nur als Oberst Scherbakow genannt wurde, für den Verrat an den Spionen verantwortlich gewesen sei und Russland kurz vor deren Verhaftung durch das FBI verlassen habe. Es wurde ein nicht namentlich genannter russischer Regierungsbeamter dahingehend zitiert, dass er Todesdrohungen gegen ihn geäußert habe. Es stellte sich jedoch heraus, dass die betreffende Person in Wahrheit Oberst Alexander Potejew war, der stellvertretende Direktor der Abteilung S im russischen Geheimdienst SWR, jener Einheit, die die Arbeit der illegalen Agenten koordiniert. Er war von der CIA angeworben worden.

Was nicht an die Öffentlichkeit gelangte, war die Tatsache, dass der Fall bereits 2001 begonnen hatte, als es einem CIA-Agenten gelungen war, Potejew anzuwerben, den SWR-Funktionär, der das Spionagenetzwerk kannte, das sich neben den Vereinigten Staaten auch auf andere Länder erstreckte. Der CIA-Agent agierte unter einer inoffiziellen Tarnung – das bedeutete, dass ihn im Falle einer Verhaftung keine diplomatische Immunität vor einer strafrechtlichen Verfolgung und einer Hinrichtung schützen würde.

Letztendlich kamen die russischen Spione nicht an geheime Informationen. Tatsächlich hätten die Russen mit weniger Kosten mehr Geheimnisse erfahren können, wenn sie ins Internet gegangen wären. Das FBI führte den Fall auch deshalb weiter, weil es einerseits den Agenten mit der inoffiziellen Tarnung und seinen Informanten nicht gefährden wollte und weil andererseits die Beobachtung der Spione es dem FBI ermöglichte, russische Methoden nachzuvollziehen.

Da die russischen Spione nie wertvolle Informationen gewannen, wurde ihnen nur angelastet, dass sie sich nicht als ausländische Agenten gemeldet hatten[3], und sie wurden nur der Geldwäsche anstatt der Spionage beschuldigt. Die Höchststrafe dafür wäre eine Haftstrafe von 20 Jahren gewesen.

3) Nach dem Foreign Agents Registration Act (FARA) von 1938 müssen sich ausländische Agenten, die die Interessen einer anderen Staatsmacht wahrnehmen, als solche zu erkennen geben und sich beim Justizministerium melden.

Doch direkt nach den Verhaftungen vom 27. Juni rief der CIA-Direktor Leon Panetta sein russisches Pendant Michail Fradkow, den Leiter der SWR an, um einen Spionaustausch vorzuschlagen. Seit seinem Amtsantritt als CIA-Direktor hatte Panetta mit Fradkow zu tun gehabt, der 2007 vom russischen Premierminister Wladimir Putin ernannt worden war, und gute Beziehungen zu ihm aufgebaut. Innerhalb einer Woche telefonierten sie noch öfter und arbeiteten einen Deal aus.

Am 9. Juli 2010 tauschten die Vereinigten Staaten die Russen am Wiener Flughafen gegen vier Einzelpersonen aus, die in Russland wegen Spionage inhaftiert gewesen waren. Auch wenn der Deal von einigen als unausgeglichen zugunsten der Russen kritisiert wurde, waren zwei der Agenten, die aus russischen Gefängnissen befreit wurden – nämlich Alexander Saporoschski und Gennadi Wasilenko – ungemein wertvoll.

Laut Geheimdienstinformationen verriet Saporoschski, ein SWR-Oberst, der stellvertretender Leiter der Amerika-Abteilung geworden war, Aldrich Ames, den CIA-Offizier, der am 21. Februar 1994 verhaftet worden war, als Spion für die Russen.

1997 zog Saporoschski mit seiner Frau und seinen drei Kindern in die Vereinigten Staaten und wurde unternehmerisch tätig. 2001 lockten ihn jedoch frühere KGB-Kollegen zurück nach Moskau zu einer Veranstaltung, die sie als eine festliche KGB-Jubiläumsfeier bezeichneten. Saporoschski dachte, die SWR habe nicht bemerkt, dass er für die CIA arbeitete. Er missachtete die Warnung des FBI, nicht nach Russland zurückzukehren.

„Die letzten beiden Amerikaner, die sich mit Saporoschski trafen, um ihn davon abzubringen, nach Russland zurückzukehren, waren Steve Kappes von der CIA und ich selbst. Das war bei einem Mittagessen in der Region Nord-Virginia kurz vor der Verhaftung Hanssens“, sagt Mike Rochford, der im Föderalen Sicherheitsdienst (FSB), dem russischen Gegenstück zum FBI, den Codenamen „Professor" trug. „Wir sagten zu ihm, dass Hanssen in seiner Dokumentenablage vom 13. November 2000 Informationen über seine Identität an die Russen gegeben hatte, aber er wollte uns nicht glauben und kehrte trotzdem nach Russland zurück."

Bei seiner Ankunft in Russland wurde Saporoschski am Flughafen verhaftet. Er wurde der Spionage angeklagt und zu 18 Jahren Gefängnis verurteilt.

Wasilenko, der andere Agent von entscheidender Bedeutung, der von den Russen ausgetauscht wurde, hatte bei der Enttarnung von Hanssen geholfen. Bevor Rochford den SWR-Geheimdienstoffizier anwarb, der schließlich Hanssen verriet, hatte Wasilenko ihn einem CIA-Offizier im Ruhestand vorgestellt. Der CIA-Offizier im Ruhestand stellte den SWR-Informanten dann einem amerikanischen Geschäftsmann vor, der ihn so aufbaute, dass Rochford einen Anwerbeversuch mit ihm auf der Straße machen konnte. Rochford ist zwar mittlerweile im Ruhestand, aber der russische Föderale Sicherheitsdienst glaubt irrtümlicherweise noch immer, er würde bei seinen Auslandsreisen Agenten aufbauen und Anwerbeversuche machen.

Saporoschski und Wasilenko wurden während ihres Gefängnisaufenthalts von russischen Wachleuten heftig geschlagen, angeblich auf direkten Befehl von Alexander Schomow vom russischen Föderalen Sicherheitsdienst. Als General des Föderalen Sicherheitsdienstes leitet Schomow die Amerika-Abteilung und ist von der Idee besessen, die Agenten zu enttarnen, die Ames und Hanssen verraten haben.

„Schomow nahm es persönlich, dass das FBI einen Informanten anwarb, der Hanssen verpfiff", sagt eine Geheimdienstquelle. „Er machte Soporoschski und Wasilenko dafür verantwortlich, weil er an den Informanten, der Hanssen an das FBI verraten hatte, nicht herankam. Schomow schikanierte die beiden, auf die er Zugriff hatte, und stellte sicher, dass sowohl Soporoschski als auch Wasilenko während ihrer Haft zu leiden hatten. Geheimdienstquellen berichteten, er habe angeordnet, dass sie vor und nach ihrer Verurteilung und in jedem der fünf Gefängnisse, in denen sie inhaftiert waren, regelmäßig geschlagen wurden. Beide wären wahrscheinlich von den Wachleuten getötet worden, wenn sie nicht von uns ausgetauscht worden wären."

Neben diesen Einzelheiten wurde auch nie öffentlich bekannt, dass die Russen während der Verhandlungen versuchten, Robert Hanssen und Aldrich Ames in den Austausch mit einzubeziehen. Die Vereinigten Staaten lehnten dies jedoch entschieden ab.

Laut John Martin, dem früheren leitenden Spionageankläger des Justizministeriums, machten die Vereinigten Staaten mit dem im Sommer stattfindenden Austausch einen guten Deal. Martin verfügt über beispiellose Referenzen, was die Bewertung des Spionaustauschs angeht.

In seiner beruflichen Funktion hatte Martin bereits bei sechs früheren Spionaustauschen geholfen. Der bemerkenswerteste ereignete sich 1986, als der sowjetische Dissident Natan Scharanski und andere freigelassen wurden, während Karl und Hana Koecher, die beiden Spione des tschechischen Geheimdienstes, nach Prag zurückgeschickt wurden.

Martin sagt, die Vereinigten Staaten hätten die russischen Illegalen gegen vier Einzelpersonen mit einem viel höheren Wert austauschen können. Die russischen Illegalen, die ausgetauscht wurden, waren erbärmliche Spione: Sie hatten nie irgendwelche geheimen Informationen gewonnen. Die FBI-Spionageabwehr-Beamten fragten sich, ob das bedeutete, dass die SWR durchdrehte und gegenüber ihrem Vorgänger, dem KGB, eine minderwertige Behörde war.

„Diese elf Leute, die der Spionage beschuldigt wurden, waren nutzlose Anhängsel eines zerrütteten Systems", sagt Martin. „Sie sind ein Relikt aus der alten Zeit des sowjetischen Kalten Krieges. Im Rahmen der Verhandlungen wurden sie vollständig enttarnt; sie mussten in einer öffentlichen Sitzung ihren echten Namen zu erkennen geben. Alle ihre Vermögenswerte – ihre Häuser, Autos und Bankkonten – wurden beschlagnahmt. Sie wurden zusammen mit ihren Kindern zu Mütterchen Russland zurückgeschickt und durften die Vereinigten Staaten nie mehr betreten."

Martin weist auf Folgendes hin: Hätte die Regierung den Gerichtsprozess fortgesetzt, dann hätte sich das politische Klima in Russland ändern können, und Russland wäre dann mit einem Spionaustausch vielleicht nicht mehr einverstanden gewesen. „Man soll das Eisen schmieden, solange es heiß ist", sagt Martin.

„Zu Beginn der Ermittlungen wusste das FBI nicht, was sie für Informationen hatten", bemerkt Martin. „Warum haben die Russen es durchgeführt? Ich weiß es nicht, weil niemand aus Montclair, New Jersey, einen engen Kontakt mit jemandem in Washington, D.C. herstellen kann, der Zugang zu Geheimnissen hat, und offenbar konnte auch keiner dieser Leute einen solchen Kontakt herstellen."

Martin fügt jedoch hinzu: „Man muss aber die paranoide russische Mentalität verstehen. Denken Sie daran, Vorzeichen eines Krieges waren eines der Dinge, auf die all ihre Leute immer zu achten angewiesen waren. Vielleicht suchten sie also nach einem primitiven Frühwarnsystem. Das hätte dann zu ihrer Ausbildung gehört."

Martin zufolge war die Operation ein Beispiel dafür, dass Regierungsbürokraten versuchen, gegenüber ihren Chefs gut dazustehen.

„Es ist nur l'art pour l'art", sagt Martin. „Sie haben es durchgeführt, weil sie es konnten. Weil es ihnen im Blut liegt, weil es ihrer

Bürokratie entspricht und typisch für das System ist. Und sie können ihren Chefs zeigen, dass sie etwas tun. Sie können dann sagen: Chef, wir haben diese Leute, sie wurden nie entdeckt oder geschnappt, und sie sind überall verteilt", sagt Martin, womit er andeutet, dass andere Illegale wahrscheinlich nicht geschnappt wurden.

„Die Russen haben damit angefangen, nicht das FBI", sagt er. „Die Russen haben ihre Bürger, abgesehen von einem Beschuldigten, geschult und sie in die US-amerikanische Gesellschaft eingeschleust. Dabei haben sie falsche Namen und falsche Dokumente verwendet, und sie verstanden sich auf die gute alte Spionierkunst, wobei die Spionierkunst nie wirklich alt wird."

Man muss es dem FBI hoch anrechnen, dass es ihnen auf die Schliche gekommen ist. Von den elf Beschuldigten erschien einer nach seiner Freilassung auf Kaution nicht zur Gerichtsverhandlung, sodass nur zehn Spione ausgetauscht wurden.

Bei der Entscheidung, ob die zehn Spione sofort ausgetauscht werden sollten, „stellte sich der Regierung die Frage: Soll man die zehn Leute in drei Gerichten mit unterschiedlichen Zuständigkeiten unter Anklage stellen? Soll man drei verschiedene Gerichte über diese Fälle verhandeln lassen?", sagt Martin. „Und was bekommen wir dafür? Diese Leute sind nicht vorbestraft, sie hatten keinen Zugang zu Geheimnissen. Einige von ihnen könnten Bewährung bekommen, andere könnten sehr leichte Strafen bekommen, aber die Regierung wusste, dass der Aufwand sich nicht wirklich lohnen würde."

Gerichtsverhandlungen zu führen hätte bedeutet, dass „wir zehn langwierige Prozesse durchmachen würden, in denen wir alle Methoden, mit denen wir an diese Informationen gekommen waren, hätten zeigen müssen – alle Informationen in Bezug auf die FISA-Genehmigungen und verdeckte Einbrüche sowie unsere

Überwachungsmethoden, da nicht alles davon unter Ausschluss der Öffentlichkeit verhandelt werden konnte“, sagt Martin.

In diesem Fall übertraf „der Wert der Leute, die wir aus russischen Gefängnissen rausgekriegt haben bei Weitem den Wert der Leute, die wir nach Russland zurückgeschickt haben“, sagt Martin.

Den Versuch der russischen Regierung, Hanssen und Ames in den Austausch mit einzubeziehen, bezeichnet Martin als beispiellos. In frühere Austausche hatten die Russen russische Geheimdienstoffiziere oder Illegale, die verhaftet worden waren, einbeziehen wollen. Das Schicksal von Amerikanern, die sie als Spione angeworben hatten, interessierte sie jedoch keineswegs.

„Die Russen haben Amerikaner, die in ihrem Namen spionierten, immer als entbehrlich und wertlos betrachtet“, sagt Martin. „Die Tatsache, dass die Russen in diesen Gesprächen die Rückkehr von Aldrich Ames und Robert Hanssen verlangten, deutet aus meiner Sicht darauf hin, dass die Russen immer noch einen Wert in ihnen sahen. Die Russen wollten sie zurückhaben, um herauszufinden, wie sie geschnappt wurden, wie man sie entdeckt, verhaftet und strafrechtlich verfolgt hat. So sollte jeder Zweifel im Hinblick darauf, wie sie verraten wurden, ausgeräumt werden. Sie wollten wissen, ob es noch andere Maulwürfe im Sowjetsystem gab, die immer noch für US-Geheimdienste und mit ihnen verbundene Geheimdienste arbeiteten und die Hanssen und Ames hätten verraten können.“

Tatsächlich habe das FBI in den späten 1990er-Jahren erfahren, dass die SWR „plante, mithilfe einer ihrer kooptierten russischen Medienkorrespondenten Kontakt zu Ames im Gefängnis aufzunehmen“, sagt Rochford. Das FBI glaube auch, dass die Russen bei einer Geldforderung von Harold James Nicholson, einem ehemaligen CIA-Offizier, der wegen Spionage verurteilt worden sei, mitspielten, „weil die SWR dachte, er könne selbst aus seiner

Gefängniszelle heraus Informationen beschaffen, die ihr helfen würden, einen anderen internen Maulwurf in Russland zu finden", sagt Rochford.

Angesichts der russischen Bemühungen sprach das FBI ein dauerhaftes Verbot für Interviewanfragen der Medien an Ames aus. In der Annahme, dass die Russen auch versuchen würden, Kontakt zu Hanssen aufzunehmen, habe das FBI bestimmte Verwaltungsmaßnahmen verschärft – dazu gehöre auch, dass beide verurteilten Spione nur eine Stunde pro Woche ihre Zellen verlassen dürfen, fügt Rochford hinzu.

Martin zufolge waren die Bemühungen der Russen, sie auszutauschen, absolut vernichtend für beide.

„Sollten sie die Angelegenheit auf bundesgerichtlicher Ebene weiterverfolgen, indem sie Berufung einlegen, um aus dem Gefängnis in den USA entlassen zu werden, oder indem sie sich bemühen, irgendwann eine vorzeitige Haftentlassung zu erreichen oder ein Gnadengesuch einzureichen, dann kann die Regierung nun argumentieren, dass sie nicht entlassen werden sollten, weil sie für den russischen Geheimdienst noch immer wertvoll sind", betont Martin. „Die Russen haben also unbeabsichtigterweise das Schicksal von Ames und Hanssen besiegelt, und sie werden nie mehr rauskommen. Normalerweise wäre das der Fall, aber wenn sie in der Zukunft das Gefühl haben sollten, dass die politische Atmosphäre sich dahingehend geändert hat, dass sie nun entlassen werden könnten, dann haben die Russen dafür gesorgt, dass dies nie passieren wird."

31

GERONIMO

IM DEZEMBER 2010 INFORMIERTE DIE CIA DAS FBI DARÜBER, dass sie eine aus ihrer Sicht hochwertige terroristische Zielperson ins Visier genommen hatte. Um die höchste Sicherheitsstufe zu wahren, wurde dem FBI anfangs die Identität der Zielperson nicht mitgeteilt. Mueller wusste jedoch von Treffen des Nationalen Sicherheitsrats, dass die Zielperson Osama bin Laden war. Von da an spielten FBI-Agenten eine Schlüsselrolle darin, die U.S. Navy SEALs beim Training für ihre Mission zu unterstützen. Der Schwerpunkt lag dabei auf der Aufgabe der Kommandotruppe, Beweismaterial über die Al Kaida zu sammeln, sobald sie in bin Ladens Anwesen eingedrungen war.

Die Spur, die zu bin Ladens Versteck in Abbottabad, etwa 55 Kilometer entfernt von Pakistans Hauptstadt Islamabad, ging auf das Waterboarding von Abu Zubaydah im Jahr 2002 zurück. Er verriet sowohl Informationen über bin Ladens Kuriere als auch Informationen, die zur Gefangennahme von Ramzi bin al-Shibh, eines Mitglieds von bin Ladens innerem Kreis, führten. Nachdem man bei Abu Faraj al-Libi, einem führenden Al-Kaida-Vermittler für bin Laden, Zwangsmaßnahmen angewandt hatte, lieferte er mehr Informationen über die Kuriere. Hinweise von Abu Zubaydah und bin al-Shibh führten wiederum zu Khalid Sheikh Mohammed, dem Drahtzieher der Anschläge vom 11. September. Nachdem man bei KSM die Wasserfolter angewandt hatte, bestätigte er, bin Ladens Hauptkurier zu kennen, leugnete jedoch, dass der Mann Verbindungen zur Al Kaida habe, und weckte somit den Verdacht, dass er tatsächlich wichtig war.

Indem die CIA mit diesen Hinweisen und anderen arbeitete, konzentrierte sie sich auf bin Ladens Hauptkurier, der das Pseudonym Abu Ahmed al-Kuwaiti verwendete. Im Jahr 2010 nahm der Kurier schließlich einen Handyanruf an, wodurch die NSA seinen Aufenthaltsort feststellen konnte. Mit dem Einsatz von Überwachungsteams und einer RQ-170-Stealth-Drohne verfolgte die CIA ihn dann im August 2010 zu dem Anwesen, wo bin Laden sich seit 2005 versteckte.

Selbstverständlich arbeiten die Navy SEALs und die Delta-Force-Teams [1] eng mit dem Tactical Operations Center des FBI zusammen. Dieses hilft dabei, sie mit der Technik auszustatten, die es ermöglicht, schnell in Gebäude einzudringen sowie Bedrohungen, wie atomare, chemische oder biologische Waffen, zu entdecken.

„Die SEALs haben nicht viel Zeit für das Zielobjekt", sagt Louis Grever. „Normalerweise befinden sie sich auf feindlichem Gebiet. Also versuchen wir, sie mit Dingen auszustatten, die sie ziemlich schnell und heimlich mit einem relativ geringen Risiko hineinbringen können."

1) US-amerikanische Anti-Terrorismus-Spezialeinheit

In Afghanistan haben die FBI-Agenten das SEAL Team 6, das für den Angriff ausgewählt worden war, im Hinblick darauf geschult, worauf beim Eindringen der Kommandotruppe zu achten war und wie das von ihnen beschlagnahmte Material zu behandeln war. Mittlerweile kannte die Terrorismusabwehr-Abteilung des FBI die Identität der Zielperson.

„Sie griffen schnell nach einem Gegenstand, tüteten ihn ein, versahen ihn mit einem Etikett, gaben ihn in einen Behälter, verschlossen diesen und brachten ihn in ein Flugzeug", sagt ein Geheimdienstbeamter. Zu dem Zeitpunkt, da die SEALs auf das Ziel trafen, „hatten sie dies schon buchstäblich ein paar hundert Mal geübt", sagt er. „Sie beherrschten es im Schlaf. Sie verstanden es, diejenigen Dinge zu sammeln, die sie für wirklich wichtig hielten. Sie hatten jedoch keine Zeit, in jeder Schublade herumzustöbern und nach versteckten Spalten zu suchen", betont er.

Es wurde in Erwägung gezogen, eine Bodentruppe loszuschicken, um bin Laden gefangen zu nehmen oder zu töten, aber die CIA und die SEALs entschieden, dass es die sicherste Methode sei, mit einem Hubschrauber einzufliegen.

„Sie flogen mit einem Hubschrauber ein, da sie viele Truppen sehr schnell in das Objekt bringen wollten, und sie mussten eine sehr schnelle Evakuierungsmöglichkeit haben", sagt ein leitender Mitarbeiter der Terrorismusabwehr. „Sie hätten sehr leicht heimlich eindringen können, aber wahrscheinlich hätten wir wohl kaum unentdeckt so viele Truppen so weit nach Pakistan hineinbringen können, um einen Angriff wie diesen auszuführen."

Wenn der amerikanische Angriff vom Boden aus stattgefunden hätte, dann hätten bin Ladens Leute die SEALs abwehren können, indem sie die Eingänge mit Benzin übergossen und es anzündeten. „Also fiel die Entscheidung, dass es besser sei, von oben zu kommen und sich vom Hubschrauber abzuseilen, womit man dann auch die Möglichkeit hätte, alle Personen sehr schnell zu evakuieren", sagt der Mitarbeiter.

Der Angriff fand am 2. Mai 2011 um 1 Uhr morgens pakistanischer Zeit statt. Während des Angriffs hatte einer der Black-Hawk-Hubschrauber einen Getriebeschaden. Dies machte eine Notlandung nötig, durch die der Hubschrauber funktionsunfähig wurde. Die zwei Dutzend SEALs mussten ihren Plan aufgeben, sich in das Hauptgebäude abzuseilen. Stattdessen griffen sie den Gebäudekomplex schließlich doch vom Boden aus an, indem sie Mauern in die Luft sprengten, um eindringen zu können. Die Explosionen halfen dabei, die Bewohner in einen Schockzustand zu versetzen und zu verwirren.

Gemäß einer geheimen Handlungsanweisung, die Präsident Obama unterschrieben hatte, hatten die SEALs den Auftrag, bin Laden zu töten, „falls er nicht eine Haltung totaler Kapitulation einnahm", sagt der Mitarbeiter. „Er wollte um jeden Preis entkommen, und ich bin sicher, dass er keine Bedenken hatte, Mitglieder des SEAL-Teams mit sich in den Tod zu reißen. Das Ergebnis lag bei Osama bin Laden, und er war nicht bereit, sich in die Gefangennahme zu ergeben."

Nachdem ein SEAL bin Laden in sein linkes Auge und seine Brust geschossen hatte, benachrichtigte das Team das Weiße Haus, dass Geronimo – der Codename für bin Laden – getötet worden sei. Es wurden auch vier andere Personen getötet, und einer von bin Ladens Frauen, die in sein Schlafzimmer im dritten Stock eilte, um ihn zu schützen, wurde ins Bein geschossen.

Während des 38-minütigen Angriffs nahmen die SEALs Fingerabdrücke von bin Laden mithilfe von Scannern, die die Daten an das FBI schickten. Sie nahmen auch auf die altmodische Weise Fingerabdrücke von ihm, indem sie seine Fingerkuppen auf ein Stempelkissen drückten. Das FBI dachte, es seien Fingerabdrücke von bin Laden auf Dokumenten, die er erhalten hatte, aber es stellte sich heraus, dass es nicht seine waren. Die Identifizierung von bin Laden erfolgte also ausschließlich durch den Abgleich seines DNA-Profils mit dem seiner Verwandten und durch die Identifizierung seines Gesichts mit Gesichtserkennungssoftware. Nach seiner Erschießung identifizierte ihn auch seine Frau, die sich mit ihm in dem Gebäudekomplex befand. Die Al Kaida veröffentlichte später eine Erklärung, in der sie Rache für den Verlust ihres Anführers schwor.

Nach dem 11. September übernahm das FBI die Rolle, sämtliche Beweismaterialien, die auf der ganzen Welt im Zusammenhang mit US-amerikanischen Terrorismusabwehr-Aktionen beschlagnahmt wurden, sicherzustellen. Dadurch wird die Beweismittelkette gewahrt, wenn es in den USA oder in anderen Ländern zu einer Strafverfolgung kommt. Zudem ist das FBI die führende Behörde bei der Analyse von Fingerabdrücken, DNA-Spuren und Handschriften.

Das FBI-Labor nahm über 100 Gegenstände in Verwahrung, die bei dem Angriff auf bin Ladens Anwesen beschlagnahmt worden waren. Dazu gehörten Dokumente wie Briefe und handgeschriebene Notizen bin Ladens, Schulterwaffen und Handwaffen, digitale Speichersticks, Laptops, Computerfestplatten, CDs, DVDs und Handys. In Seitenzahlen würde das Material einer kleinen Institutsbibliothek entsprechen. Auf den DVDs befanden sich Videos von bin Laden, wie er Clips mit Nachrichtenberichterstattungen über sich selbst im Fernsehen ansah.

Unter den beschlagnahmten DVDs befanden sich auch herausgeschnittene Szenen aus seinen Propagandavideos, die zeigten, dass diese stark inszeniert waren. Er färbte und schnitt seinen Bart für die Kameras, dann nahm er seine Bemerkungen immer wieder von Neuem auf, bis das Timing und die Beleuchtung ihm zusagten.

Auf Anweisung der CIA verteilte das FBI Kopien oder Fotografien des Materials an das CIA Counterterrorism Center und an andere Behörden, die diese Fundgrube an Hinweisen eingehend studierten.

„Auf den Dokumenten hätten Fingerabdrücke sein können", sagt ein leitender Mitarbeiter der Terrorismusabwehr. „Auf den unverpackten Datenträgern können Fingerabdrücke sein, es kann auch DNA auf ihnen sein. Viele Leute übertragen tatsächlich DNA, wenn sie etwas berühren."

„Letztendlich war es die Operation der CIA", bemerkte der leitende Geheimdienstbeamte ein paar Tage nach dem Angriff. „Es war eine Gelegenheit für sie, und sie sind diejenigen, die die Vorgehensweise bestimmen. Im Wesentlichen wird alles, was einen Bezug zum Inland oder zu US-amerikanischen Interessen hat, dem FBI zugewiesen oder auch dem Ministerium für Innere Sicherheit, wenn es im Zusammenhang mit einer Bedrohung steht. Wenn es jedoch um Aktionen in Übersee beziehungsweise um das Fassen einer Person geht, übernimmt es die CIA oder das Außenministerium, dies gegenüber einem freundlich gesinnten Geheimdienst zu offenbaren: Wir wollen nicht, dass in Norwegen oder auf den Philippinen oder wo auch immer etwas Schlimmes passiert. Bei allem, was auf dem Kriegsschauplatz in Afghanistan passiert, wo die Kommandozentrale der vereinigten Streitkräfte ein Interesse hat oder eine aktive Rolle spielt, übernimmt das Militär."

Bin Laden hatte in seine Kleider 500 Euro und einen Zettel mit zwei Telefonnummern genäht. Als die Entdeckung der Telefonnummern an die Presse durchsickerte, wurden die Geheimdienstbeamten vorsichtiger, was das Austeilen des Materials an verschiedene Behörden anging.

„Durch die Aufdeckung der beiden Telefonnummern wurde möglicherweise für uns eine Gelegenheit zunichte gemacht, die wir hätten ausnutzen können", sagt der Geheimdienstbeamte. „Man braucht Zeit, um die Leute zu finden und zu verfolgen, die diese Nummern haben. Das Problem bei Telefonnummern ist, dass man sie normalerweise schnell loswerden und jede Verbindung zu ihnen abbrechen kann."

Neben dem FBI und der CIA hatten auch die NSA und die Defense Intelligence Agency (DIA) Kopien des Materials und bearbeiteten die Hinweise.

„Diese Behörden gleichen die Daten mit ihren Datenbanken ab", sagt ein Geheimdienstbeamter. „Gibt es deutliche Hinweise? Ist die Nummer schon einmal aufgetaucht? Ist der Name schon einmal aufgetaucht? Und dann kommen sie zusammen und koordinieren jeden Tag. Sie haben dies gefunden und wir haben jenes gefunden, und die CIA übernimmt dabei eine führende Rolle und stellt sicher, dass das, was dann in Form von Geheimdienstberichten verbreitet wird, koordiniert und kontrolliert wird und so verbreitet wird, dass die richtige Behörde, wie das FBI, geeignete Maßnahmen ergreifen kann."

Es stellte sich heraus, dass die Achillesferse der Al Kaida darin bestand, dass sie kommunizieren musste. Die Analysten, die über dem Materialfund brüteten, stellten fest, dass bin Laden seine Anweisungen an die Al-Kaida-Agenten auf winzigen Flash-Speichern speicherte, um nicht entdeckt zu werden. Kuriere brachten das elektronische Material zu anderen, deren Aufgabe es war, die Botschaften per E-Mail oder mit anderen elektronischen Mitteln an die richtigen Empfänger zu übermitteln.

„So effizient es auch war, sämtliche elektronischen Kommunikationsmittel von seinem Anwesen zu verbannen, stellte sich doch heraus, dass sie in diesem Punkt angreifbar waren", sagt ein Geheimdienstbeamter. „Wenn man eine organisierte Gruppe sein will, muss man kommunizieren. Bin Laden skizzierte zunächst in seinem Anwesen eine Anweisung. Diese wurde dann von Kurieren auf elektronischen Medien nach außen getragen und in Form einer E-Mail oder anderer Kommunikationsmittel übermittelt."

Auch wenn einige Empfänger bezweifelten, ob sie wirklich eine echte Botschaft von ihrem Anführer erhalten hatten, „blieb ihnen nichts anderes übrig, als entsprechend zu handeln", sagt ein Geheimdienstbeamter.

Durch das beschlagnahmte Material sind nun Analysten aus mehreren Geheimdienstbehörden in der Lage, Botschaften bestimmten Personen zuzuordnen, die unter Überwachung gestellt werden.

„Wir haben echte Hinweise, Telefonnummern und digitale Daten, die wir zu Informationsschnipseln, die wir aus einer Abhöraktion oder durch Human Intelligence gewonnen haben, in Bezug setzen können", sagt ein Terrorismusabwehr-Experte. „Nun können wir das Ganze auf bin Laden zurückführen und sehen, wie alles miteinander in Verbindung steht. Wir wussten vorher nicht, wie effizient die Kuriere waren. Sie haben die Informationen in elektronischer Form hinausgebracht und dann ins Internet hochgeladen."

Fast sofort warnte das Ministerium für Innere Sicherheit die Strafverfolgungsbehörden davor, dass bin Laden einen Terroranschlag gegen den Eisenbahnsektor am 10. Jahrestag der Anschläge vom 11. September 2001 plante.

„Wir werden weitere Informanten aufbauen, und sie werden mehr Informationen über Ziele sammeln. Ebenso werden sie neue Gelegenheitsziele entwickeln, und vielleicht wird es Monate oder sogar Jahre dauern, bevor wir erkennen, dass das, was wir als Sensitive Site Exploitation (SSE)[2] bezeichnen, zwei Jahre später zu die-

2) Bedeutet, dass an bestimmten Orten, von denen eine Bedrohung für die USA ausgehen kann, Beweismaterial gesammelt und die Bedrohung ausgeschaltet wird.

ser Aktion führte", sagt der Terrorismusabwehr-Experte voraus. Das Verfahren ähnelt dem, das zu bin Laden führte.

„Vielleicht lassen die Informationen sich zunächst nicht richtig zusammenfügen, wie es auch größtenteils bei den Informationen der Fall war, die sich anfangs aus einigen Befragungen ergaben", sagt der Experte. „Doch im Lauf der Zeit fügt sich ein Bild zusammen. In diesem Fall führte es über die Identifizierung der Kuriere zu unserem Ziel."

Zwei Tage nach dem Angriff bestätigte der CIA-Direktor Leon Panetta gegenüber Brian Williams von NBC, dass die CIA einige der Informationen, die zu bin Laden führten, über verschärfte Verhörmethoden gewonnen habe, darunter auch Waterboarding.

Seit dem Angriff fehlt der Al Kaida eine verbindende Führerfigur, wodurch ihre Zukunft gefährdet ist.

„Ich glaube nicht, dass es eine charismatische Führerfigur gibt, die Osama bin Laden ersetzen könnte", sagt Art Cummings. „Langfristig könnte dies die Zukunft der Organisation wirklich infrage stellen." Er fügt hinzu: „Nun haben wir es eher mit einem viel stärker dezentralisierten System zu tun anstatt mit einem weltumfassenden zentralisierten System zur Planung eines großen Anschlags. Die Al Kaida hat sich zurückgezogen und ihre Ambitionen sind mittlerweile viel bescheidener."

32

DIE GRÖSSTE BEDROHUNG

WENN ROBERT MUELLER AUF SEINE ZEHN JAHRE ALS FBI-Direktor zurückblickt, erinnert er sich an die Bedenken, die er bei seinem Amtsantritt hatte. Als Leiter der Kriminalabteilung des Justizministeriums hatte er oft Schwierigkeiten, die Informationen, die er benötigte, vom FBI zu bekommen, da die Computersysteme des FBI so katastrophal waren. Die Unzulänglichkeiten, die sich in Ruby Ridge und in Waco zeigten, beunruhigten ihn. Und bei seinem Amtsantritt wurde ihm gesagt, dass die übliche Anwendersoftware, wie Microsoft Word, im FBI nicht verwendet werden könne.

Das war jedoch gar nichts im Vergleich zu dem, was ihm am 11. September 2001 widerfuhr, als er feststellte, dass das FBI nur wenig über potenzielle Terroristen wusste und ein Informationssystem hatte, das immer noch weitgehend auf Papier als Medium beruhte.

„Was auch immer ich mir im Hinblick auf die Zukunft ausrechnete, hatte sich durch den 11. September erledigt", sagt Mueller mir in einem seiner seltenen Interviews. „Das, was ich am Ende tat, war also nicht unbedingt identisch mit dem, was ich mir ursprünglich vorgestellt hatte. Bei meinem Amtsantritt wusste ich, dass wir Probleme mit der Informationstechnologie hatten, die gelöst werden mussten. Es beunruhigte mich, wie wir mit Fällen wie Ruby Ridge oder Waco umgingen, im Hinblick darauf, dass eine klare Befehlskette fehlte. Ich hatte gewisse Bedenken, dass wir in einigen Fällen, die von großer nationaler Bedeutung waren, nicht immer die besten Spieler aufs Spielfeld geschickt hatten. Ich wusste bereits, dass der Terrorismus ein Problem war, aber ich sah ihn nicht als das Problem, das er einige Tage später werden würde."

In dem Konferenzraum neben seinem Büro im siebten Stock der FBI-Zentrale führt Mueller ein Interview in Hemdsärmeln. Er trägt ein Oxford-Hemd in FBI-Weiß mit einer dezenten Brook-Brothers[1]-Krawatte. Auch wenn er gut aussieht, beeindruckt mich am meisten sein entschiedenes Auftreten. Er hat gleichzeitig das Auftreten eines FBI-Agenten und eines Staatsanwaltes, was er früher war.

Nach dem 11. September bestand die Priorität darin, die Denkweise des FBI dahingehend zu ändern, dass es zunächst Anschläge zu verhindern gilt und man sich später um die Strafverfolgung kümmert.

„Während die amerikanische Öffentlichkeit glaubte, dass wir gut bei Ermittlungen von terroristischen Anschlägen seien, nachdem diese sich ereignet hätten, und auch ein paar Anschläge verhindert hätten, ging es jetzt einzig und allein darum, terroristische Anschläge zu verhindern", sagt Mueller. „Anstatt nur zu reagieren,

1) Ältester noch bestehender amerikanischer Herrenausstatter.

mussten wir wissen, wo die Bedrohungen lagen, die Wissenslücken erkennen und dann diese Lücken mithilfe von Informanten und Abhöraufnahmen schließen, um einem möglichen Anschlag zuvorzukommen."

Dafür brauchte das FBI eine engere Verbindung mit der CIA und der NSA. Mueller zufolge hat das FBI heute über 100 Agenten, die der CIA zugewiesen sind. Die CIA wiederum verfügt über Verbindungsoffiziere, die jeder FBI-Außenstelle und der Gemeinsamen Terrorismusabwehr-Einsatzgruppe zugeordnet sind.

Im Rückblick auf den 11. September hat der Erfolg der CIA bei der Überführung von Khalid Sheikh Mohammad und Abu Zubaydah laut Mueller „in Bezug auf die Sicherheit der Vereinigten Staaten sehr viel bewirkt". Informationen der CIA hätten zu Verhaftungen durch das FBI in den Vereinigten Staaten geführt, bemerkt er.

Heute besteht die größte Bedrohung laut Mueller in einem Angriff mit Massenvernichtungswaffen.

„Die Wahrscheinlichkeit eines atomaren Angriffs ist relativ gering, aber wegen der Verwüstungen, die dies anrichten würde, kann man sie nicht einfach abtun", sagt Mueller. „Ein Anschlag mit radioaktivem Material ist nicht so abwegig, denn es ist relativ leicht, an radioaktives Material heranzukommen und irgendeinen improvisierten radioaktiven Sprengkörper zu bauen. Auch wenn der Schaden weitaus geringer wäre als bei einer Atomexplosion, ist die Bedrohung heute immer noch vorhanden."

Tatsächlich beträgt laut Dr. Vahid Majidi, dem Leiter der Direktion Massenvernichtungswaffen des FBI, die Wahrscheinlichkeit, dass die Vereinigten Staaten irgendwann mit einer Massenvernichtungswaffe angegriffen werden, 100 Prozent. Ein solcher Angriff könnte von ausländischen Terroristen ausgehen, von terroristischen Einzelgängern oder sogar von kriminellen Elementen, sagt Majidi. Mueller geht davon aus, dass dabei sehr wahrscheinlich eher chemische, biologische oder radioaktive Waffen als eine Atomwaffe zum Einsatz kämen.

Majidi zufolge sammeln die amerikanischen Geheimdienste unter den gegebenen Umständen jedes Jahr Hunderte von Berichten über ausländische Terroristen, die sich Massenvernichtungswaffen aneignen. Als die amerikanischen Streitkräfte in Afghanistan einmarschierten, stellten sie fest, dass die Al Kaida, gerade „im Anfangsstadium" den Versuch unternahm, wie Majidi es formuliert, Massenvernichtungswaffen chemischer und biologischer Art zu entwickeln.

In jedem zweiten Fall haben die Berichte über ausländische Terroristen, die sich Massenvernichtungswaffen beschaffen, sich bisher als unbegründet erwiesen. Dennoch ermittelt Majidis Direktion im FBI jedes Jahr in über einem Dutzend Fällen in den Vereinigten Staaten, in denen Kriminelle beabsichtigen, Massenvernichtungswaffen zu verwenden. Im Jahr 2008 verhaftete das FBI zum Beispiel Roger Bergendorff, bei dem man Ricin und anarchistische Literatur fand. Ricin vernichtet Zellen, indem es die Proteinsynthese hemmt. Innerhalb weniger Tage versagen die Leber, die Milz und die Nieren einer Person, die Ricin einatmet oder einnimmt, was zum Tode führt.

„Die Frage, ob die Wahrscheinlichkeit eines Angriffs mit Massenvernichtungswaffen niedrig oder hoch ist, ist irrelevant, weil wir wissen, dass sie 100 Prozent beträgt", sagt Majidi. „Wir haben das in der Vergangenheit erlebt und wir werden es in der Zukunft erleben. Es wird einen Angriff unter Verwendung chemischen, biologischen oder radioaktiven Materials geben."

Selbst ein Angriff mit Massenvernichtungswaffen, bei dem keine große Anzahl von Menschen getötet wird, hätte vernichtende psychologische Auswirkungen. „Ein einziger Einzelgänger kann im Dunkel der Nacht Dinge tun, wenn er Zugang zu einem Labor mit geringen Materialmengen hat. Auch wenn er nur wenige Leute tötet, könnte er damit eine vernichtende Wirkung auf die amerikanische Psyche ausüben", sagt Majidi.

Diese Möglichkeit sei das, was ihn nachts wachhalte, sagt Mueller. „Die größte Bedrohung kommt von Einzelpersonen, die irgendeine Verbindung mit den Vereinigten Staaten hatten, die Vereinigten Staaten kennen und entweder allein oder zusammen mit anderen relativ frei in die Vereinigten Staaten einreisen und sich dort bewegen können", sagt Mueller.

Eine andere Sorge besteht darin, dass ein großer Internetangriff Amerikas Infrastruktur blockieren könnte.

„Ich denke, früher oder später wird es wahrscheinlich jemand schaffen und ein Stromnetz lahmlegen, indem er die Computer des Stromversorgungsunternehmens angreift", sagt Mueller. Gleichzeitig „ist der Zukunftstrend das Herausfiltern von Informationen von US-Regierungsbehörden und Nichtregierungsorganisationen durch eine Reihe von Ländern, darunter China, Russland und Iran sowie einige andere da draußen."

Mueller sagt, in seiner zehnjährigen Amtszeit habe das FBI „eine lange Entwicklung dahingehend vollzogen, die Geheimdienst-Community zu verstehen und ein Teil von ihr zu werden, sowohl insofern, als wir etwas darüber gelernt haben, als auch insofern, als wir uns verbessert haben, was das Gewinnen, das Analysieren und das Verbreiten von Geheimdienstinformationen angeht".

Das FBI muss aber immer noch mehr für die Entwicklung seiner Führungskräfte tun, indem es deren Zusammenarbeit mit den anderen Mitgliedern der Geheimdienste fördert.

„Für Personen, die in den ganzen Vereinigten Staaten in der Terrorismusabwehr tätig sind, ist es wichtig, zu verstehen, wie die

CIA arbeitet, welche Art von Informationen sie hat und wie sie an diese Informationen kommt", sagt Mueller. „Dasselbe gilt für die NSA und die Defense Intelligence Agency".

Hochrangige FBI-Beamte waren erstaunt, dass Louis Grever für dieses Buch einen Einblick in die FBI-Praxis der Durchführung verdeckter Einbrüche erlaubte. Während eines Interviews mit Grever, der direkt dem stellvertretenden Direktor untersteht, redete tatsächlich ein für die Öffentlichkeitsarbeit zuständiger FBI-Agent dazwischen und fragte ihn, ob er diese Geheimnisse preisgeben sollte.

Grever antwortete, indem er sagte, dass die Fähigkeiten einiger Abhörgeräte vielleicht nicht so vertraulich seien, wie es den Anschein habe. Später sagte er, dass er sich neben Mueller mit anderen hochrangigen FBI-Beamten beraten habe, bevor er entschieden habe, die TacOps-Geschichte preiszugeben.

„Nur aufgrund der in diesem Buch veröffentlichten Informationen wäre es für unsere Zielpersonen schwierig, wenn nicht unmöglich, unsere Versuche, in ihre Gebäude einzudringen, zu konterkarieren", sagte Grever. „Die amerikanische Öffentlichkeit hat ein Recht darauf, zu wissen, was ihre staatlichen Behörden tun – wo sie Geld investieren, warum es wichtig ist, dass man über ein solches Potenzial verfügt."

Auf die Frage hin, warum er Grevers Vorschlag, diese streng gehüteten Geheimnisse preiszugeben, gebilligt habe, antwortete Mueller scherzhaft: „Er hat Ihnen schon zu viel erzählt – das ist es, was ich denke." Doch dann fügte er hinzu: „Ich bin mit allem einverstanden, was er Ihnen erzählt hat … Er verfügt über einen weiten Ermessensspielraum."

Mueller war innerhalb des FBI dafür bekannt, dass er eine hohe Meinung von Präsident Obamas Intelligenz und seinem Engagement in der Terrorismusabwehr hatte. Gleichzeitig fragte er sich, ob er sich mit Obamas Anweisung einverstanden erklären sollte, nach Tuscon zu fliegen, um die Ermittlungen zu dem Schusswaffen-Attentat auf die Abgeordnete des Repräsentantenhauses, Gabrielle Giffords, im Januar 2011 zu leiten. Seit der Hoover-Zeit hatte kein Präsident sich mehr so direkt in FBI-Angelegenheiten eingemischt und damit riskiert, dass der Eindruck erweckt wurde, das FBI unterliege einem möglicherweise politisch gefärbten Einfluss des Weißen Hauses.

Mueller selbst hatte weder Erfahrungen in der Leitung von FBI-Ermittlungen noch Interesse daran. Seine Anwesenheit bedeutete, dass die FBI-Agenten, die die Ermittlungen durchführten, ihre Aufmerksamkeit darauf richten mussten, ihn zu informieren. Zwar widersetzte Mueller sich Obamas Anweisung nicht, aber er und andere hochrangige FBI-Beamte hielten Abstand zu Janet Napolitano, der Ministerin für Innere Sicherheit, die Mueller als zu politisch betrachtete.

Während Muellers Amtszeit ergaben sich zwei Probleme. Eines bestand in einer unzureichenden Überwachung des Verfahrens zur Ausgabe von Nationalen Sicherheitsbriefen[2], die bei internationalen Terrorismus- und Spionageermittlungen verwendet werden, um Daten darüber zu erhalten, wo und wann Telefonanrufe getätigt sowie E-Mails gesendet und empfangen wurden. Entgegen gewissen Berichten in der Presse ermächtigen Nationale Sicherheitsbriefe das FBI nicht dazu, Anrufe abzuhören oder die Inhalte von E-Mails zu lesen.

Bei einer Überprüfung fand General Glenn A. Fine, der Inspektor des Justizministeriums, Mängel bei 22 von 293 Nationalen

2) National Security Letter – Indem das FBI einen solchen Sicherheitsbrief vorlegt, kann es ohne richterliche Anordnung von Unternehmen die Herausgabe von geschäftlichen Daten, u.a. betreffend die Internet- und Telefonnutzung von Kunden, verlangen.

Sicherheitsbriefen, die er im Zeitraum von 2003 bis 2005 kontrollierte. In einigen Fällen wurden die Briefe nach dem genehmigten Ermittlungszeitraum ausgegeben oder ein Agent hatte versehentlich Ziffern in der Telefonnummer einer unter Beobachtung stehenden Person vertauscht.

Insbesondere stellte Fine fest, dass das FBI nicht absichtlich irgendwelche Regeln verletzt hatte. Er kam zu dem Schluss, dass das FBI – mit Ausnahme von Situationen, wo der Empfänger einen Fehler gemacht hatte – in den meisten Fällen Informationen erhalten hatte, auf die es tatsächlich einen berechtigten Anspruch hatte.

Als der Bericht erschien, hatte Mueller bereits Maßnahmen ergriffen, um die Probleme zu lösen, darunter auch die Einführung eines Internet-basierten Datensystems, um eine bessere Übersicht über die Nationalen Sicherheitsbriefe zu behalten, sowie die Einführung neuer Prüfungsprozesse und zusätzlicher Schulungen.

„Ich wusste nicht, dass wir nicht den gültigen Verfahrensleitlinien folgten, um sicherzustellen, dass wir bei der Gewinnung dieser Daten sorgfältig alle Details beachteten", sagt Mueller.

Muellers größter Misserfolg war das Fallmanagement-Computersystem des FBI, mit dem die Papierakten ersetzt werden sollten. Wie die meisten staatlichen Behörden fing das FBI nicht mit handelsüblicher Software an, sondern entschloss sich, das Rad neu zu erfinden und ganz von vorne anzufangen. Das FBI hatte nie eine klare Vorstellung davon, was es eigentlich wollte, und änderte immer wieder seine Vorgaben.

Mueller stellte im Dezember 2008 Chad Fulgham als neuen Leiter des Informationswesens beim FBI an. „320 FBI-Leute arbeiteten an dem Programm", sagt Fulgham. „So etwas hatte ich noch nie gehört. Da gab es zu viele Köche, die den Brei verdarben."

Fulgam straffte das Beschaffungswesen und die zum Erliegen gekommene Entwicklung, während die Hauptprobleme gelöst wurden. Er erwartete, dass die Fehler behoben wurden, sodass das System Ende 2011 voll einsatzfähig wäre.

„Beim ersten Durchlauf durch das virtuelle Aktenablagesystem habe ich noch nicht so genau nachgefragt", sagt Mueller. „Beim neuesten Durchlauf wurde ich nicht auf die Probleme aufmerksam, bis der Auftragnehmer uns die voll einsatzfähige Version 2 des Systems liefern sollte. Ich bin aber recht zuversichtlich, dass wir nun auf dem richtigen Weg sind."

Abgesehen von diesem Misserfolg hat Mueller das FBI erfolgreich dahingehend geändert, dass es nun eine mächtige Waffe gegen den Terrorismus darstellt. Alle paar Monate verkündet das FBI neue Verhaftungen von Terroristen. Anstatt jahrelang zu warten, bis man sie mit terrorismusbezogenen Anklagen festnageln kann, beschuldigt das FBI die Terroristen in vielen Fällen weniger schwerwiegender Verbrechen, die zu jahrelangen Gefängnisstrafen oder Ausweisungen führen. Gleichzeitig wurde während Muellers Amtszeit nie ein Amtsmissbrauch, also eine illegale oder politisch motivierte Tat, festgestellt.

Anders als J. Edgar Hoover und William Sessions hat Mueller seine Position nie auf unlautere Weise genutzt. Anders als Louis Freeh war Mueller nie der Chef während Fiaskos, die die Ermittlungen und die Glaubwürdigkeit des FBI untergruben. Abgesehen von William Webster, der die FBI-Ermittlungen gegenüber Spionen und der Mafia verbesserte, hatte kein Direktor seit Hoover einen positiveren Einfluss auf das FBI als Mueller. Wegen Hoovers Amtsmissbräuchen verabschiedete der Kongress 1968 ein Gesetz, das bestimmte, dass zukünftige FBI-Direktoren vom Präsidenten ernannt und vom Senat bestätigt würden. Ihre Amtszeit wurde auf zehn Jahre begrenzt. Mueller ist der erste Direktor, der seine gesamte Amtszeit von zehn Jahren abgeleistet hat. Er war länger im Amt als jeder andere FBI-Direktor mit Ausnahme von Hoover.

Vor dem Ende seiner Amtszeit im September 2011 erklärte Mueller sich auf Bitte von Präsident Obama damit einverstanden, dass eine zweijährige Verlängerung seiner Amtszeit vom Kongress genehmigt wurde. Es hieß, Mueller sei schockiert darüber gewesen, dass man ihn gebeten habe, über die zehnjährige Amtszeit hinaus zu bleiben. Nachdem er einige Tage darüber nachgedacht hatte, stimmte er der Verlängerung jedoch zu.

Innerhalb des FBI waren einige Agenten nicht glücklich darüber, weil sie gehofft hatten, ein neuer Direktor werde Muellers Verfahrensweise beenden, Vorgesetzte in den Außenstellen nach sieben Jahren in die Zentrale zu versetzen oder sie anderenfalls ihres Vorgesetztenstatus zu entheben. Wie in jeder anderen Organisation auch denken einige Agenten zuerst an ihr eigenes Wohlergehen und erst dann an das Wohlergehen der Organisation als Ganzes. Doch die meisten Agenten blickten auf das übergeordnete Ganze und zollten Mueller Anerkennung dafür, dass das FBI beim Vereiteln von terroristischen Anschlagsplänen und beim Schutz des Landes seit dem 11. September erfolgreich ist.

Als ich Mueller sechs Monate nach seinem Amtsantritt zum ersten Mal interviewte, fing sein schwarzes Haar gerade an, grau zu werden. Heute ist es silbergrau. Aber er hat immer noch eine kerzengerade aufrechte Haltung. Ich fragte ihn, welchen Rat er für zukünftige FBI-Direktoren habe.

„Lernen Sie die Organisation kennen“, sagt Mueller. „Sie werden keine patriotischere, engagiertere, härter arbeitende, sachkundigere und professionellere Organisation finden, zu der Sie gehören könnten. Fragen Sie sehr genau nach, und umgeben Sie sich dann mit kompetenten und fähigen Leuten.“